机器人和人工智能伦理丛书

# 自我隧道
## 心灵科学与自我神话

# Der Ego Tunnel
Eine neue Philosophie des Selbst

Thomas Metzinger
[德] 托马斯·梅辛格————著
马健————译

北京大学出版社
PEKING UNIVERSITY PRESS

图书在版编目（CIP）数据

自我隧道：心灵科学与自我神话 /（德）托马斯·梅辛格著；马健译. —北京：北京大学出版社，2023.5
（机器人和人工智能伦理丛书）
ISBN 978-7-301-33935-0

Ⅰ.①自⋯ Ⅱ.①托⋯ ②马⋯ Ⅲ.①自我–哲学理论 Ⅳ.① B017.9

中国国家版本馆 CIP 数据核字（2023）第 068047 号

| | |
|---|---|
| 书　　名 | 自我隧道：心灵科学与自我神话<br>ZIWO SUIDAO: XINLING KEXUE YU ZIWO SHENHUA |
| 著作责任者 | 托马斯·梅辛格（Thomas Metzinger）著　马　健译 |
| 责任编辑 | 张晋旗　田　炜 |
| 标准书号 | ISBN 978-7-301-33935-0 |
| 出版发行 | 北京大学出版社 |
| 地　　址 | 北京市海淀区成府路 205 号　100871 |
| 网　　址 | http://www.pup.cn　新浪微博：@北京大学出版社 |
| 电子信箱 | pkuwsz@126.com |
| 电　　话 | 邮购部 010-62752015　发行部 010-62750672　编辑部 010-62750577 |
| 印　刷　者 | 三河市北燕印装有限公司 |
| 经　销　者 | 新华书店 |
| | 650 毫米 × 965 毫米　16 开本　22.75 印张　265 千字<br>2023 年 5 月第 1 版　2023 年 5 月第 1 次印刷 |
| 定　　价 | 89.00 元 |

未经许可，不得以任何方式复制或抄袭本书之部分或全部内容。
**版权所有，侵权必究**
举报电话：010-62752024　电子信箱：fd@pup.pku.edu.cn
图书如有印装质量问题，请与出版部联系，电话：010-62756370

**献给安雅（Anja）与我的家人**

任何取得进步的理论，**起初**必定是反直觉的。

丹尼尔·C. 丹尼特（Daniel C. Dennett），

《意向立场》（*The Intentional Stance*，1987）

他（路德维希·维特根斯坦 [Ludwig Wittgenstein]）有次拿这么个问题来跟我打招呼："人们为何自然而然地认为是太阳绕着地球转，而不是地球绕着自己的轴转呢？"我回答说："我想，因为看起来似乎就是太阳绕着地球转。""好吧……"维特根斯坦接着问，"如果要看起来像是地球绕着自己的轴转，那**看起来**会是什么样子呢？"

伊丽莎白·安斯康姆（Elizabeth Anscombe），

《维特根斯坦〈逻辑哲学论〉导论》

（*An Introduction to Wittgenstein's Tractatus*，1959）

# 目录 CONTENTS

导　论 _001

## 第一部分　意识问题

第一章　一个世界的显像 _017

第二章　隧道游览 _029

## 第二部分　想法与发现

第三章　离开身体、进入心灵：身体图像、离体经验和虚拟自我 _083

第四章　从属我性，到能动性，到自由意志 _137

第五章　哲学心航学：从清醒梦中我们可以学到什么？ _167

第六章　共情自我 _201

## 第三部分　意识革命

第七章　人工自我机器 _227

第八章　意识科技与人类形象 _249

第九章　新型的伦理学 _263

第十章　灵性与智性诚实 _311

# 致 谢

本书并非写给哲学家或科学家。相反，这是我首度尝试向更广泛的大众介绍我所认为的现今意识研究中真正重要的议题。这些相关的哲学议题以及新近的经验洞见完全是我挑选的——当然，碍于篇幅，难免挂一漏万，又得点到为止。不过，我着实希望本书能带给有兴趣的业余读者一个切实的观点，关于这幅日渐涌现出来的对于自我意识和人类心灵的图景，以及我们未来都要面对的随之而来的挑战。

对于许多在这项计划上支持过我的人，我首先要感谢詹妮弗·温特（Jennifer Windt）。她花了不计其数的时间帮我处理本书的英文版，我也从她身上学到了很多。用非母语写一本非学术书很难，我但凡在哪里做得成功，这都要归功于她的精准、尽责和可靠。我后来又在 Sara Lippincott 出版社找到了一位极为专业的编辑，我由衷地感谢这二位。对于许多支持过我的同事们，我特别要感谢苏珊·布莱克摩尔（Susan Blackmore）、奥拉夫·布兰克（Olaf Blanke）、彼得·布鲁格（Peter Brugger）、丹尼尔·丹尼特（Daniel Dennett）、维托里奥·加莱塞（Vittorio Gallese）、艾伦·霍布森（Allan Hobson）、维克多·拉

姆（Victor Lamme）、比克纳·连根哈格（Bigna Lenggenhager）、安东·卢茨（Antoine Lutz）、安杰罗·马拉威塔（Angelo Maravita）、沃尔夫·辛格（Wolf Singer）、泰·塔迪（Tej Tadi）以及朱利奥·托诺尼（Giulio Tononi）。本书得到了瑞士COGITO基金会（the COGITO Foundation, Switzerland）主导的DISCOS计划（the DISCOS Project: "Disorders and Coherence of the Embodied Self," an EU Marie Curie Research Training Network）和欧洲最好的高等研究机构—柏林高等研究院（Wissenschaftskolleg zu Berlin）的研究基金资助。

托马斯·梅辛格
2009年7月于柏林

这本新版的《自我隧道》是特意为所有对意识、自我以及认知科学领域感兴趣的中文读者编写的，各位读者不仅能够自由阅读，我也允许所有读者自由撷取本书的内容，或分享给任何对神经科学、认知科学以及当今心灵哲学感兴趣的朋友。期待本书能为学生和社会大众带来相关领域的基本介绍。本译本基于增修扩编后的德文新版，改编自2009年出版的英文首版。在此感谢Dr. Dominik Wu专业且可靠地协助了最终译本的审编；同时也要感谢Satzweiss.com Print, Web, Software GmbH在电子书出版编辑上的鼎力协助。2010年出版的德文版在经过六次印刷后，于2014年以扩编增修版的姿态再次以德文

# 致　谢

出版。德文新版增添了最后一章"灵性与智性诚实"(Spirituality and intellectual honesty),修改了一些细节,也增添了许多新的主题,如脑机界面(brain-computer interfaces)、心灵自主(mental autonomy)、心灵游荡(mind wandering)以及意识伦理(consciousness ethics)等。本扩编版译本中的许多内容并未印行于英文版中,对相关学术内容感兴趣的读者,不妨一览我在书中增注的参考来源,这将有助于各位获取相关参考书目。此外,我要特别感谢苏珊·布莱克摩尔、马里厄斯·荣(Marius Jung)、斯蒂芬·克莱恩(Stefan Klein)、安雅·克鲁格–梅辛格(Anja Krug-Metzinger)、尼古拉斯·兰利茨(Nicholas Langlitz)、妮可·奥斯伯恩(Nicole Osborne)、弗兰克·胥赫(Frank Schüre),以及詹妮弗·温特,感谢他们在扩编版上给予的协助。各位读者若想一探本书中所探讨的相关研究主题,我建议您访问http://open-mind.net 或 http://predictive-mind.net。您可以在这两个网站找到许多免费分享的在线资源,或访问我在德国美因茨大学的个人网页:http://www.philosophie.uni-mainz.de/metzinger,以获取更多免费的相关信息。

托马斯·梅辛格
2017 年 5 月 于美因茨

# 导　论

　　在本书中，我将尝试让你信服，并没有自我这种东西。与大多数人所相信的恰好相反，没有人曾经**是**，或者**拥有**自我。不单是现代心灵哲学和认知神经科学要联手破除对自我的迷思，如今这一点也变得明了，要解决关于意识的哲学谜题，即意识如何能从大脑，一个纯粹的物理对象中产生就得学着接受这个简单的命题：就我们现有的最佳知识而言，无论是在大脑，还是在超越这个世界的形而上学领域，都没有任何东西或不可分的实体是**我们**。因此，当我们说起作为一种**主观**现象的意识经验时，**拥有**这些经验的是什么实体？

　　探究我们的内在本质之余，还有其他的重要议题，如关于情绪、共情、梦、理性的新近又令人振奋的理论，以及关于自由意志、对行动的有意识控制，甚至机器意识的新近发现，这些都非常宝贵，是我们深入了解自己的基石。在本书中，我将论述这其中的许多主题。然而，我们眼下缺少的是大图景——一个可资我们利用的更具普遍意义的框架。新兴的心灵科学产出了大量相关数据，但至少在原则上还没有模型能够整合所有这些数据。我们必须直面这个核心问题：为什么总是某个人在**拥有**经验？谁是你的感受的感受者？谁是你的梦境的做

梦者？谁是行动的行动者？是什么实体在思考你的想法？为什么你意识到的现实是**你**意识到的现实？

这是整个谜题的核心。如果我们想要的不只是一鳞半爪，而是一个统一的整体的话，这些都是关键性的问题。关于这个谜题，这有一个新故事，一个具有挑衅意味甚或惊人的故事：这是个关于"自我隧道"的故事。

讲故事的人是个哲学家，而且是个与神经科学家、认知科学家以及人工智能研究者密切合作数年的哲学家。与我的许多哲学家同事不同，我认为经验数据常常与哲学议题直接相关，而相当一部分学院哲学长久以来都忽视了这些数据。哲学领域中最优秀的哲学家显然是那些承袭了戈特洛布·弗雷格（Gottlob Frege）和路德维希·维特根斯坦传统的分析哲学家：过去五十年里，最大的贡献确也来自分析哲学中的心灵哲学家。然而，另一个面向却备受忽视——以对内在经验精细描述见长的**现象学**。尤其是意识的变更状态（如冥想、清醒梦或离体经验）和神经系统疾病（如精神分裂症、科塔尔综合征——罹病患者会相信自己并不存在）不应该成为哲学禁区。恰恰相反，如果我们能更加关注意识经验的丰富与深度，如果我们敢于认真对待意识的所有微妙差异和模棱情境，也许就能发现那些我们所需的、恰能用于那幅大图景的概念性洞识。

在接下来的章节里，我将会带领你们穿越一场正在进行的意识革命。第一章和第二章将介绍意识研究的基本想法和自我隧道的内部景观。第三章检视离体经验、虚拟躯体和幻肢。第四章处理属我性、能动性和自由意志。第五章讲梦和清醒梦。第六章讲共情和镜像神经元。第七章讲人工意识和后生元自我机器的可能性。所有这些思考都

导 论

将帮助我们进一步建构起自我隧道。最后两章则处理这些对有意识的心脑之本质的科学洞识所引发的某些后果：鉴于人类形象的自然主义转向，这些洞识所提出的伦理上的挑战，以及这些洞识所产生的社会和文化上的改变（比我们所想的快得多）。我主张我们终将需要一个新的"意识伦理学"，并以此作结。如果能得到一个关于意识的整全理论，发展出更为精致的工具去改变主观经验的内容，我们将不得不苦思什么是一个**好**的意识状态。像如下的问题，迫切需要全新且令人信服的回答：我们想让我们的孩子拥有哪些意识状态？基于伦理的根据，哪些意识状态是我们想要培养，哪些又是我们想要禁止的？哪些意识状态可被强加在动物上，或机器上？显然，对于这些问题，我无法提供确切的回答，不过，最终章节意在引起对神经伦理学这门重要的新兴学科的关注，这同时也会拓宽我们的视野。

## 现象自我模型

在介绍"自我隧道"这个引导随后讨论的核心隐喻前，先来想想这个实验会很有帮助，这个实验强有力地表明了自我的纯粹经验性的本质。1998 年，匹兹堡大学的精神病学家马修·波特维尼克（Matthew Botvinick）和乔纳森·柯恩（Jonathan Cohen）指导了一个如今堪称经典的实验，在该实验中，健康的被试者将一个人工肢体体验为自己身体的一部分①。被试者观察到一只摆放在面前桌子上的橡胶手，而他

---

① M. Botvinick & J. Cohen, "Rubber Hand 'Feels' Touch That Eyes See," *Nature* 397(1998):756.

相应的那只手则被一块幕布遮挡而不可见。接着,可见的橡胶手和被试者那不可见的手同步受到探针的触碰。这个实验易于复制。经过一定时间(在我这儿是 60—90 秒),著名的"橡胶手错觉"(rubber-hand illusion)就出现了。突然间,你感觉到橡胶手成了你自己的手,并感受到这只橡胶手上反复的触碰。不仅如此,你感受到一整只"虚拟手臂"——你的肩膀和你面前的假手都连结在了一起。

我受试时注意到的最有趣的一点是,就在错觉产生前夕,肩膀上出现了一种奇怪的刺痛感——我的"手臂魂"或者说"手臂灵"从不可见的身体手臂滑脱到橡胶手上。当然,并没有这种东西。在橡胶手错觉中感受到的,是我称之为**现象自我模型**(phenomenal self-model, PSM)——由大脑所激发的全整的生物体的意识模型——的内容。(此处以及贯穿全书所说的哲学意义上的"现象",指的是纯粹经验性地、经由事物以主观上向你**显现**的方式而获知的东西。)现象自我模型的内容即是"自我"(Ego)。

有个通行了上百年的概念是从哲学中诞生的,如今又再度在课堂中受到重视,因为它大概会是脑科学、认知科学以及人工智能研究中最重要的桥接概念,这就是几乎所有研究人类心灵的科学家都在脑、心灵或是机器人研究中不断提到的"表征"。"表征"特指一种在心灵之中反映并建构所感知到的外在世界的能力,其使得个体在此之中建立起自己的内在表象。心灵状态表征了一部分外在现实——就像你手中有一本书,这本书的映像也在你的心灵之中出现。有趣的是,我们人类有向自己投射物体的具象或抽象性质的能力:我们可以想象手中这本书的颜色和重量,也可以在我们自己的心灵之中投影书本的内容。这种表征既是感觉也是思考,有时还可能意味着将过去发生之事再次代入现在之中（例如记忆），这某种程度上像是在自己意识的小剧场中再次"呈现"些什么。这种事物"表征"其自身的有趣现象，正与现象自我模型有关。

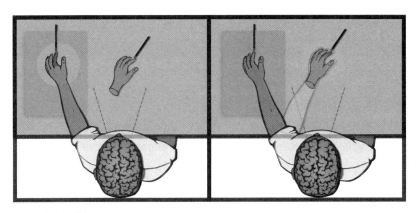

图1　橡胶手错觉
一个健康的被试者将一个人工肢体体验为其身体的一部分。被试者观察到一只人手的仿制物，同时，他自己的手被遮住（灰色方格）。人工橡胶手和不可见的手被探针反复、同步地触碰。手附近的明亮区域和食指上的灰暗区域标示的分别是前运动皮层的触觉和视觉接收神经元的区域。右图展示的是，被试感受到触碰的错觉与看到的探针触碰相一致（深色区域展示的是大脑活动增强的区域，浅色轮廓标识的是被现象地体验到的手臂的错觉位置）。实验数据表明了前运动皮层神经元的随即激发。(M. Botvinick & J. Cohen, "Rubber Hand 'Feels' Touch That Eyes See," *Nature* 391 [1998]: 756。图片由 Litwak illustrations studio 提供，2004。

　　智人的现象自我模型或许是大自然最好的发明之一。它是一种让生物有机体有意识地将其自身（或他人）设想为一个整体的有效方式，由此得以让生物体以一种智慧且整体的方式与其内在世界以及外在环境互动。大多数动物都具有一定程度的意识，但它们的现象自我模型与我们的不同。我们演化出来的意识自我模型是人类大脑所特有的，通过表征那表征过程本身，我们能够——就如安东尼奥·达马西奥（Antonio Damasio）所言——在取得知识的过程中了解我们自己。

在现象学的实时中,我们在心理上将我们自己表征**为**表征系统。这一能力将我们变成思想的思考者和心灵的解读者,也让生物演化爆发成文化演化。自我是一个极其有用的工具,它帮助我们通过共情和读心来理解彼此。最终,自我让我们通过合作与文化来将心灵外化,使我们得以形成复杂的社会。

从橡胶手错觉中,我们能学到什么?第一点简单易懂:无论是你的现象自我模型,还是你的有意识的自我,都具有一种"我感"(feeling of "mineness"),一种有意识的"拥有感"(ownership)。这被体验为**你的**肢体、**你的**触感、**你的**感受、**你的**身体或**你的**想法。但接着还有一个更深层的问题:除了对身体部位或心灵状态之"拥有感"的主观经验,有意识的自我难道就没别的了吗?难道就没有个像是"全局属我性"(global ownership)的东西,一种更深层意义上的自我性(selfhood),事关**从整体上**拥有和控制你的身体?**辨识**出它的体验又该怎么说?这种深层意义上的自我性或许可被实验操纵?当我首次体验到橡胶手错觉时,我旋即想到重要的是看看它是否也适用于整个橡胶身体或自身影像。人们能否产生出一种类似橡胶手错觉的全身错觉?整个自我能否被转移到身体之外的某个位置?

事实上,坚实地感到自己处在身体之外的现象状态确有其事——这就是所谓的离体经验(out-of-body experiences, OBE)。离体经验是一类为人所熟识的状态,在这类状态中,人们经受着离开其身体的逼真错觉,常以"以太分身"(etheric double)的形式向身外移动。现象学上,经验主体在这个分身之中。如果人们当真想要理解有意识的自我是什么,这些经验在哲学和科学上显然与之密切相关。它们能在实验室中被创造出来吗?

# 导 论

奥拉夫·布兰克（Olaf Blanke）是我倍感荣幸地与之共事的神经学家，这位年轻而杰出的神经学家在瑞士联邦理工学院（洛桑），他是首位用电极直接刺激病患大脑来引发离体经验的科学家。在这种经验中，对身体的表征有两种典型形式：一种是视觉上的（你看见自己的身体，比如说，躺在床上或在手术台上），另一种是感觉上的（你感觉到自己盘旋或是飘浮在空中）。有趣的是，这第二种身体模型才是现象自我模型的内容，也就是自我的所在之处。在一系列虚拟现实的实验中，奥拉夫、他的博士生比克纳·连根哈格（Bigna Lenggenhager）和我尝试制造出人造的离体经验和全身错觉（见第三章）[①]。在这些错觉中，被试者将自己定位于其身体之外，并短暂地将一个计算机生成的、外在其身体的图像认作其所在。这些实验表明，那种更深层的、整体性的自我感（sense of self）并不是科学探究触不可及的神秘事物——它是意识的表征内容的一种形式，而且在精心控制的实验条件下，可被有选择性地操控。

在全书中，我将"自我隧道"（Ego Tunnel）这一核心隐喻用于意识经验。意识经验就像一个隧道。现代神经科学已经表明，意识经验的内容不仅是一个内在的构想，也是一种极度有选择性地表征信息的方式。这就是为什么它像一个隧道：我们的所见所闻，或感受到、嗅到或尝到的，都不过是外部真实存在的一小部分。我们关于实在的意识模型，是对那个丰富得多到难以设想的、围绕和支持着我们的物理实在的低维投影。我们的感官是有限的：它们为存活的缘故演化而

---

[①] B. Lenggenhager et al., "Video Ergo Sum: Manipulating Bodily Self-Consciousness," *Science* 317(2008): 1096–1099. 有关简明的概念解释，请参阅 O. Blanke & T. Metzinger, "Full-body Illusions and Minimal Phenomenal Selfhood," *Trends Cog. Sci.* 13, No.1 (2009): 7–13.

来，而不是为了在实在的深不可测的深度上描绘它的包罗万象。因此，正在进行的意识经验不怎么能算是实在的一个影像，而毋宁是一个**通向**实在的隧道。

每当我们的大脑成功地以这种精巧的策略创造出一个对实在的统一的、动态的内在描绘，我们就变得有意识了。首先，大脑产生出一个"模拟世界"，它是如此完美，以至于我们都没辨别出它是我们心灵之中的一个影像。接着，它们产生出一个作为整体的我们自身的内在影像。这个影像不只包含我们的身体和心理状态，还包括我们与过去和未来的关系，以及与其他有意识的存在者的关系。这个作为整体的人的内在影像就是现象自我，也就是出现在意识经验中的"我"或"自我"。现象自我不是什么神秘之物或头脑中的小人，而是内在影像，即意识自我模型，或现象自我模型的内容。将自我模型置于世界模型中，一个中心便被创造出来。这个中心就是我们经验为我们自己的东西——自我。它是哲学家时常叫做第一人称视角的东西的来源。我们无法直接接触外部实在或我们自身，但确实有一个内在视角。我们能使用"我"这个字。我们在自我隧道中过着有意识的生活。

在日常的意识状态中，总是有人**拥有**这些经验——有人有意识地将其自身经验为指向世界，作为一个自我去参与、知悉、欲求、意愿和行动。之所以如此，主要原因有二。第一，我们具有一个关于我们自身的整合一体的内在影像，它牢牢地固定在我们的感受和身体感觉之上。我们的大脑所创造出的模拟世界包含一个对于**视点**（point of view）的经验。第二，我们无法经验到或以内省的方式认识到我们的自我模型**是**模型。哲学家们会说，自我模型大都是**透明的**。透明性指的不过是我们对信息传递给我们时所经由的介质并无察觉。我们不见窗户，只见飞鸟掠过。我们并没有看到大脑中神经元的激发，而只是看到它们向我们表征的内容。如果大脑没能发现其所激发的意识世界模型是个模型，那么这个模型就是透明的——我们透过它直接看向世界，仿佛其本然如此。本书的核心论断及其背后的理论——**主观性的自我模型理论**（the self-model theory of subjectivity）[1]讲的是，身为一个自我的意识经验之所以产生，是因为你大脑中的现象自我模型大部分是透明的。

如前所述，"自我"即是现象自我模型当下的内容（你的身体感觉、你的情绪状态、你的感知、记忆、意动、思想）。而它之所以能够成为自我，只是因为你本质上无法认识到这一切都不过是你大脑中模拟的内容。这不是实在本身，而是实在的一个影像——着实很特别的一个影像。自我是一个透明的心灵影像：你，作为一个整体的有形体的人，直接透过它看世界。你**看**不到它，但你**用**它来看。自我是一个用来控制和规划自己的行为，以及用来理解他人行为的工具。每当生物体需要这个工具时，大脑就会启动现象自我模型。如果不再需要这个工具，例如在无梦的深层睡眠中，它就会被关掉。

必须强调的是，尽管我们的大脑创造了自我隧道，但没有人住在里头。我们用它生活、通过它生活，但我们头脑中并没有处理事务的

---

[1] Thomas Metzinger, *Being No One: The Self-Model Theory of Subjectivity* (Cambridge, MA: MIT Press, 2003). 线上免费公开的简介请参阅：Scholarpedia 2, No.10:4174, at www.scholarpedia.org/article/Self_Models; 有关概述，请参阅 Metzinger, Précis of "Being No One," *Psyche* 11, No.5(2004):1–35, at http://psyche.cs.monash.edu.au/symposia/metzinger/precis.pdf; 以及 Metzinger, "Empirical Perspectives from the Self-Model Theory of Subjectivity," *Progress in Brain Res.* 168(2008): 215–246 (电子版单行本可从作者处获得)。

小人。自我和隧道都是演化出来的表征现象,是一个多层次上的动态自组织的结果。最终,主观经验是一种生物数据格式(biological data format),一种呈现关于世界的信息的高度特化的模式——使之显得仿佛是自我所拥有的知识。但世界上并没有自我这种东西,一个生物体就其本身并不是一个自我。自我不过是表征内容的一种形式,也就是一个生物体大脑中所激发的、透明的自我模型的内容。

这个隧道隐喻的种种变体也正说明了心灵科学中的其他新想法:一个自我隧道蔓延以包括其他自我隧道意味着什么?做梦时自我隧道发生了什么?机器能够具有人工形式的自我意识,能发展出一个合适的自我隧道吗?共情和社会认知是如何进行的?一个隧道与另一个隧道之间的沟通如何进行?当然最后,我们必须问:有可能**离开**自我隧道吗?

自我隧道的想法基于一个迄今已流传多时的更古老的观念——"现实隧道",这一概念可以在虚拟现实研究、高级电子游戏编程,以及非学院哲学家,如罗伯特·安东·威尔森(Robert Anton Wilson)和提摩西·利里(Timothy Leary)的通俗作品中找到。其大体想法是这样的:是有一个外部世界,也确实有一个客观实在,但当我们在这个世界中移动时,我们持续地应用无意识的过滤机制,由此,我们不自知地构建起各自的世界,这就是我们的"现实隧道"。我们从未直接与实在本身接触,因为这些过滤器阻碍我们如其所是地观看这个世界。这个过滤机制是我们的感觉系统和大脑——从生物祖先那里继承下来的构造,连同我们的先入之见和默会的预设。这一建构的过程很大程度上是不可见的;最后,我们只看到现实隧道允许我们看到的,而我们中的大多数对这一事实毫无察觉。

# 导 论

从哲学家的视角来看,这个大众观念之中有许多不通之处。我们没有创造一个个体世界,而只是创造了一个世界模型。再者,整个关于潜在地与实在直接接触的想法只是某种浪漫的传说。我们只是通过表征去了解世界,因为(正确地)表征就是了解。而且,自我隧道与心理学家口中的"确认偏差"(confirmation bias)无关,后者说的是这样一种倾向:我们留意到那些确证我们的信念和预期的观察,并赋予它们重要意义,同时过滤掉或找理由排除那些相反的观察。说我们永远无法摆脱隧道或是知晓关于外部世界的任何东西也不对:知识是可能的,例如通过一大群人的合作与交流——科学共同体设计和验证理论,不断互相批评,交换经验数据和新的假说。最后,现实隧道这个流行概念以太多种方式在太多语境下被轻佻地使用,并因而始终极度地含混不清。

在第一章,我将集中讨论**意识经验**的现象,对于它究竟为何完全是内在的发展出一种更好、更丰富的理解。值得一提的一个问题是:所有这一切何以能够在大脑中发生,并同时创造出生活在作为外部实在的现实中的顽固经验?我们想要理解芬兰哲学家兼神经科学家安蒂·瑞文索(Antti Revonsuo)所称的"脑外经验"(out-of-brain experience),即你向来所拥有的经验,例如此时此刻,你正在阅读这本书的经验何以可能。这种顽固的经验并**不**在隧道中,而是直接、即时地与外部实在接触,这是人类意识最了不起的特征之一。即便是在离体经验中,你也拥有它。

限定自己去研究**如此这般**的意识,意味着要去考虑一个人心灵表征的现象内容,也就是从第一人称视角来看,它们对你来说感觉如何,(主观地、私密地、内心地)拥有它们是什么样子。例如,看

到一朵红玫瑰时，主导的现象内容是红色的性质本身。闻到琥珀和檀香的混合气味时，现象内容是"琥珀味"和"檀香味"的原始的主观性质，难以言表，又一目了然。经验到一种情绪，例如感觉到快乐和放松时，现象内容即是这种感受本身，而非它所指涉的任何东西。

目前，所有证据都指向这一结论：现象内容是被局部地决定的，完全不受环境决定，而是由大脑的内在性质单独决定。此外，无论红玫瑰是在你面前，还是在想象中或梦中，相关性质都相同。主观的檀香 – 琥珀经验并不要求香气，甚至不要求鼻子。原则上，它可以通过刺激嗅球（olfactory bulb）上正确的嗅小球（glomeruli）组合来诱发。嗅小球（有大概两千个）从这样或那样类型的嗅觉受体细胞中接收输入。如果闻到檀香和琥珀的统一的感官性质通常涉及激活鼻中第 18、93、143 和 211 型嗅觉感受器细胞，那么我们用电极刺激相应的嗅小球来获得同样的意识经验—— 一模一样的气味，便指日可待。问题是，那组最低限度的神经性质集是什么？我们是否能够通过刺激更少的脑区，或许在大脑中的另一个位置，来有选择性地诱发完全相同的现象？多数神经科学家，以及也许大多的哲学家会回答：**是的**，激发某个给定意识经验的最小神经相关物，即能得到这一意识经验本身。

对于更为复杂的状态，同样的一般思想仍然成立：它们的现象内容就是某种状态（例如快乐加上放松）的那个面向，它不仅在日常情境中出现，也可能由某种精神活性物质（psychoactive substance）所导致，或被一个邪恶的神经科学家拿一个缸中的活脑做实验所触发——至少原则上是可行的。意识的问题全都关乎主观经验，关乎我们内在生活的结构，而与关于外部世界的知识无关。

看待自我隧道的一种方式是将其视作全局性的意识神经相关物（neural correlate of consciousness，NCC）的一种复杂性质。意识的神经相关物是大脑中的一组神经功能性质，可足够引发意识经验。对于你所经验到的玫瑰的"红性"，即有一组特定的意识神经相关物，也有另一组是关于感知对象（作为一个整体的玫瑰）的，还有另外一组构成了与之伴随的你快乐和放松的感受。不过，还有一个**全局性**的意识神经相关物是一个大得多的、将意识构成一个整体的、为世界的经验模型，也就是你主观感受到的所有事物的总体奠基的神经性质集合。在这一全局性的意识神经相关物中，是持续不断的信息流创造了隧道和那个你在其中过着有意识的生活的世界。

可这个"你"是什么？就像我一开始说的，如果我们不解开这个问题的核心，就永远无法拥有一个真正让人满意的关于人类心灵的完整的科学理论。如果我们想让万事万物各正其位——如果想要理解那个大图景——那么这就是挑战。为什么意识是**主观的**？我上下求索的那个最重要的问题是，为什么意识世界模型几乎一成不变地有一个中心：一个**我**，一个自我，一个经验着的自我。有着橡胶手错觉的那个自我究竟是什么？使身体明显地处于离体经验中的究竟是什么？正在阅读这些句子的又是什么？

自我隧道是一个演化出了额外性质的意识通道，它创造出一个强健的第一人称视角，一个面对世界的主观视点。它是意识通道和表象自我的结合。这就是那个挑战：我们若想一窥全貌，就得知道真正的自我感是如何出现的。我们得解释当你感受到橡胶手上的触

感时，当你读懂这些语句时，你对于**你自己**的体验。这种真正的有意识的自我感是内在形式的最深层的形式，比"在大脑中"或"在大脑所模拟的世界中"深邃得多。这种举足轻重的内在形式即是本书所要讲的。

# 第一部分
# 意识问题

第一章

# 一个世界的显像

意识是**一个世界的显像**（appearance of a world）。意识经验现象的本质在于，使一个统一的实在呈现出来：当你有意识，一个世界即向你显现。和在清醒状态下一样，在睡梦中亦复如是，不过在无梦的深度睡眠中，没有东西显现：有一个现实外在于深梦，而你就在此现实中，但你无法得知；你甚至不知道你存在。

意识是一个非常特殊的现象，因为它是这个世界的一部分，同时又包含这个世界。我们的所有数据表明，意识是物理宇宙的一部分，也是一个正在演化的生物现象。然而，意识经验要比物理学加上生物学复杂得多——比你大脑中神经元激发的一个极度复杂的跃动模式复杂得多。让人类意识有别于其他生物演化现象的是，人类意识让一个实在**在其自身中**显现。它创造了内向性，生命过程开始觉识到自己。

从动物大脑和进化连续性上的可用数据判断，生物神经系统中的**世界显像**是一个新近现象，或许只有几百万年之久。在达尔文演化中，意识的雏形可能早在约两亿年前就出现在哺乳动物原始的大脑皮层中，赋予这些哺乳动物身体觉识以及对周遭环境的感觉，并引导它们的行为。我的直觉是，鸟类、爬虫类和鱼类早已具备某种觉识。不管怎么说，无法推理也无法言语的动物，无疑可以具有透明的现象状态，而这是让一个世界呈现在意识中所需要的全部。著名的意识研究人员和理论神经生物学家阿尼尔·塞斯（Anil Seth）、伯纳德·巴尔斯（Bernard Baars）和 D. B. 埃德蒙（D. B. Edelman）确立了 17 个衡量大脑结构促发意识的标准，证据压倒性地表明这种结构不仅存在于哺乳动物身上，也存在于鸟类甚至可能存在于章鱼身上。目前，支持动物意识的经验证据①已不容置疑。像我们一样，动物也是素朴实在论者（naive realist），例如，倘若它们也有色彩感觉，那么可以假定它们的色彩感觉就跟我们的一样，都具有直接性、确定性和即时性。但哲学观点是，我们真的不知道。这些是唯有在我们构造起一个令人满意的意识理论后才能去考虑的问题。

理论在人类哲学家和科学家心中的有意识形成，是近几千年才出现的一个更新近的现象。由此，生命过程不仅被有意识的个别生物体所反思，也被在试图理解有自我意识的心灵的出现的人类群体所反思，也即某物能够"在其自身中显现"（appear within itself）意味着什么。人类心灵最迷人的特性，或许不仅仅是它有时可以是有意识的，

---

① 请参阅 T. Metzinger, "Beweislast für Fleischesser," *Gehirn & Geist* 5(2006): 70–75, 重印于 C. Könneker, *Wer erklärt den Menschen? Hirnforscher, Psychologen und Philosophen im Dialog* (Frankfurt am Main: Fischer, 2006); A. K. Seth et al., "Criteria for Consciousness in Humans and Other Mammals," *Consciousness and Cognition* 14 (2005): 119–139; and D. B. Edelman et al., "Identifying Hallmarks of Consciousness in Non-Mammalian Species," *Consciousness and Cognition* 14 (2005): 169–187。章鱼尤为有趣，因为它们的大脑构造迥异于哺乳动物，可它们比我们过去假定的聪明得多。尽管认知复杂度本身不构成支持主观经验存在的论据，但我们目前有证据表明章鱼至少具有原初意识这一点是相当可信的，见 J. A. Mather, "Celaphod Consciousness: Behavioural Evidence," *Consciousness and Cognition* 17 (2008): 37–48。

# 第一章
## 一个世界的显像

甚至也不是它使得现象自我模型得以出现。着实惊人的地方在于，我们可以关注现象自我模型的内容，并对之形成概念。我们彼此可以交流它，并且将之经验为我们**自己的**活动。关注我们的思想和情绪的过程，关注我们的感知和身体感觉的过程，其本身就整合进了自我模型之中。如前所述，这一特性——将第一人称视角转向内部，去探查我们的情绪状态，并关注我们的认知过程的能力——或许就将我们与这个星球上的其他动物区别开来。就像哲学家们说的，这些是现象自我模型"更高阶"的层次。它们让我们觉察到我们是表征系统这一事实。

几个世纪以来，我们所构思的理论已经逐渐改变我们的自我形象，而在此过程中，意识的内容也有了微妙的改变。的确，意识是一个顽固的现象；它不会仅因为我们对于它的看法而改变。但它却可以通过实践而改变（想想那些品酒师、香水设计师、音乐天才吧）。在其他的历史时代，比如古印度的吠陀时代，或是中世纪的欧洲，那时上帝仍被认为是真实且永恒存在的，人们所熟识的种种主观经验是当今的我们难以获得的。由于哲学的启蒙和科学技术的发展，许多深层形式的意识自我经验已几乎不再可能——至少对数以百万计受过良好教育、懂科学的人来说是如此。理论改变社会实践，而实践最终改变大脑，也就改变了我们感知世界的方式。借助神经网络的理论，我们了解到，结构和内容——心灵状态的载体与它的意义——之间的区分，并不像我们通常设想的那样分明。意义确实会改变结构，尽管来得缓慢。而结构反过来决定我们的内在生活——意识经验流。

20 世纪 70 年代初，行为主义（behaviorism）盛期过后，把意识当作严肃研究主题的兴趣开始上涨。在若干科学学科中，主观经验这一主题日渐成为一个秘密的研究前沿。后来，在 20 世纪的最后十

年，许多杰出的神经科学家接受了意识作为严格研究的合适对象。如今，事情发展得就相当快了。1994 年，在亚利桑那州图森举办的意识研究者会议之后，我协助成立了一个新机构——意识科学研究学会（Association for the Scientific Study of Consciousness, ASSC），旨在聚集科学和哲学界更多的严肃研究者。会议和期刊文章的数量急剧上升[①]。翌年，我以《意识经验》为题[②]汇编了一部哲学论文集。ASSC 的共同创始人之一，澳大利亚哲学家大卫·查默斯（David Chalmers）和我一起编撰篇目，当时收录文章的发表时间从 1970 年横跨到 1995 年，涵盖了上千个条目。十年后，当我为该书的德文第五版更新篇目时，则已扩编至约二千七百个条目。那时，我放弃了将关于意识的新文献悉数纳入的企图——这不再可能做得到。如今，这一领域已扎稳根基，且稳步发展。

与此同时，我们也获得了许多经验教训。我们了解到，在人文学科领域以及在大众之中，对还原论（reductionism）的恐惧有多大，神秘主义（mysterianism）的市场有多广阔。对于哲学家或科学家会"将意识还原"的普遍恐惧，最直接的哲学回答是，还原是理论之间的关系，而非现象之间的关系。严肃的经验科学家和哲学家不会想去"还原意识"，至多是将一个关于意识经验的内容如何产生的理论还原为另一理论而已。我们关于现象的理论会变，但现象一仍其旧。即便是

---

[①] 参阅 Patrick Wilken, "ASSC-10 Welcoming address," in *10th Annual Meeting of the Association for the Scientific Study of Consciousness*, (Jun. 2006): 23–36, Oxford, U.K. at http://eprints.assc.caltech.edu/138/01/ASSC 10_welcome_final.pdf。

[②] 参阅 Thomas Metzinger, ed., *Conscious Experience* (Thorverton, UK, and Paderborn, Germany: mentis & Imprint Academic, 1995)。

# 第一章
## 一个世界的显像

根据电磁辐射得到解释之后,美丽的彩虹仍然是美丽的彩虹。采信一种简陋的科学主义意识形态,与屈从于神秘主义一样不好。况且,多数人都同意——科学方法并非获取知识的唯一途径。

但这不是故事的全貌。在对有意识心灵的还原进路的不安背后,往往有一种更深层的、未加明说的洞悉。我们知道,我们关于意识的信念会微妙地改变我们所感知的东西、影响主观经验本身的内容和功能剖面。有人担心,唯物主义的祛魅和心灵科学的进步,可能会有一些我们并不乐见的社会和文化上的后果。如我在本书终章指出的,这些声音完全正确,这亦是心灵科学发展的一个重要面向。我们已经知道,意识——就像科学本身——是一个嵌入文化的现象。

我们也开始了解到,意识不是一个全有或全无的事情,不是一个要么存在要么不存在的现象。它是一个分层级的现象,有程度之别。意识也不是一种单一的现象,而是有许多可辨的面向:记忆、注意力、感受、颜色感知、自我觉识,以及高阶思想。然而,这一现象的本质——我称之为**世界的显像**——似乎贯穿始终。意识的本质特性之一,就是将你置身于这个世界之中。当你早上起床时,你经验到自己存在于某个具体的时间、单一的地点,以及身处一个场景:一个单一且整合的**情境**出现了。在梦或幻觉中亦是如此,你不仅经验到自己,也经验到自己在一个特定情境中,是显现出的世界的一部分。我们已经知道,意识也延伸到动物界[①]。关于精神失常和脑损伤,关于昏迷和最小意识状态,关于梦、清醒梦和其他意识变更状态,我们也都有

---

[①] 可参阅这期动物意识的神经生物学专题:*Consciousness and Cognition* 14, No.1 (2005): 1–232,特别是 A. K. Seth et al., "Criteria for Consciousness in Humans and Other Mammals," *Consciousness and Cognition* 14, No.1 (2005): 119–139。

了更多的认识。所有这些都引向一个关于特色和强度各异的复杂现象的整体性图景——这并不是一个简单的开关。意识是一种层级式的现象，这有时也导致一些概念上的问题。与此同时，我们已经开始发现意识内容的特定形式的第一神经相关物[①]。最终，我们应该能够分辨出激发特定的经验性质——例如黄昏夜空的杏粉色或琥珀和檀香的气味——所需的大脑中的最小性质集合。

　　然而，我们不知道，发现这些神经相关物，会对意识的**解释**推进多少。关联物既不是因果关系，也不是解释。而且，如果意识的某些面向是难以言表的，我们显然也无法将它们与我们大脑中的状态关联起来。虽说意识是维系在个体自我之上的"主观""私密"现象，但我们对这一说法其实并没有很好地理解。但明确特定意识内容的神经相关物，就能为未来的神经科技打下基础。一旦知道了杏粉色或檀香琥珀香的身体关联物，原则上我们就能以适当的方式刺激大脑来激发这些状态。通过刺激或抑制相关群组的神经元，将能够调控对颜色或气味的感觉，并增强或消除它们。这对情绪状态，例如共情、感激，或宗教上的喜乐之感，也许同样适用。

　　重中之重是，在得以理解什么是自我之前，得先简要导览意识的样貌，以及其独特的问题体系，从而看看当前意识科学的现状。尽管有了可观的进步，但就我们有意识的心灵而言，我们仍处在史前时代。我们关于意识的理论，和穴居野人可能持有的关于星体的最初想法一样稚拙。科学上，我们还处在一个关于意识的真正科学的起步阶段。

---

① 参阅 Thomas Metzinger ed., *Neural Correlates of Consciousness: Empirical and Conceptual Questions* (Cambridge, MA: MIT Press, 2000)。

# 第一章
## 一个世界的显像

有意识的大脑是一台生物机器——实在引擎——致力于告诉我们什么存在、什么不存在。发现颜色其实并不存在于眼前，会令人不安。落日的杏粉色不是黄昏天空的属性，而是一个关于黄昏天空的内在**模型**——一个你的大脑所创造的模型的属性。黄昏的天空没有颜色。这个世界根本没有有色物体。就像高中物理老师告诉你的：你眼前的外部世界，只是一片电磁辐射，一片不同波长的激越混合。它们之中的绝大部分你是看不见的，而且永远不会成为你实在的意识模型中的一部分。真正发生的是，你大脑中的视觉系统正在从这个你想不出有多丰富的物理环境中开掘一个隧道，并在此过程中以不同深浅的颜色涂于隧道的内壁。**现象的**颜色——**显像**，只在你有意识的双眼中。

然而，这不过是个开始。意识经验到的颜色与"外在"的物理属性并无严整的一一对应。许多不同的波长混合，可以导致相同的杏粉色的感觉（科学家称这样的混合为**同色异谱对** [metamers]）。有趣的是，物体被感知到的颜色如何在不同的光照条件下保持相对恒定？例如，在正午，当主要照明为白色日光时，一颗苹果看起来是绿色的，而到了黄昏，照明光变为红色伴着一些黄色时，苹果看起来还是绿色。主观颜色恒定是人类色觉的一大珍奇特性、一个重大的神经计算成就。另一方面，你也可以有意识地将相同的物理属性经验成两个不同的意识特性。例如，对于你面前的炙热厨灶，你可以将它经验为温暖的感觉和红光漫漫的感觉——一种为你皮肤上的感受，一种为投射到你眼前的一片空间的某种事物。

也不必非得睁开双眼才能享受颜色经验。显然，你也可以梦到杏粉色的黄昏天空，或者，还可以幻想出它。在致幻药物的作用下，在

紧闭的眼皮下凝望那片虚空，你甚至还能享受一个更为夸张的色彩经验。现代意识研究的汇总数据显示，对于**杏粉色**的所有可能的意识感觉，与其说是一个"外在"对象的存在，毋宁说是大脑中高度特化的激发模式。原则上，没有眼睛你也能够拥有这个经验，你甚至可以作为一个离体的缸中大脑来拥有这个经验。是什么让你如此确定，在阅读这本书时，你并非身处缸中？又如何证明你手中的这本书，抑或你的手本身真的存在？（在哲学中，我们称这个游戏为**知识论**——关于知识的理论。这个游戏也已经玩了几个世纪。）

意识经验就其本身是一件内在的事情。关于意识，无论其内容是不是真实的，一旦你神经系统的所有内在属性就位，你意识经验的所有属性——其主观内容及其给你的**感觉**——也都完全确定下来。所谓"内在的"，我不仅指空间上，还包括时间内在性——此时此刻正在发生的任何事情。一旦你大脑中的特定性质固定了，你此时此刻经验到的所有东西也随即固定。

然而，哲学上，这仍然不意味着意识可被还原地解释。经验是离散、可数的实体吗？确实，什么算是一整个经验，并不清楚。然而，经验的**流动**确实存在，认知神经科学已经表明，意识经验的过程不过是一条通向物理实在的独特路径，其信息之复杂而丰富到难以想象，以至于我们始终难以掌握主观经验究竟被还原到什么程度。当我们在沉醉在所有的颜色、声音和味道——我们殊异的情绪和感知觉——中时，很难相信所有这一切都只是某种难以设想的更丰富之物的内在幻影。但就是如此。

幻影并不独立自存。你正拿着的那本书——对其颜色、重量和质地统合的感觉——只是一个幻影，一个"外在"的更高维物体的

# 第一章
## 一个世界的显像

低维投射。它是一个影像，一个可被描述为神经状态空间中的一块区域的表征。这个状态空间本身可能还有上百万个维度；不过，你在其帮助之下巡游其间的物理实在所具有的维度，则还要多到不可设想。

幻影隐喻不免使人想到柏拉图《理想国》的第七卷。在柏拉图精彩的寓言中，洞穴中的囚徒被锁链拴住了大腿和脖子，只能朝前看；他们的头从出生起就被朝一个固定方向禁锢住。他们所看到过的自己和彼此，都只是被他们身后的火光投射到对面洞壁上的影子，他们相信这些影子是真实的物体。对于那些他们脑袋后方、在洞壁前的物体投下的影子，他们也这样相信。我们会不会就像寓言里的囚徒一样，外部世界的物体在我们面前的墙壁上投下影子？我们自己会不会就是影子？的确，我们关于实在的立场的哲学版本就是从柏拉图的神话发展而来——不过我们的版本既不否认物质世界的现实性，也不假定存在永恒的形式，这些形式构成在柏拉图的洞壁上投下影子的真实物体。不过，我们的版本确实假定，出现在自我隧道的影像是某种更宏大更丰富之物的动态投影。

可什么是洞穴，什么又是影子呢？**现象**影子是生物体中枢神经系统的低维投射。让我们假定，你正拿着的这本书，此时此刻你正有意识地经验着，是你真实的物理双手中的一个真实物体的动态、低维的影子，是你中枢神经系统中的一个舞动着的影子。然后，我们可以问：什么又是造成投射出意识的曳影的那团火，并使此影作为一种激发模式在你神经洞穴的墙壁上舞动？火是神经动力，是持续进行着自我调控的神经信息加工流，持续不断受到感官输入和认知的扰乱和调控。墙壁不是二维表面，而是人类特艺彩色现象学（technicolor

phenomenology）的高维现象状态空间①。意识经验是我们头脑中庞大的神经网络开辟的表征空间中的成熟的心灵模型，而由于这个空间是由据有记忆的人产生的，又在时间中向前移动，因而它是一个隧道。关键问题是，如果像这样的事情一直在发生着，为何我们从未察觉？

在将意识经验比作持续且毫不费力的**脑外经验**时，安蒂·瑞文索提到离体经验的一个惊奇现象。②和我一样，瑞文索也援引模拟世界模型来解释，为何你眼下所享有的在场感只是一个内在的、主观类型的在场。这个想法是，意识的内容是我们大脑中模拟的世界的内容，而**在这儿**的感觉本身也是一个模拟。我们对于世界的意识经验是系统性地外在化的，因为大脑持续创造出一个"**我存在于一个外在于我的大脑的世界中**"的经验。如今我们所知的关于人类大脑的一切都表明，身处大脑之外，且不在隧道之中的经验，是由深藏在大脑深处的神经系统所引发的。当然，确实有外部世界存在，知识和行动也确实将我们在因果意义上与它关联在一起——但认知、行动，以及与之关联的意识经验，都仅仅是内在的事情。

任何有说服力的意识理论都要解释，为何这在我们看来并不如此。由此，让我们踏上自我隧道的导览之路，去检视在哲学和神经科

---

① 参阅 Colin McGinn, "Can We Solve the Mind-Body Problem?" *Mind* 98(1989) : 349–366。重印于 Ned Block et al., eds., *The Nature of Consciousness: Philosophical Debates* (Cambridge, MA: MIT Press, 1997); 和 Metzinger, "Introduction: Consciousness Research at the End of the Twentieth Century," in Metzinger, ed., *Neural Correlates of Consciousness* (2000), at https://mitpress.mit.edu/sites/all/modules/patched/pubdlcnt/pubdlcnt.php?file=/sites/default/files/titles/content/9780262133708_sch_0001.pdf&nid=192651。

② Antti Revonsuo, *Inner Presence: Consciousness as a Biological Phenomenon* (Cambridge, MA: MIT Press, 2006), p.144ff.

# 第一章
## 一个世界的显像

学上兼具说服力的意识理论的诸多问题中最重要的那几个。在本书中，我们将详细讨论六个：**单一世界问题**，即意识的统一性；**现在问题**，即此刻的显像；**实在问题**，即为何你生来就是一个素朴实在论者；**难以言表问题**，即那些我们将永远无法谈论的东西；**演化问题**，即意识有什么好处的问题；最后，**谁问题**，即是关于拥有意识经验的实体是什么的问题。我们将从最简单的问题开始，并以最困难的问题结束。在这之后，我们的基础工作也就算是完成了。

第二章

# 隧道游览

## 单一世界问题：意识的统一性

　　有一次，我要写一篇关于"意识"的百科全书条目。当时我做的第一件事，就是先影印了所有我能找到的、关于这个主题的百科全书条目，并追踪了历史上的参考文献。我想知道，在西方哲学的漫长历史中，是否有一条线索般的、贯穿人性的共通的哲学洞察：理解意识心灵的长久努力。令我惊喜的是，我找到两条这样的本质洞见。

　　第一个是，意识是一种高阶的知识形式，伴随着思想和其他心灵状态。拉丁文中的 conscientia 概念，是英文和罗曼语族中所有后来发展出来的术语的词源，而这个概念又是从 cum（"伴随""一起"）和 scire（"知道"）衍生而来。在古典时代和基督教中世纪的经院哲学中，conscientia 典型的意思指道德良知或某些人群共享的知识——同样，通常指道德观念。有趣的是，真的有意识（being truly conscious）和道德洞见相关。（真正意义上的意识可能与道德良知相关，这难道不是个美好的观念吗？哲学家们对他们称作**僵尸**的实体就会有一个新的定义——一个不讲道德的人,睁着双眼、伦理上却长眠不醒的人。①)

无论如何,经典理论大都认为,要想有意识,得先在你心里安上一个理想的观察者,除了道德引导,这位内在的见证者也提供关于你心灵状态内容的隐匿且全然私密的知识。意识将你的思想服从这位理想观察者的道德判断,从而将思想和行动联系起来。对于这些认为意识即良知的早期理论,无论我们现在会怎么看待,它们无疑具有哲学上的深度和极大的美感:意识是一个内在空间,为真实的人类与其内在的理想化身提供了一个接触点,也是唯一可以让你在死之前与上帝同在的空间。然而,自勒内·笛卡尔(René Descartes)的时代开始,认为 *conscientia* 不过是关于心灵状态的更高阶知识的哲学阐释开始占据主流。这与确定性有关,在一个重要的意义上,意识就是**当你知道时,你知道自己知道**。

第二个重要洞见是**整合**的观念:意识把事物结合在一起,形成一个全面、共时的整体。当我们拥有这个整体,世界就向我们呈现。当来自你的感官的信息流被统合起来,你就经验到这个世界。当你的感觉分离开来,你就丧失意识。像伊曼努尔·康德(Immanuel Kant)或弗朗兹·布伦塔诺(Franz Brentano)这些哲学家就曾将"意识的统一性"理论化:在每个时间点,将你意识经验的所有不同部分结合成一个单一的实在,这究竟是怎么一回事?如今,注意到这样一点饶有趣味:第一个本质洞见——知道你知道某事——主要在心灵哲学中

---

① "僵尸"在哲学上的说法是一种假设性的实体,行为上完全像人一样,而且无法从客观上与人相区别,但没有对任何东西的内在觉识。如果"僵尸"至少在逻辑上可能的话,这或许表明,物理事实并不蕴含关于意识的事实。

# 第二章
## 隧道游览

得到讨论①，而意识的神经科学则专注于这个整合问题：对象的特性（features）是如何被结合在一起的？如果我们想要理解意识的统一性，那么后一种现象——关于动态、全局整合的单一世界问题——就是我们必须去检视的。而在此过程中，我们会发现，这两个根本问题——无论是心灵哲学中讨论的自上而下版本，还是神经科学所讨论的自下而上版本——是一体两面的。②

同时生活在许多世界中的经验——真正的平行现实在你心中敞开的经验——会是什么样子？也会有平行的观察者存在吗？单一世界的问题是如此简单，以至于容易被忽略：为了让世界向我们显现，它首先得是**一个**世界。对于大部分人而言，我们在一个单一的实在中过着有意识的生活似乎显而易见，我们每天早上醒来见到的世界，与前一天醒来见到的是同一个世界。我们的隧道是**一个**隧道：没有后巷、小道，或其他的路径。只有那些患有严重精神疾病，或体验大剂量致幻药物的人，或许才能设想同时生活在不止一个隧道中意味着什么。意识的统一性是大脑的主要成就之一：你当下经验的所有内容都无缝关联在一起，形成了一个连贯的整体，即你所生活在的世界，这个现象学事实并不那么简单。

---

① 例如，见罗科·J. 詹纳罗（Rocco J. Gennaro）主编的 *Higher-Order Theories of Consciousness: An Anthology* (Philadelphia: John Benjamins, 2004)；以及大卫·罗森塔尔（David Rosenthal），*Consciousness and Mind* (New York: Oxford University Press, 2006)。

② 1995 年，我提出了一个模型，试图说明全局整合何以可能是一种最高阶的元表征形式。参阅 "Faster than Thought: Holism, Homogeneity and Temporal Coding," in T. Metzinger, ed., *Conscious Experience* (Thorverton, UK, and Paderborn: Imprint Academic / Schöningh 1995)。对这一想法的神经科学研究，见 "Temporal Binding and the Neural Correlates of Sensory Awareness," *Trends Cog. Sci.* 5 (2001): 16–25。

不过,整合问题首先得从若干亚全局层次解决。想象你不再能将所见物体的各种特质——它的颜色、表面质地、边缘等等——结合为一个单一的实体。在一种已知的**统觉失认症**(apperceptive agnosia)的失调中,尽管患者低层次的视觉处理是完整的,却没有一个连贯的视觉模型在意识经验的层次上出现。患者通常具有一个有意识感知到的完好视野,但无法辨认他们正在看的东西是什么。例如,他们无法区分形状,也无法相互对应形状,或者摹画。统觉失认症通常是由于大脑缺氧导致的,例如一氧化碳中毒。患者很可能会有一个整合、连贯的视觉世界模型,但特定类型的视觉信息不再能为其所用。在功能层次上,他们无法使用完形组合(gestalt grouping)或图形/背景关系(figure/ground)的提示去组织其视野①。再来想象,你不再能够把你对一个物体的感知,与使你能够辨识它的范畴知识整合起来,从而,无法主观地经验到你正在感知的**是什么**——就像在**实体觉缺失**(asterognosia,无法通过触觉辨识物体,通常与初级体感皮层的两个区域受损有关)或**自体部位失认**(autotopagnosia,无法辨识或指认自己的身体部位,也与皮质损伤有关)中一样。也有病人罹患所谓的**分离失认**(disjunctive agnosia),患者无法整合所看到的和听到的,其意识生活就像发生在一部声轨错误的电影中。一位分离失认患者这样描述他的经验:"某人站在我面前,我可以看到他的嘴在动,但我注意到,嘴巴的动作和我听到的声音对不上。"②

---

① 参阅 S. P. Vecera & K. S. Gilds, "What Is It Like to Be a Patient with Apperceptive Agnosia?" *Consciousness and Cognition* 6 (1997): 237–266。

② A. Marcel, "Conscious and Unconscious Perception: An Approach to the Relations Between Phenomenal Experience and Perceptual Processes," *Cog. Psychology* 15 (1983): 292.

## 第二章
## 隧道游览

那么，要是**一切**都分崩离析会怎样？有些大脑受伤的神经病患曾描述过"碎片化的世界"，但在这些病例中，至少还是有某种世界留下来——某些首先可被经验为碎片化了的东西。如果统一的、多样态的景象——此时此地、如此这般的情境——完全消解的话，我们将直接化为空白。世界不再向我们显现。

神经科学提出了数个新的想法和假说，来解释"世界结合"（world-binding）这一功能是如何运作的。其中一个是**动态核心假说**（dynamical core hypothesis）[①]：一个高度整合且内部分化的神经动态模式，是通过数百万个神经元不断激发而产生。美国威斯康星大学麦迪逊分校的神经科学家朱利奥·托诺尼（Giulio Tonani），正是这假说的主要倡导者，他讲到神经元的"功能簇"（functional cluster），而我则造了**因果密度**（causal density）这么个概念。[②]

---

[①] 例如，见 G. Tononi & G. M. Edelman, "Consciousness and Complexity," *Science* 282 (1998): 1846–1851；及 Tononi 等主编，"Complexity and the Integration of Information in the Brain," *Trends Cog. Sci.* 2 (1998): 44–52。近期一个激动人心的在清醒与睡眠之间差异上的应用，见 M. Massimini et al., "Breakdown of Cortical Effective Connectivity During Sleep," *Science* 309 (2005): 2228–2232。一个通俗的描述，见 Edelman and Tononi, *A Universe of Consciousness: How Matter Becomes Imagination* (New York: Basic Books, 2000)。近期的重要文献有 Tononi, G. *Integrated Information Theory. Scholarpedia*, 10, No.1 (2005): 4164. doi: 10.4249/scholarpedia. 4164 Tononi, G., & Koch, C. (2015). Consciousness: Here, There and Everywhere? Phil. Trans. R. Soc. B 370: 20140167. doi: 10.1098/rstb.2014.0167. 最近的一个广为人知的科学解释，见 Tononi, G. (2012). *Phi: A Voyage from the Brain to the Soul.* (New York: Pantheon Books)。

[②] 简言之，这里的想法是说："任何在一个关于实在的意识模型之下运作的系统，都具有如下特征：其信息处理机制中存在一个最大因果密度的**单一**区域。要有一个整合、全局连贯的世界模型，意味着要去创造一个全局的功能簇，也即其自身表征系统中的一个最大因果密度岛。"(T. Metzinger, *Being No One. The Self-Model Theory of Subjectivity*, Cambridge, Mass., 2003, p. 141)。对时下定量测量意识的种种尝试的一个概述，见 A.K. Seth, Z. Dienes, A. Cleeremans, M. Overgaard, and L. Pessoa in "Measuring Consciousness: Relating Behavioural and Neurophysiological Approaches," *Trends Cog. Sci.* 12 (2008): 314–321。

基本想法很简单：全局意识的神经相关物就像一个从大海中涌现的海岛——如前所述，这是一个将你的意识构成为一整体的巨大的神经性质集，在任一时刻在其总体中支撑你经验的世界模型。全局意识的神经相关物有多个不同层次的描述：动态地讲，可以将其描述为一座自成一体的海岛，由密集耦合的因果关系构成，从远不那么连贯的神经元活动流的水面上涌现。或者，可以采取神经计算的视角，将全局意识的神经相关物视作大脑中信息处理过程的结果，其由此也作为信息载体而起作用。这时，它成了某种更抽象的东西，可以将其想象为飘浮在神经生物学基底上方的信息云。这种信息云的"边界"是功能上的，而非形体上的；信息云由你头脑中广泛分布的神经元激发而物理地实现。就像真实的云由悬浮在空中的小水滴构成，构成你意识经验之整体的神经元激发模式则是由数以百万计的神经元轴突的突触的放电和化学过渡构成。尽管它是连贯的，但严格说来，它在大脑中并没有固定的位置。

可它为什么是连贯的？是什么将所有的小水滴——所有的微小事件——融为一体？我们还不知道，但有一些迹象表明，这个统一的整体之所以出现，得益于有意识大脑的活动中出现的时间精细结构——神经元发放和同步振荡的韵律性舞动。这也是为什么这个整体的边界是功能性的边界，从由无数整合度较低、耦合密度较低的神经微事件构成的海洋中勾勒出意识之岛。任何在这朵发放神经元之云中的信息，即是**有意识**的信息。任何在这朵云的边界（"动态核心"）之内的东西，都是我们内在世界的一部分；任何外在于它的，则不是我们主观实在的部分。由此，意识经验可以被视作大脑总体的神经动力学的一个特殊的全局性质，一种基于全局整合数据格式的特殊信息

## 第二章
## 隧道游览

处理形式。

我们还拥有第一批数学工具,使我们得以描述意识动态核心中的因果复杂度。抛开技术细节不谈,它们向我们展示了,大脑中的自组织如何在整合与分离之间达到最优平衡,同时创造出惊人的丰富多样的意识内容以及意识的统一性。

这一切意味着什么呢?我们想要意识具有的,不是一个全局同步的统一状态,不是许多神经细胞同时一起发放的状态。在诸如深度睡眠或癫痫发作期间的无意识状态下,就发现了这种统一性;在这些情况下,同步性抹消了内部的复杂度:这就如同同步性掩盖了所有的颜色和形状,以及构成我们世界的物体。我们想要大规模的连贯性横跨大脑中的许多区域,灵活地将许多不同的内容结合到一个意识体系中;就像文字结合到书页中,书页结合到书本中,拿着这本书的手结合到你的身体自我中,而这个自我坐在房间里的椅子中,读解着这些文字。我们需要一个意识的统一体,其内部要尽可能地差异化。另一方面,最大化的差异也不是最优的,因为我们的世界会因而碎裂成许多不相连的心灵内容,而我们则将失去意识。意识的诀窍是在部分和整体之间达到适当的平衡——在任一时刻,大脑中广泛分布的神经元网络似乎刚好达到这种平衡,就像由神经细胞形成的云,弥散在空间中,以复杂的同步活动模式发放,或许一个模式嵌于下一个模式之中。就像水滴形成一朵真云,在任何给定时刻,某些元素从总体中离开,同时另一些则加入。意识是一个从无数物理微事件中涌现的大规模统一现象。只要内在关联和因果耦合的程度高到足以让你大脑中舞动的微事件海岛涌现出来,你便生活在一个单一的实在之中。一个单一、统一的世界即向你显现。

这种涌现也可能在"离线状态"期间发生,例如在睡梦中。不过,在睡梦中,内容之间的联结不那么好,这也是为什么你的梦境现实时常如此古怪,为何你难以集中注意力,为何场景接续得那么快。尽管如此,梦境中仍然有一个总体的**情境**,你也仍然是在场的,而这则是现象经验为何在梦中持续的原因。但当你进入深层睡眠时,海岛融回到大海中,你的世界也随之消失。我们人类早在古希腊时代就已经知道:睡眠是死亡的胞弟,睡着意味着离世界而去。①

当前意识研究的一个引人好奇的特征是,古老的哲学理念如何以新的伪装重现在最尖端的神经科学中。亚里士多德和弗朗兹·布伦塔诺都指出,有意识地感知必定也意味着觉识到其此时此刻正在有意识地感知这一事实。某种意义上,感知发生时,我们必定察觉到这一感知。如果这个想法是正确的,那么创造出现在对你手中书的意识感知的大脑状态必定有两个逻辑部分:一个描绘书,一个持续地表征这个状态本身。一个部分指向世界,一个部分指向其自身。意识状态正是那些在表征其他事物的同时"元表征"自身的状态。这个经典的想法有逻辑上的问题,但这一洞见或许可以保留在一个经验上合理的框架中。

阿姆斯特丹的荷兰神经科学家维克多·拉姆(Victor Lamme),与位于巴黎的皮提耶-萨尔佩特里尔医院(Pitié-Salpêtrière)以及位于萨克雷的法国国家原子能研究所的 NeuroSpin 中心斯坦尼斯拉斯·德阿纳(Stanislas Dehaene)实验室的共同工作趋向于表明,所谓的"递归

---

① 在希腊神话中,睡眠和死亡的类比更为紧密:睡神修普诺斯(Hypnos)和死神塔纳托斯(Thanatos)是夜神倪克斯的双胞胎儿子。梦神摩耳甫斯(Morpheus)则是修普诺斯的儿子。就像在莎士比亚的作品中,入睡,或许还有死亡,都有可能是梦。

连结"（recurrent connection）是意识的功能基础[1]。例如，在意识视觉处理中，高层信息动态地映射回低层信息，但都指涉同一个视网膜成像。每次你的眼睛落在某个场景之上（记住，你的眼睛每秒约有三次扫视眼动），当下的影像都有一个前馈－反馈循环，这一循环给予你对这一场景更详尽的意识感知对象。在这些前馈－反馈循环中，你不断拍摄一张张对世界的意识快照。一般意义上来讲，该原理即是，从较高脑区到较低脑区的近乎不间断的反馈环中创造了一个持续的循环，这是一个嵌套着信息流的环流，其中几毫秒前发生的事被动态地映射回当前正在发生的事之中。这样一来，转瞬的过去持续地为当下创造情境——过滤出什么是当下可被经验的。我们看到，古老的哲学理念如何被现代的神经科学在具体的层次上改进、阐发。一个长期的情境环就此建立。而这可能是对意识经验创造世界的本质的一个更深的洞见：意识信息似乎被统合起来，恰恰是因为构成其基底的物理过程映射回自身，并成为自身的情境。如果我们不将这一想法应用在单一表征，例如你手中苹果的视觉经验，而是应用在大脑对**作为一个整体**的世界的统一刻画上，那么动态的意识经验流仿佛就是大脑将已有的知识持续、大规模地应用到当下情境上的产物。如果你是有意识的，那么感知、学习和生活的总体过程便为自己创造了一个情境——而这也是你的现实如何变成一个你**活在其中**的现实。

另一个进入单一世界问题的引人入胜的科学途径正日益受到关注。人们早就知道，在深度冥想中，统一并全面整合的经验格外显

---

[1] 见 V. A. F. Lamme, "Towards a True Neural Stance on Consciousness," *Trends Cog. Sci.* 10, No.11 (2006): 494–501; S. Dehaene et al., "Conscious, Preconscious, and Subliminal Processing: A Testable Taxonomy," *Trends Cog. Sci.* 10, No.5 (2006): 204–211。

著。因此，我们想知道什么是意识，为何不去跟在最纯粹的形式中陶冶意识的人们谈谈呢？或许更好的是，在他们的心灵达到最大化的统一和整体性时，使用我们现代的神经成像技术直接看看他们的大脑。

安东尼·卢茨（Antoine Lutz）及其同事在美国威斯康星大学的W. M. 凯克功能性大脑成像与行为实验室研究了经历过至少一万小时冥想的西藏僧侣。他们发现冥想者自我引发了持续的高振幅的伽马波神经振荡和全局的相位同步，这些在他们冥想时的脑电图记录中可见[①]。在某些冥想者身上发现的高振幅伽马波活动，这在科学文献中已得到有力报道。这为何如此有趣？就像沃尔夫·辛格（Wolf Singer）与其共事者表明的，由成群的神经元以每秒四十次的同步发放所导致的伽马波振荡是目前创造出统一和整体性的最佳候选者之一（尽管它们在这方面的具体角色仍然颇有争议）。例如，在有意识的物体感知的层次上，这些同步振荡通常使物体的各种性质——例如苹果的边缘、颜色和表面的质地——连贯成单一统合的感知对象。许多实验表明，可能正是同步发放区分了获准进入意识的神经元集群和那些以不协同的方式发放因而未能进入意识的神经元集群。同步是一种强大的因果力：一千个士兵一起走过一座桥，桥安然无恙；然而，如果他们步调一致地行进，桥很可能会坍塌。

---

① A. Lutz, "Changes in the Tonic High-Amplitude Gamma Oscillations During Meditation Correlates with Long-Term Practitioners' Verbal Reports," *poster at the 9th ASSC conference, Pasadena*, CA (2005); Lutz et al., "Long-Term Meditators Self-Induce High-Amplitude Synchrony During Mental Practice," *Proc. Nat. Acad. Sci.* 101, No.46 (2004): 16369–16373. 完整内容请参阅：A. Lutz et al., "Attention Regulation and Monitoring in Meditation," *Trends Cog. Sci.* 12, No.4 (2008): 163–169。

## 第二章
### 隧道游览

神经元反应的同步性也在"图形－背景"分离中扮演决定性角色——那就是跃出效应（pop-out effect），它使我们在背景下感知物体，使一个新的完形从感知场景中涌现。乌尔里希·奥特（Ulrich Ott）是德国冥想研究的领军者，在吉森的尤斯图斯－李比希大学的本德神经成像所（Bender Institute of Neuroimaging）工作。他向我提出一个有趣的想法：深度冥想是否是一个过程，或许是唯一的过程，在此过程中，人类有时可以将全局的背景转换为一个完形，即意识本身的主要特征？这一假设恰到好处地与许多人的这一直觉吻合，安东尼·卢茨即是其一：经验中基本的主体／客体结构可以在这种状态中被超越。

有趣的是，这些高振幅振荡活动在几十秒内由经验丰富的冥想者大脑中涌现。他们不能直接打开其开关；相反，只有当冥想者轻松做到"超脱"时，这些活动才开始展现。完全的冥想状态只会缓慢出现，但这也正是理论预测的：作为一个巨大的网络现象，为意识的统一性奠基的神经元同步需要更多的时间去成形，因为达到同步所需的时间与神经集群的大小成正比——在冥想中，必须形成一个由数亿个神经细胞组成的协调群集。振荡也与冥想者口述的冥想经验的强度有关——也就是说，振荡与对强度的报告直接相关。另一个有趣的发现是，大脑的基线活动在冥想后有显著变化。显然，重复的冥想练习改变了意识的深层结构。如果冥想可被视作一种心灵训练的形式的话，那么事实证明，伽马波范围内的振荡同步打开了正确的时间窗口，而这对于有效促进突触的变化是必要的。

总而言之，当表征比如说这本书的光泽、表面材质和重量的广泛分布的神经元开始共舞、同时发放，特征捆绑（feature-binding）就发生了。这种有节奏的发放模式在大脑中创造了连贯的云,一个为你在**特定的时刻**表征单一物体——这本书——的神经元网络。将一切凝聚在一起是**时间**上的融贯。意识的统一性也因而被视作人脑的一个动态性质,涵盖多个层次上的组织,它随着时间自组织,并随着其逐渐展开而不断寻求部分和整体之间的最优平衡。它在脑电图中表现为一个缓慢演进的全局性质,正如冥想者向我们展示的,它可以从内部、以第一人称的视角去培养和探索。请参阅本章末的沃尔夫·辛格访谈。

下一个问题对于构建一个完整意识理论而言更为困难。

## 现在问题:即时时刻涌现

这是件让身为哲学家的我总是感到既迷人又深深困惑的事情:对物理宇宙的完整科学描述并不包含有关何时是"现在"的信息。这样一个描述确实避免了哲学家所谓的"索引词"(indexical terms)。不会有指针或红色的小箭头告诉你"你在这里"或"就是现在"。在现实生活中,意识大脑的工作就是它不断地告诉带着它的生物体何地是**这里**、何时是**现在**。这个经验性的现在,是现代意识理论的第二大问题。[①]

生物性的意识隧道不仅仅是简单意义上的大脑中实在的内在模型

---

[①] 尽管我与托马斯·内格尔(Thomas Nagel)的"客观自我"理论有根本的分歧,但他在《本然的观点》(*The View from Nowhere*, New York: Oxford University Press, 1986)第四章中针对这个问题,及其在自我意识上的应用的铺陈,或许是最优美且最具可读性的。

## 第二章
### 隧道游览

的隧道。它也是一个时间隧道——或者更准确地说,是一个现在隧道。在这里,我们遇到了一种更微妙的内向性形式,即一种在时间域中,主观地经验到的内向性。

经验上的说法需要处理短期记忆和工作记忆、神经网络中的递归循环,以及将单个事件向更大的时间完形结合(通常简称为"**心理当下**")。现在问题真正让人烦扰的是其概念性:很难说这个谜题究竟包含什么。在这点上,哲学家和科学家都一贯引用圣奥古斯丁《忏悔录》第十一卷第十四章中的一段。圣奥古斯丁的名言:"那末时间究竟是什么?没有人问我,我倒清楚,有人问我,我想说明,便茫然不解了。"[①] 现在问题的首要困难不是神经科学,而是如何适当地表述它。我来尝试一下:意识是时间中的内向性。通过在你的心灵中创造一个新的空间——一个时间内在性的空间——将世界呈现给你。一切都在**现在**之中。无论你经验到什么,你都将其经验为**在此刻发生的**。

一开始你可能会不同意:我关于上次在海滩上漫步的有意识的情节记忆(episodic memory),指涉的难道不是过去的事情吗?而我关于下周去山里旅行的有意识的思想和计划,难道不是指向未来吗?没错,这是对的——但它们却总是内嵌在一个自我的意识模型中,这个自我**正在**回忆着海滩上的海星,**此时此刻**正计划着一条登顶的新路线。

就像伟大的英国心理学家理查德·格里高利(Richard Gregory)

---

① 译文参考〔古罗马〕奥古斯丁:《忏悔录》,周士良译,北京:商务印书馆,2015年,第242页。——译者注

所说，意识经验的一大功能是"标示这个危险的当下"①。意识的一大功能是帮助生物体保持在即时的当下——自身和环境中的所有的性质都可能快速、不可预测地变化。这一想法与圣迭戈神经科学研究所的伯纳德·巴尔斯提出的经典概念相关，他以《意识的认知理论》(*A Cognitive Theory of Consciousness*) 一书为人所熟知，在书中概述了作为意识模型的全局工作空间理论（global-workspace theory）。他把意识比喻为心灵中全局工作空间的内容，这意味着只有关键的方面才被表征到意识中。意识信息就是必须同时可被你的每一项认知能力所取用的信息。只有当你不知道接下来要发生什么，以及将需要什么能力（注意力、认知、记忆、运动控制）去对迫在眉睫的挑战做出恰当的反应，才需要一个意识表征。这种关键信息必须保持活跃，以便不同的感官或大脑机制可以同时取用它。

我的想法是，这种"同时性"（Simultaneity）正是我们需要一个有意识现在的原因。为了做到这个，大脑学会了模拟时间的内在性。为了创造一个共同的平台——就像让各种专门的脑区可以张贴信息的黑板——我们需要一个共同的参照系，而这个参照系是时间参照系。尽管严格来说，外部世界中并不存在"现在"这回事，事实表明，将世界的内在模型围绕着这样一个"现在"组织起来是适应性的——为大脑中的所有机制创造一个共同的时间参照系，以便它们可以同时取用相同的信息。为了被标示为实在，某个特定的时间点需要以特别的方式表征。"过去"外在于时间，未来也是。但也有内在于时间的，**这个**时间，现在，你正处于的时刻。一切你有意识的思想和感受都发生

---

① R. L. Gregory, "Visual Illusions Classified," *Trends Cog. Sci.* 1 (1997): 190–194.

## 第二章
隧道游览

在这个即时的当下。

我们如何在生物学大脑中发现这种特殊形式的内向性？当然，有意识的时间经验还有其他元素。我们经验到同时性。（你可曾注意到，你无法在同一时刻意愿两个行动，或同时作出两个决定？）我们经验到接续：一段音乐中的音符、我们心中飘过的两段思想，都是一个接着另一个。我们经验到持续：音乐中的一个音调，或者一段情绪，可以在时间中持续。这一领域的先驱，神经科学家恩斯特·波普尔（Ernst Pöppel），和他的同事、慕尼黑大学人类科学中心的主任伊娃·卢瑙（Eva Ruhnau）将所有这些涌现的东西描述为"时间完形"（temporal gestalt）①：音符可以形成一个动机——一种前进性的声音模式构成一个整体，你从一个时刻到下一个时刻都能将其辨识出来。同样，单个的思想可以形成更复杂的意识经验，这可以被描述为推理的展开模式。

顺带一提，在一个单一时刻，你可以有意识地经验到的发生的事情有一个上限：几乎不可能将持续三秒以上的音乐动机、有节律的诗或复杂的思想经验为一个统一的时间完形。当我在法兰克福学习哲学的时候，教授们通常不在授课中即兴演讲；相反，他们念九十分钟的手稿，将又臭又长的句子连珠炮般射向学生。我怀疑这些课程根本不以成功交流为目的（尽管他们时常以此为**主题**），而是一种智识上的大男子主义。（"我要通过喷涌出精妙复杂且仿佛永无止境的句子，来证明你们在智识上低人一等。这将击垮你的短期缓存，因为你无法

---

① Ernst Pöppel, *Mindworks: Time and Conscious Experience* (New York: Harcourt Brace Jovanovich, 1988); E. Ruhnau, "Time-Gestalt and the Observer," in Thomas Metzinger, ed., *Conscious Experience* (Thorverton, UK, and Paderborn, Germany: mentis & Imprint Academic, 1995).

将它们整合为一个单一的时间完形。你什么也理解不了，而你将不得不承认你的隧道比我的狭小！"）

我想，许多读者也曾遭遇过这类行为。这是一种从我们的灵长类祖先那里继承来的心理策略，一种形式更加精妙的卖弄行为在学界大行其道。使得这种新型的大男子主义得以可能的，是"现在"的移动窗口有限的承载力。通过这个窗口，我们看到持存的对象和有意义的事件链条。构成所有这些对持续、连续的经验以及时间整体的形成的是"当下"这个坚实的基础。为了理解**一个世界的显像**是什么，我们迫切需要一套关于人脑如何产生这种对当下时间感的理论。

"当下"是意识经验的一个必要条件。如果大脑可以解决单一世界问题却无法解决现在问题，世界就无法向你显现。在深层意义上，显像就**是**当下，而时间即时性的主观涵义，就**是**对时间的内部空间的定义。

超越这种主观的现在性，逃离"当下"的隧道，是否可能？想象你迷失在一个白日梦中。完全迷失。你有意识的心灵不再"标示这个危险的当下"。在我们星球的历史上那些经常这么做的动物没能存活到成为我们的祖先；因为它们会被其他更少耽溺的动物吃掉。不过，在你完全脱离当下的周遭环境的时刻，例如，在一场清晰的白日梦中，究竟发生了什么？你骤然身处他方。另一个即时的现在在你心中涌现。现在性是意识的一个基本特征。

当然，这也是一个错觉。现代神经科学告诉我们，我们从未触及"现在"，因为神经信息处理本身也花时间。信号花时间从感觉器官沿着体内的多处神经通道传到大脑中，它们还要花时间被处理以及转

# 第二章
## 隧道游览

化成物体、场景和复杂的情境。所以，严格来说，你经验为当下时刻的，实则都是过去。

如此看来，为什么哲学家们谈论"现象"意识或"现象"经验，就变得明了。一个现象就是一个显像。现象的"现在"是现在的显像。大自然在过去的几百万年间优化了我们的时间经验，使我们将某些事情经验为正发生在**现在**，因为这种安排在功能上足以组织我们的行为空间。不过，从更严格的哲学角度来看，有意识的"现在"的时间内向性是一种错觉。不存在与实在的直接接触。

这一点给了我们第二个关于意识的类隧道本质的根本性洞见：当下感是人脑创造出来的一种内部现象。外部世界不仅没有颜色，也没有当下时刻。物理时间持续地流动。物理宇宙并不知道被威廉·詹姆斯（William James）称作"似是而非的当下"（specious present）的东西，也不知道有个延展的或"模糊的"当下时刻。大脑是个例外：对于某些物理有机体，例如我们，已证明可以将穿行实在的路径表征为**仿佛**有一个延展的"现在"，一个我们生活于其中的串起单个时刻的链条。我喜欢詹姆斯的隐喻："现在"不是刀锋，而是自有宽度的鞍背，我们栖坐其上从两个方向上看时间。当然，从人类意识中那错觉式的、模糊的"现在时刻"来看，并不意味着某种并不模糊的"现在"无法在物理层次中存在——但记住，对宇宙的完整的物理描述不会包含"现在"一词；不会有红色的小箭头告诉我们"这是你在时间序列中所处的地方"。自我隧道与上帝视角看待世界的方式正好相反。它有"现在"，有"这里"——还有**存在于此时此地**的"我"。

这个即时的"现在"具有迷人的双重面向。从认识论的角度看，它是一个错觉（"现在"是一个显像）。然而，有意识的"现在"的

移动窗口，已被证明对于像我们这样的生物有功能上的优势：在我们的祖先奋力求生的环境中，它选取了与物理世界交互的正确参量，并以这样的方式成功结合了感知、认知和有意识的意志。在此意义上，它是一种知识形式：关于这种身体以及这些眼睛、耳朵和肢体的作用的功能性、非概念性的知识。

我们在当下时刻所经验的，包含了关于如何以流畅且具适应性的方式整合我们的感官感知和运动行为的默会知识。不过，这类知识仅适用于见于地球表面的那类环境。在宇宙其他地方的其他有意识的存在者，可能演化出完全不同形式的时间经验。他们可能被冻结在一个永恒"现在"中，或者有一个非常高的解析度，只消地球上的几分钟，他们就可以经验到比百万人类终其一生所经验到的还要强烈的单个时刻。他们可能是无聊大师，时间流逝对之极度缓慢的主体。一个很好（也更困难）的问题是，主观的时间经验有多少的变化空间？如果我的论证是合理的，有意识的心灵每次只能被置于一个单一、真实的"现在"中——因为这是意识的本质特性之一。同时生活在两个以上完全对等的"现在"，拥有一个从时间序列上的**多个**点产生出来的主观视角，在逻辑上是否可能？我看不行，因为不会再有一个单一的、当下的"**自我**"**拥有**这些经验。此外，很难想象我们能适应一个经历多重即时"现在"的情境。因此，从严格的哲学视点或从物理学家的视角来看，虽然不存在诸如延展的现在这样的东西，但在诸如我们这样有意识的存在者碰巧在大脑中表征时间的方式背后，必定有深层的生物学真理和深邃的演化论智慧。

即便考虑到心灵和意识的极端唯物主义观点，人们也必须承认，有一个复杂的物理性质（就我们所知）只存在于这个星球的生物神经系统中。这一新性质即为"当下"的虚拟窗口,被安置在脊椎动物,尤其是高等哺乳动物的大脑中。这就是即时的"现在"。物理时间流动在这个性质出现之前就存在,但接着一些新事物附加上来——对时间的**表征**,包括错觉式的、模糊的现在,以及大脑中具有这种新属性的生物并不将其当作一种表征。数十亿有意识的、表征时间的神经系统创造了数十亿个体视角。

就此,我们也触及了遍及现代意识研究的一个更艰深、更普遍的原则。我们能以一种理智的、唯物主义的方式解释的主观经验的方面越多,对这个自组织物理宇宙本身的看法也将改变得越多。显而易见,物理宇宙本身以一种非妄言、非隐喻性,且非神秘性的方式,拥有一个使主观性涌现的内在潜能。粗糙版本的客观主义是错的,实在远比我们所想得更为丰富。

## 实在问题:为何你生来就是一个素朴实在论者

最小的意识是一个世界的显像。然而,如果我们解决了单一世界问题和现在问题,我们所有的只是大脑中的统一世界**模型**和当下时刻**模型**。我们有对单一世界的表征和对单一时刻的表征。显然,世界的显像是某种不同的东西。设想你突然可以意识到整个世界、你自己的身体、你手中的书,以及所有你当下的环境都是一个"心灵模型"。这还会是意识经验吗?

现在,试着去想象某种更困难的东西:你此刻正享有的这股坚实的"当下感",其本身不过是某种特殊的影像。它是你大脑中的时间

表征——一种假象,不是真实的事物。如果你可以把自己从当下的时刻抽离——如果这个此刻的"现在性"(Now-ness)结果并不是真正的"现在",而不过是你心中对当下的一个精致描绘,会发生什么?你还有意识吗?这不仅仅是一个经验问题;它还有着鲜明的哲学意味。关键的问题是,在你读到"世界呈现"时,如何从世界模型和现在模型中得到你所拥有的东西。

答案在于现象表征的透明性。回想一下,如果使用表征的系统无法将其认作一个表征,那么这个表征就是透明的。如果大脑没有机会发现其中运作的世界模型是一个模型,那么这模型是透明的。如果大脑没有机会发现关于此刻的模型不过是其对当前正在进行的信息所处理的结果,那么这一模型是透明的。想象你正在电视上看《2001:太空漫游》(*2001: A Space Odyssey*)这部电影,你刚好看到得胜的猿人把他的骨头武器扔向高空的那一幕,这时,镜头跳到未来,那根翻滚的骨头的画面和宇宙飞船的画面叠映。海伍德·R. 弗洛伊德(Heywood R. Floyd)博士搭乘登月艇抵达月球基地克拉维斯(Clavius),并与当地的苏联科学家讨论对月球上巨石的发现所带来的"文化冲击和社会混乱的潜在可能"。当他们亲临黑色巨石,探险团队的一位成员伸手抚摸它光滑的表面,与几百万年前猿人展露出的敬畏和好奇相映成趣。科学家和宇航员们聚集在它周围合影,突然他们的耳机里传来了一声震耳欲聋的高音——阳光照射巨石时所发出的一声巨响。你完全被这幕在你面前展开的场景攫住,与那些困惑的宇航员们别无二致。然而,你随时可以将自己从电影中抽离出来,并意识到有一个与之分离的你正坐在客厅的沙发上,仅仅观看着全部这些。你也可以上前靠近屏幕,检查上面的小像素,上千个疾速闪烁的小方块,只要你在几

## 第二章
## 隧道游览

码之外,便产生一幅持续流动的影像。这幅流动的影像不仅是由单个的像素组成,其时间上的动态也根本不是真的连续——单个的像素依照某种特定的节奏明灭闪烁,以不连贯的节奏变化颜色。

你无法这样远离你的意识。它是一种不同的媒介。如果你看着手上的书,并尝试去捕捉单个的像素,你什么也看不到。书的显像是致密且不可入的。视觉注意力无法像你近距离观看电视屏幕时发现单个像素那样,去消除书本经验的流动性和连续性。你大脑激活对这本书的视觉模型以及将它与你的手指触觉整合的速度太快了。

有人可能会争辩说,这个差异之所以存在是因为产生"像素"的系统同时也是试图侦测它们的系统。当然,在大脑不断处理信息的过程中,像素一样的东西并不真正存在。然而,你无法将对这本书的感知分解成像素的原因除了大脑整合速度外,还可能是什么?如果你的大脑运作得慢得多(比方说,假如它可以察知一年的时间跨度,但无法更短),你仍然无法察知这些"像素"。你仍然会感知到时间的无缝流动,因为我们大脑的有意识运作不是一个单一的均质事件,而是一个多层的事件链条,其中不同的处理过程密集耦合、全程交互。大脑产生了被叫作**高阶表征**(higher-order representations)的东西。如果你专注于你对于某个视觉对象(比如这本书)的感知,那么至少有一个二阶的过程(即专注加工)把一阶过程——在这个例子中是视觉感知——作为其对象。如果一阶过程,即所见对象——你手中的书——产生的过程,在一个比二阶过程(即你将注意力转向这一新内在模型)更小的时间窗口内整合其信息,那么一阶层次上的整合过程就会变得透明,意即你无法有意识地经验到它。你必然也看不到这个基本的建构过程。透明性与其说是信息处理速度的问题,不如说是不同类型的

处理（比如注意力和视知觉）相对于彼此的速度的问题。

书的模型迅速而轻松地与其他模型（例如你手的模型和书桌的模型）相结合，并无缝整合进你经验总体的意识空间中。由于经过数百万年的优化，这一机制是如此快速可靠，以至于你从未注意到它的存在。它让大脑对其自身不可见。你只与其内容有接触，而从未见到过诸如此类的表征；因此，你有种直接与世界接触的错觉。这就是你何以成为一个**素朴实在论者**——一个自认为与独立于观察者的实在相接触的人。

如果你作为一名哲学家与神经科学家交谈，他们会给你介绍许多新的概念，你会发现其中有些极为有用。我发现格外有帮助的一个是**代谢代价**（metabolic price）的观念。生物大脑如果想要发展出新的认知能力，它必须付出代价。付出代价所用的通货就是糖类。要发展这种新能力并使其保持稳定，必须要有额外的能量可用，并消耗更多的葡萄糖。天下没有免费的午餐。如果一个动物要演化出颜色视觉，这一新性状必须由对其可用的新的食物和糖类来源来代偿。如果一个生物有机体想要发展出有意识的自我，或用概念思考，或掌握一门语言，那么迈向一个新层次的心灵复杂度的这一步必须是可维持的。这需要额外的神经硬件，而这种硬件需要燃料。这里的燃料就是糖类，而这一新的性状必须使动物得以在其环境中寻找到这些额外的能量。

同样，任何好的意识理论必须得揭示出意识是如何为其自身偿付代价的。（原则上，意识可能是别的自偿性状的副产品，不过，它随着时间的推移而保持稳定这一事实表明它是适应性的）一个有说服力的理论必须解释一个世界向你显现是如何使你能够从环境中获取比僵

## 第二章
## 隧道游览

尸更多的能量。这个演化视角也可以帮我们解决素朴实在论的困惑。

我们的祖先不需要知道一个熊的表征正在他们的大脑中激活，或正在专注于表征着一只缓慢逼近的狼的内在状态。因此，这两个图像都不需要他们燃烧宝贵的糖类。他们需要知道的只是"那儿有熊"或"狼正从左方靠近"。知道所有这些都不过是一个世界**模型**和现在**模型**，这对于生存来说并无必要。这种额外的知识需要形成被哲学家称作**元表征**（metarepresentations）的东西，或者说关于其他图像的图像，关于思想的思想。它需要大脑中的额外硬件和更多的燃料。演化有时会偶然产生多余的新性状，但这些奢侈的性质很少能长期维持下去。因此，对于为什么我们对世界的意识表征是透明的——为什么我们从根本上无法将它们认**作**表征——以及为什么这提供了一个可行、稳定的生存与生殖策略，这些问题的答案或许是元表征的形成不会划算：就我们需要从环境中找到额外糖类来看，元表征的代价太高了。

一个更小的时间尺度提供了另一种理解为什么我们生来都是素朴实在论者的方式。为什么我们察觉不到意识的类隧道本质？如前所述，直接触及外部世界的强烈错觉与我们大脑中神经信息处理的速度有关。进而，主观经验并非由单一过程产生，而是由多种交互的功能产生：多感官的整合、短期记忆、注意力等等。我的理论是，意识本质上是**专注能动性的空间**（space of attentional agency）：有意识的信息就是我们大脑中刚好在当下激活的那组信息，我们能有意地将我们的高层注意力指向它们。低层注意力是自动的，可被完全无意识的事件触发。感知要成为有意识的，并不意味着你借助注意力机制有意进入它。正相反，我们觉察到的大部分东西只在意识的边缘而非位于其

焦点。不过，任何**可**被注意力有意指向的东西，都会被有意识地经验到。尽管如此，当我们小心地将视觉注意力指向某个物体，我们本质上还是无法意识到这些更早的处理阶段。"看仔细点"也无济于事：我们无法注意到在大脑中产生书本的建构过程。事实上，注意力常常做的恰恰相反：通过稳定感官对象，我们使其变得更加真实。

这就是为什么隧道的墙壁对于我们是不可穿透的：即便我们相信某样东西不过是一个内在的建构，我们也只能将其经验为**被给予的**，而永远无法经验为**被建构的**。这一事实很可能在认知上对我们是可行的（因为我们对之可能会有一套正确的理论或概念），但在注意力或内省上它不是可行的，仅因为在主观经验的层次上我们没有一个在隧道"之外"的参考点。无论什么向我们显现——无论它以什么为媒介——都会显现为实在。

请尝试一下仔细检视看到并同时触摸你手中的书，以及感受其重量的整体经验。竭力去意识你大脑中的建构过程。你将发现两件事情：第一，你做不到；第二，隧道的表面不是二维的：它具有相当的深度，并且由非常不同的感觉性质组成——触觉、听觉，甚至嗅觉。总而言之，隧道有一个高维度、多模态的表面。所有这些导致你无法将隧道的墙壁辨识为一个内表面，这根本不像你曾有过的任何隧道经验。

神经现象学的穴壁为何如此难以穿透？一个回答是，为了有用（就像你的个人计算机的图形用户界面的桌面），洞穴的内表面必须是封闭且完全真实的。它像一台动态过滤器一样。想象一下，当你看着手中的书时，你可以内省地觉察到信息处理的更深层且更早期的阶段，会发生什么？表征会不再是透明的，可它仍然处在隧道的内部。

# 第二章
## 隧道游览

交互模式的洪流会骤然向你涌来，不同的解释和竞争激烈的联结将入侵你的现实。你会迷失在每毫秒发生在你大脑中的无数微事件中——你会迷失在你自己心中。你的心灵将爆发出无穷无尽的自我探索的循环。这可能就是阿道斯·赫胥黎（Aldous Huxley）在他1954年的经典作品《知觉之门》(*The Doors of Perception*)中引用威廉·布莱克(William Blake)的话所意指的："如果知觉之门被清扫干净，万物会如其所是地向人显现，无穷无尽。因为人已将自己封闭起来，直到他透过他洞穴的窄缝看见万物。"

现象透明性的动态过滤器是大自然最引人入胜的发明之一，而且它已经产生了深远的影响。我们对于周遭世界的内部影像是相当可靠的。为了能成为好的表征，我们关于熊与狼、手中的书、朋友的笑容的意识模型，必须充当一扇朝向世界的窗口。这扇窗必须是洁净且通透澄澈的。这就是现象的透明性：它是可靠的意识感知之所以轻松自如且无缝衔接的原因，它是以足够精准的方式描绘我们周遭世界的可靠的意识感知的标志。我们不必知道或关心这一连串的小奇迹**如何**在大脑中展开，就能享有作为连接实在的不可见界面的意识经验。只要不出岔子，素朴实在论就会促成一种非常轻松的生活方式。

然而，问题出现了。有不是素朴实在论者的人吗，或素朴实在论被抛在脑后的特殊情况？我的理论——主观性的自我模型理论——预测，一俟意识表征变得不透明（也就是说，一俟我们将其经验**为表征**），我们就会抛弃素朴实在论。不带素朴实在论的意识确实存在。在其他二阶表征的帮助下，当我们意识到建构过程，意识到最后的稳定状态出现之前的模糊性和动态阶段时，这种情况就会发生。当这扇窗口变得污浊或破碎时，我们会立刻认识到意识感知只不过是一个界

面,也会意识到这一介质本身。我们怀疑我们的感官是否在正常运作,怀疑我们正在看或正在感受之事物的存在,也认识到这一介质本身会出错。简言之,如果你手中的书失去其透明性,你会将其经验为心灵的一个状态而非外部世界的一份子。你会立刻怀疑它的独立自存。它会更像是关于一本书的思想,而非对一本书的感知。

这着实发生在各种情境中——例如,在视幻觉中患者意识到幻觉的发生,或在我们日常的视错觉中,突然意识到我们并没有直接接触到实在。通常,这样的经验让我们以为眼睛出了毛病。如果你能有意识地经验到表征的更早阶段,你手中的书的影像可能会变得不稳定、模糊不清,它会开始轻轻拂动。它的表面会变得色彩斑斓。你会立刻问自己,这是不是一场梦,你的眼睛是不是出了什么毛病,是不是有人在你的饮料中下了强效致幻剂?自我隧道的部分墙壁失去其透明性,你将会明白整个经验流的自我建构本质。你会以一种非概念且全然非理论的方式,在这个当口对这一事实获得一个更深刻的理解:这个世界仅仅向你**显现**。

如果你生来就有对你内在处理过程的觉识,会如何?显然,你还是不会接触实在本身,因为你还是仅仅会在一个表征之下了解它。不过,你还是会继续将你自己表征**为表征物**。就像在你意识到你正在做梦的一场梦中,你的世界不再会被经验为实在,而是一种心理内容的形式。这将会是你心中的一个宏大思想,一个理想观察者的心灵。

我们已经得到了意识的最小概念。对于大脑如何从内在的世界模型和内在的现在模型迸发到对一个世界的完整显像这一问题,我们有了一个答案。这个答案就是:如果这些模型的系统本质上无法认知到

## 第二章
### 隧道游览

世界模型和当下的心理时刻——对于当下的经验——二者都不过是模型，是内在构造的话，那么这一系统必将产生一个实在隧道。它将拥有在一个单一的"现在"中直接接触到一个单一、统合的世界的经验。对于任何这样的系统，都会有**一个世界显现出来**。这就相当于我们当作出发点的那个意识的最小观念。

如果我们可以解决单一世界问题、"现在"问题，以及实在问题，也就可以发现人脑中的全局意识的神经相关物。回想一下，有与各种意识内容相关的特定意识神经相关物（一个与玫瑰的红色相关，另一个与作为一个整体的玫瑰相关，等等），也有全局意识神经相关物，这是一组大得多的神经性质，它给作为一个整体的意识或者所有在当下激活的各种意识内容奠基，并在特定时刻从整体上巩固你关于世界的经验模型。解决单一世界问题、"现在"问题和实在问题包含三步：第一，寻找一个关于拥有所有这些经验是什么样子的适合的现象学描述；第二，（在表征的层次上）更详尽地分析它们的内容；第三，描述引发这些内容的功能。发现全局的意识神经相关物就意味着发现这些功能如何在神经系统中实现。这也会使我们得以判定这颗星球上有哪些其他存在者也享有对世界的显像，在这些存在者的大脑中也会有可辨识的物理对应结构。

在最简单且最基本的层次上，全局意识神经相关物将是一个展现大规模一致性的动态大脑状态。它将与任何产生"当下"的虚拟窗口的事物完全整合，因为在某种意义上它**就是**这扇窗口。最后，它必须让更早的处理阶段不引起高层的注意。我预测，到2050年，我们将发现GNCC，即全局意识的神经相关物。不过我也预测，在此过程中我们将发现一系列可能不那么容易解决的技术问题。

## 难以言表问题：那些我们永远无法谈论的东西

想象我拿着两个色度相近的绿色色样在你面前。这两个色度有所不同，但几乎无法察觉。（在心理物理学中，专家们有时用的术语是"最小可觉差"〈just noticeable difference, JND〉。JND 是一个统计值，而非一个确数。）这两个色度（我叫它们 24 号绿和 25 号绿）在色表上最为邻近，二者之间不存在你可以辨别的绿色色度。现在我背过手，把色样洗乱，然后拿出一张。它是 24 号绿还是 25 号绿？有趣的发现是，单靠意识感知无法让你分辨出差异。这就意味着，理解意识也包括理解细微、秋毫之处，而不只是整体。

现在，我们必须从全局进发到意识更细微的面向。如果意识内容的某些面向当真是难以言表的话——许多哲学家，包括我在内，都相信确实如此——我们还怎么对它们开展牢靠的科学研究？我们又如何还原地解释某些我们无法确切谈论的东西？

意识的内容可能在许多不同的方面是难以言表的。你无法对一个盲人解释玫瑰的红色。如果你所身处的语言社群没有对某个特定感受的概念，你可能无法从自己身上发现它，或命名它以与他人分享。第三类难以言表的形式，由那些如此转瞬即逝以至于你无法形成追溯其记忆的意识状态（它们是"意识的"，因为原则上它们可以被注意到）构成：它在你主观觉识的边缘咄嗟闪烁——或许是一次难以察觉的颜色变化，或者是某种情绪中的一次轻微波动，或者是你混合的身体感觉中的一次几难捕捉的明灭。甚至可能有一些更长的意识经验片段——比如在睡梦中，或者麻醉状态下——大脑中的记忆系统对之系统性地不可获取，未曾有人报告过。可能弥留之际亦是如此。不过在

## 第二章
## 隧道游览

这里，我要提出一个更明晰的关于不可说性的例子，以阐明这个难以言表问题。

你无法告诉我，我举起的绿卡是24号绿还是25号绿。从知觉心理学实验中为人熟知的一件事是，我们辨别感觉值的能力，比如颜色，远大于我们对其形成直接概念的能力。但为了谈论这一特定色度的绿色，你需要一个概念。用一个像"某种亮绿色"的含糊范畴是不够的，因为你缺少确切的值，这一经验具体的、质性的**如此这般**（suchness）。

在430到650纳米之间，人类可以分辨超过150种不同波长，或不同的主观色度的颜色。但如果要求以高精度再认单一的颜色，人类能做到的不足15种[1]。这对其他感觉经验也成立。一般听者在可听频段内能分辨大约1400级不同的音高，但能辨认出的作为样本的音级大约只有80个不同的音高。多伦多大学的哲学家黛安娜·拉夫曼（Diana Raffman）清楚地阐明了这一点："比起辨识或辨认感知值，我们更善于分辨它们（即作出相同/不同的判断）。"[2]

用行话说，这意味着对于许多最简单的意识状态，我们不具有**内省的识认标准**（introspective identity criteria）。我们的感知记忆极为有限。如果同时看到24号绿和25号绿，你可以看到并经验到二者的**差异**，但随着时间的推移，你无法有意识地表征25号绿的**等同性**。当

---

[1] R. M. Halsey & A. Chapanis, "Number of Absolutely Identifiable Hues," *Jour. Optical Soc. Amer.* 41, No.12 (1951): 1057–1058. 相关出色的哲学讨论，请参阅 D. Raffman, "On the Persistence of Phenomenology," in Thomas Metzinger, ed., *Conscious Experience* (Thorverton, UK, and Paderborn, Germany: mentis & Imprint Academic, 1995).

[2] Raffman, "On the Persistence of Phenomenology," p.295.

然，出现在你眼前的可能是同一个 25 号绿的色度，但带着这一内省信念的关于确定性的主观经验本身只是表象，而非知识。因此，简明地说，感觉意识中有这样一个不可说的元素：你能够经验到无数事物的壮丽与精巧，而无需可靠地去辨识它们。没有这个，你也就无法谈论它们。某些专家——酿酒师、音乐家、香水设计师——可以训练他们的感官以达到一个细致得多的分辨程度，并发展出专门术语来描述他们的内省经验。例如，鉴赏家可能将酒的口味描述为"道地的""有药草香气""有坚果风味"或"有狐骚味"。尽管如此，即便是内省专家也永远无法穷尽难以言表的细微差别的辽阔空间。一般人也无法辨识出与他们昨天见到的那片漂亮的绿色对应的颜色。那个个别的色度一点也不模糊，这是科学家所说的**最大确定值**（maximally determinate value）的东西，一个具体且绝不含混的意识内容。

作为一名哲学家，我喜欢这类发现，因为它们雅致地呈现出意识经验流是何等微妙。它们表明，生命中有无数事物只可意会，纯粹感知中有一个无法被思想或语言把握或侵入的深度。这一见解亦深得我心：**感质**（qualia）——依照克拉伦斯·欧文·刘易斯（Clarence Irving Lewis）创造该词时的传统含义——从不真正存在，这也是被杰出的意识哲学家丹尼尔·C. 丹尼特强有力强调的一点[①]。**感质**是哲学家用于简单的感觉经验的一个术语，比如红色的红、痛觉的坏、桃子派的甜。通常，这个想法是说，感质构成了可辨认的内在本质、不可还原的简单性质——经验的原子。然而，这个讨巧的故事太过简单了——

---

① Clarence I. Lewis, *Mind and the World Order* (New York: Scribner's, 1929). and Daniel C. Dennett, "Quining Qualia," in A. J. Marcel & E. Bisiach, *Consciousness in Contemporary Science* (New York: Oxford University Press, 1988).

## 第二章
### 隧道游览

经验的意识研究如今向我们展示了主观经验的流动性、独特性,以及单一时刻的注意力不可替代的本质。不存在构成意识的原子或意识块。

难以言表问题对于意识的科学理论来说是一个严峻的挑战,或至少对于寻找其所有的神经相关物而言是如此。这个问题直接来说就是:要精准找出大脑中 24 号绿的最低限度的神经相关物,你必须假设你的被试者口头报告是可靠的——他们可以在受控实验设定下的重复试验中,经过一段时间后正确识认出 24 号绿。他们必须能够内省地辨认出主观经验到的这个特定色度的绿色的"如此这般"——而这似乎是不可能的。

难以言表问题出现在最为简单的感觉形式上,出现在视觉和触觉,以及嗅觉和味觉中最细微的差异上,以及出现在构成音乐经验之美妙的有意识的聆听上[①]。不过它也出现在共情、具有情绪性和具身性本质形式的交流中(请看第 6 章我与维托里奥·加莱塞的对话)。再次强调,这些经验发现在哲学上息息相关,因为它们把我们的注意力重新指向某些我们向来知道的事情:许多你能通过音乐(或其他艺术形式,如跳舞)表达的东西是难以言表的,因为它们永远不能成为一个心灵概念的内容或被诉诸语词。另一方面,如果真如此,分享我们意识生活中难以言表的面向就变成一件可疑的事:我们永远无法确定我们的交流是否成功,我们分享的究竟是**什么**也毫无确定性可言。进而,难以言表问题威胁到关于意识的神经科学理论的全面性。如果感觉意识的基元是含混不清的,即就连经验主体也

---

① Diana Raffman, *Language, Music, and Mind* (Cambridge, MA: MIT Press, 1993).

不具备通过内省再认它们的内在标准，那么我们也无法将其与神经状态的表征内容相对应——哪怕在原则上也是如此。某些内在标准是存在的，但它们是粗糙的：只是绝对值，诸如"纯粹的甜味""纯蓝""纯红"等。而以一种系统性的方式将24号绿或25号绿与构成它们的物理基底相对应似乎是不可能的，因为这些色度真的太精细了。如果做不到这样的对应，我们就做不到还原，也就是得不到这样的断言：你对于24号绿的意识经验等同于你头脑中的某个大脑状态。

记住，还原不是现象本身之间的关系，而是理论之间的关系。理论1还原为理论2。一个理论——比如关于主观的意识经验——还原为另一个理论——比如关于大脑中人规模的动态变化。理论由语句和概念构造而来。但是，如果在一个理论域中，没**有**对某个对象的概念，它们也就无法对应到或还原为另一个理论中的概念。这就是为什么研究意识的大多数硬核科学家想做的事情不太可能做到：表明24号绿等同于你头脑中的一个状态。

那怎么做？如果等同不可能，消除似乎是唯一的备选项。如果由于我们没有辨识标准，感觉意识的性质无法被转变为哲学家所说的合适的**理论实体**，那么，解决难以言表问题最利落的方式，可能就是遵照神经哲学家保罗·丘奇兰德（Paul Churchland）和其他人提议已久的路径——从一开始就否认感质的存在。当我们从视觉上专注于我们面前这个难以言表的25号绿的色度时，我们就已直接接触到一个硬件性质，直接这么说会是最好的解决方案吗？也就是说，我们所经验到的不是某种现象表征内容，而是神经的动态**本身**？在这种观点下，我们对25号绿的经验将完全不是一个意识经验，而是某个物理性的

## 第二章
隧道游览

东西——大脑状态。数个世纪以来,在论及"质性"和颜色经验时,我们实际上是在错误描述自己身体的状态,我们从未承认的内在状态——自我隧道的墙壁。

因而可假定,如果缺少必要的第一人称知识,那么我们必须为这些难以言表的状态定义一套第三人称标准。如果没有适用的现象学概念,我们就来建立一套可用的神经生物学概念。诚然,如果看着构成被试者后来描述为他们对于"绿色"的意识经验的大脑动态,我们将观察到跨时间的等同性。原则上,我们可以发现客观的辨识标准、一些数学性质、某些在描述中保持相同的东西,将你昨天拥有的对绿色的经验和你眼下正有的经验相关联。然而,难道我们不能用神经生物学术语来交流我们的内在经验吗,通过说出像是"想象经验性绿色的流行和平静的莫比乌斯带的笛卡尔式产物——也就是稍微有点 $K\text{-}314\gamma$,但在向 $Q\text{-}512\delta$ 移动,而且有点像范数空间中角叉菜的 372.509 维形状"这样的话?

其实我**着实**喜欢科幻小说。这一科幻情景原则上是可设想的。但我们愿意放弃对自己内在状态的权威吗——这一权威使我们能够说,这两个状态**必定**是一样的,因为它们**感觉**一样?我们愿意把这种认识论上的权威移交给心灵的经验科学吗?这就是难以言表问题的核心,而显然我们之中有许多人尚未准备好跳转到一个新的描述系统。由于传统的民众心理学不仅仅是一套理论,也是一种实践,丘奇兰德称之为"消除的唯物论"(eliminative materialism)的策略可能有更多深层的问题。用他的话说:"消除的唯物论是这样的论题,即我们对心理现象的常识构想构成了一套极端错误的理论,一套根本上的缺陷是如此之大的理论,以至这套理论的原理和本体论终将被完备的神经科学所取代，而非顺利地还原为神经科学。"① 丘奇兰德有一个别出心裁且耳目一新的不同视角：如果一开始直接放弃我们曾拥有像是有意识的心灵的东西，并开始在由神经科学提供的全新且细密得多的概念区分的帮助下来训练我们与生俱来的内省机制，我们也就会**发现**更多，会通过成为唯物论者**丰富**我们的内在生活。"然后，我建议我们中那些珍视主观现象经验的流变和内容的人，不必带着恐惧和不祥的眼光来看待唯物论神经科学的进展，"丘奇兰德写道，"恰恰相反。心理状态和认知过程的唯物论运动学和动力学的真正到来，不会带来压抑或使我们的内在生活黯然失色的荫翳，而是会带来曙光，它令人惊叹的错综复杂终将**展露**出来——尤其当我们将其应用于自身时，这将展露在直接的自我意识的内省上。"②

然而，许多人不愿将某个原本难以言表的东西转化成某个他们可以用神经科学的用语去谈论的公共性质。他们会觉得这不是他们本来想去了解的东西。更重要的是，他们会害怕在寻求解决这个问题的途中，已然失去了某些更深层的东西。意识理论有文化上的影响力。我还会回到这个议题上来。

## 演化问题：这一切难道本不能暗中发生？

演化问题对意识理论来说是最困难的问题之一。动物的神经系统

---

① P. Churchland, "Eliminative Materialism and the Propositional Attitudes," *Jour. Phil.* 78, No.2 (1981): 67–90.

② P. Churchland, *Matter and Consciousness* (Cambridge, MA: MIT Press, rev. ed. 1988), p.180.

## 第二章
### 隧道游览

为何，以及在何种意义上有必要发展出某种类似意识的东西？演化出来的难道本不能是僵尸？这里的回答既是肯定的又是否定的。

如我在导论中所言，意识经验并非一个全有或全无的现象，它分为许多程度和特色。意识在这个星球上有一个很长的历史。我们有强有力且趋于一致的证据表明，地球上所有温血脊椎动物（可能还有其他某些生物）都享有现象经验。感觉意识的基本大脑特性在哺乳动物中得以存续，并由于同祖而展现出较强的同源性。它们可能没有语言或概念思维，但可能都有感觉和情绪。它们显然能够受苦。但由于它们在做这些的同时不带口头报告，因而几乎不可能深究这回事。我们必须理解的是，智人何以——在其漫长的生物史中，就个体而言则在其作为婴儿时——设法获得这种在自我隧道中成功过活却对其茫然不知的惊人性质。

首先，别忘了演化是由机遇驱使，而不追求目标，并且在一个遗传变异和选择的盲目过程中，实现了我们现在认为的神经系统的持续优化。假设演化**不得不**发明意识是不正确的——原则上，它有可能是一个无用的副产品。不涉及任何必然性。并非每个事物都是适应的产物，即便适应产物本身也并非优化设计的产物，因为自然选择只能作用于既存的事物。其他的路径和解决方案曾经并且仍然是可能的。尽管如此，许多发生在我们的大脑以及我们祖先的大脑中的其他事情，显然是适应性的并且具有生存价值。

如今，我们有一长列意识的潜在功能的候选项，其中包括形成本身具有促动性的状态；增强社会协作；改善太过复杂以至无法自我调控的大脑的内部选择与资源分配；对目标层级与长期计划的修正与质询；回溯长期记忆中的片段；建构可存储的表征；行为控制的灵活性

和精细化；社会互动中的读心与行为预测；解决冲突和麻烦；创造一个紧密整合的、对作为整体的实在的表征；设定情境；分步学习等。很难相信意识不具有这些功能。只需考虑一个例子。

意识学界的许多领军人物有这样一个共识：现象经验起码的核心功能之一，是让信息变得对生物体"全局可用"。伯纳德·巴尔斯的全局工作空间隐喻有一个功能性的面向：简言之，这一理论主张，有意识的信息是大脑中需要监测的活跃信息的子集，因为并不清楚接下来你将需要哪些心灵能力去取用这些信息。你需要把注意力的焦点指向于此吗？你需要对其形成一个概念、去思考它，并向其他人报告它吗？你需要做出一个更灵活的反应行为吗——被你选中且经你权衡的那个选项？你需要把这一信息与情节记忆相关联吗，或许为了拿它与你之前的所见所闻相比较？巴尔斯的部分想法是，仅当你不知道你接下来将要使用心灵工具箱中的哪些工具时，你才会意识到某些东西。

注意，当你头一回学一项艰难的任务，比如系鞋带或是骑自行车时，你的练习总是有意识的。它需要注意力，而且会占用你的很多资源。不过，一旦你掌握了系鞋带或骑自行车，就会忘了有关学习过程的一切——以至于要教你的小孩这项技能就变得很难。它迅速沉降到你意识阈之下，成为一个快速而有效的子程序。但每当系统面临全新的或挑战性的刺激时，其全局工作空间将被激发并被表征到意识中。这也是**你**对这一过程变得有意识的时刻。

当然，这里需要一个更加细化的理论，因为存在不同程度的可取用性。生活中的某些事物，例如难以言表的25号绿的色度，可以用于注意力，却无法用于记忆或概念思考。其他事物可用于选择性运动控制，但取用速度太快以至于你根本注意不到它们：倘若100米短

## 第二章
## 隧道游览

跑运动员等到有意识地听到发令枪响才起跑,他们就已经输掉了比赛,幸运的是,他们的身体在他们之前就听到了枪响。意识经验有很多层次,而科学越是仔细地检视,有意识和无意识过程的边界就越是模糊。不过,全局可取用性的一般观念使我们得以讲述一个有关意识演化的令人信服的故事。这是我的故事的一部分:意识是一种新**器官**。

生物有机体演化出两类不同的器官。第一类像肝脏或心脏,构成了生物体"硬件"的部分。这类器官是永久实现的。此外,还有"虚拟器官"——感受(勇敢、气愤、欲望)以及看见有颜色的物体、听到音乐或者拥有某一段情节记忆的现象经验。仅当有需要时才会实现的免疫反应是虚拟器官的另一例子:在某段时期,它创造出特殊的因果性质,具有某种功能,并为生物体完成某项任务。当任务完成时,它就会消失。在实现一项特定的功能上,虚拟器官就像物理器官一样,它们是功能性质的融贯配备,使你得以从事新的事情。虽然在可观察特征的宏观层次上是行为合集的一部分,但它们也可被视作由数十亿协同合作的微观事件组成——免疫细胞或神经元的激发。与肝脏或心脏不同,它们是瞬时实现的。我们所主观经验到的,是由一个或多个这样的虚拟器官的持续活动所引发的过程。

虚拟器官使得信息对于我们全局可取用,使我们得以获取新的事实,有时则是全新的知识形式。以此刻你手里正拿的这本书为例。现象的书(即有意识地对书的经验)和现象的手(即对身体自我的某些部分的意识经验)是当下激活的虚拟器官的例子。你大脑中的神经相关物作为物体仿真器为你工作,在内部模拟你正拿着的书,而你对这一事实毫无察觉。有意识的对手的经验——身体主体仿真器的一部分——也是一样。大脑也在向你提供其他事实：这本书存在的事实，它具有某种固定不变的表面性质、一定的重量的事实等。这些关于书的存在和性质的事实一经变成有意识的，它就可用于注意力的引导，用于进一步的认知处理，用于灵活的行为。

现在我们可以开始看到意识的核心演化功能是什么了：它使得各类事实对生物体可用，从而使生物体得以注意到它们、思考它们，并以一种自动将整体语境纳入考量的灵活方式对其做出反应。仅当**世界**首先**向你显现**，你才可以开始理解外部实在存在的事实。这是发现**你**也存在这一事实的必要前提。仅当你拥有一个意识隧道时，你才可以认识到你是这一外部实在的一部分，并正被呈现在其中。

此外，这一全局舞台——意识隧道——一经稳定下来，就会产生许多其他种类的虚拟器官，并开始在你神经系统中跃动。意识是一种内在的生物现象，而"隧道"就是将它们结合在一起的东西。在这个隧道中，你主观生活的编排开始展开。你可以体验到有意识的情绪，并借此发现你具有某些目标和需求。你会体会到自己是一个有思想的思考者。你会发现环境中有其他人——其他主体——并了解你与他们的关系；除非某类意识经验使得这一事实对你全局可取用，否则你无法与之协作、有选择性地模仿他们，或以其他方式向他们学习。如果你很聪明，你甚至可以通过控制他们的意识状态来控制他们的行为。假如你成功欺骗了他们——比方说，假如你设法在他们的心灵中植入了一个错误的信念——那么你也就在另一个大脑中激活了一个虚拟器官。

现象状态是神经计算器官，它使得与生存相关的信息在当下的窗口中全局可用。它们让你在一个统一的心理时刻中意识到新的事实。

## 第二章
### 隧道游览

显然,能够使用你的心灵工具箱中的所有工具去对新的种类的事实做出反应必定是一个重大的适应性优势。每个新的虚拟器官、每个新的感官经验、每个新的有意识的思想都有代谢上的代价,即使每次都只激活几秒或几分钟,也要付出高昂代价。但由于它们以额外的葡萄糖以及安全、存活和生殖得到代偿,因而它们在种群间蔓延并维持至今。这使我们得以分辨我们能吃的东西和我们不能吃的东西、寻找并侦测食物的新来源、计划对猎物的进攻。它们使我们得以解读他人的想法,且更高效地与我们的捕猎同伴合作。最后,它们使我们得以从过去的经验中吸取教训。

暂时的结论是,让世界在有机体的大脑中显现是一种新的计算策略。将危险的当下世界标示为真实的,可以防止我们迷失在记忆和幻想中。标示当下,使有意识的有机体得以计划不同且以更高效的方式去逃脱、欺骗或追捕猎物,即通过将一个给定世界的特征与目标行为的内部演练进行比较。如果你有一个有意识的、透明的世界模型,你便可以首次直接比较实际发生的事情与仅仅可能发生的事情、实际的世界与你在心中设计出来的模拟的可能世界。高层次的智能不仅意味着拥有可以模拟潜在威胁或期望结果的离线状态,也意味着将真实情况与一些可能的目标状态进行比较。在发现从真实世界到达你心目中最理想的可能世界的一条路径后,你便可以开始行动。

很容易忽视这第一个演化步骤的因果关系,即意识经验基本的计算目标。它是其他所有东西都依赖的必要功能性质。我们可以简单地称它为"现实制造":它使动物得以明确地表征某样东西**事实如此**。一个透明的世界模型让你发现,有些什么东西真的存在,并通过整合你对世界的摹画与主观的"现在",它让你把握到世界是**当下存在**的事实。这一步开启了一个全新层次的复杂性。因此,拥有一个全局的世界模型,是一个以高度整合的方式处理关于世界信息的新方式。每个有意识的思想、每个身体感觉、每个声音和每个景象、每次共情或与他人共享目标的经验,都让不同类别的事实可用于具有适应性、灵活性且有选择性的处理形式,而这只有意识经验能够提供。任何被提升到全局可取用层次的东西,都会骤然变得更易变、更敏于情境,并与你有意识的心灵中的其他所有内容直接关联。

全局可用性的功能可以很具体:有意识的颜色视觉给予你关于营养价值的信息,就如你注意到绿叶间的甜美红莓一样。共情的意识经验提供给你关于人类同伴的情绪状态的非语言形式的知识。一旦你有了这种形式的觉识,你就可以注意到它,调适你的动作行为以适应它,并将其与过去的记忆相关联。现象状态不仅仅表征有关浆果或他人感受的事实,还把这些东西结合到一个全局的处理平台,使你用全部的心灵能力去进一步探索它们。简言之,个别的意识经验从物质层次提升为虚拟器官,这使得知识短暂地以一种全新的数据格式,即意识隧道,为你所用。而你统合的单一世界的全局模型提供了一个整体的参考系,在其之中所有这些得以发生。

倘若一种生物,例如智人,演化出一种在其心灵之中运行离线模拟的额外能力,那么它就能够表征可能世界——那些没有被经验为当下存在的世界。这一物种就可以有情节记忆。它可以培养出计划的能力。它可以自问:"如果我有许多小孩,世界看上去会怎样?如果我完全健康,这世界会如何?或者如果我名利双收呢?我何以能让这些事情发生?我能想象出一条从当前的世界通往这个想象世界的路

## 第二章
### 隧道游览

径吗？"

这样的一个存在者还能享受心灵上的时间旅行，因为它能在"内部时间"和"外部时间"之间来回切换。它可以比较当下的经验与过去的经验——不过它也可能产生幻觉或迷失在自己的白日梦里。如果它想要恰当地运用这些新的心灵能力，它的大脑必须想出一个坚实可靠的方式来区分表征和模拟。这个存在者必须锚定在真实世界中，如果你在白日梦中迷失自我，其他动物迟早会过来吃掉你。因此，你需要一个机制来可靠地向你表明真实世界与许多可能世界的不同。并且，这项技能须在意识经验本身的层次上达成，而这可不是个小问题。就如我已探讨过的，意识经验已经**是**一个模拟，且从未让经验主体——你——直接接触到实在。所以问题是，你如何避免迷失在意识心灵的迷宫中？

实在的透明意识模型的一个主要功能是表征事实，也即给使用它的有机体产生一个最低限度的参考系：某种能可靠地定义什么是真实的（即便其并非如此）东西，某种你无从愚弄或篡改的东西。透明性解决了模拟大量可能的内在世界而不迷失其中的问题，方式是通过让有机体明确表征这些世界中其中的一个是真实的实在。我叫它"零号世界假设"。

人类知道他们有些意识经验并不关涉真实世界，而不过是他们心中的表征。现在我们可以看到这一步是何等基础，也可以认识到它的功能价值。我们不仅能够拥有有意识的思想，还可以将其经验**为**思想，而不陷入幻觉或迷失在幻想中。这一步让我们变得极其智能。它让我们可以就当下的处境比照我们的记忆、目标与计划，并帮助我们寻找从当下通往一个更理想的实在的心灵桥梁。

显现给我们的事物与真实、客观的事实之间的区别，成为我们即时实在的一大要素。（请注意，对这颗星球上的大多数其他动物来说可能并非如此。）通过有意识地经验到我们隧道内的某些元素是关于世界的图像或思想，我们意识到错误表征的可能性。我们了解到有时我们可能是错的，因为实在不过是一种特殊的显像。作为演化而来的表征系统，如今可以表征有关我们自己的最重要的事实之一，即我们**就是**表征系统。我们能够把握真与假、知识与错觉的观念。我们一经掌握这一区分，文化上的演化便爆发了，因为我们通过系统地增长知识并减少错觉来变得更加智能。

发现显像／实在的分别是可能的，因为我们意识到我们意识心灵的某些内容是从内部建构出来的，也因为我们可以内省地理解这个建构的过程。这里的术语是**现象不透明性**——透明性的反义词。意识演化中的那些古老的、极快的、极度可靠的东西——比如感觉经验的性质——是透明的，抽象的有意识的思想则不是。从演化的视角看，思考是非常新的、极其不可靠的（就如我们所知的那样），而且缓慢到我们可以真切地观察到它在大脑中发生。在有意识的推理中，我们目睹思想的形成，某些处理阶段可被内省注意力取用。因此，我们知道我们的想法不是被给予的，而是**被创造出来的**。

一个完全真实世界的内在显像，如此时此地呈现的那样，是一种创造出一个参考系的优雅方式，对所有那些更高形式的智能所需的种种心灵活动来说，也是一个可靠的锚。仅当一个稳固的一阶实在已然存在时，你才可以把握并设计可能的世界。这是一个重大突破，也是意识本身的核心功能。事实证明，意识隧道具有明显的生存价值，且具有适应性，因为它为更高层次的实在建模提供了一个统一且稳固的

# 第二章
## 隧道游览

参考系。然而，所有这些还不到故事的一半：我们还得登上梯子的最后一阶，迈出一大步。我们的概览以最艰深也最困难的谜题告终：意识的**主观性**。

## "谁"问题：具有意识经验的实体是什么？

意识总是与个体的第一人称视角密不可分，这是使之难以把捉的部分原因。它是一种**主观**现象。某人**拥有**它。在一个深刻且无可争辩的意义上，你的内在世界着实不只是**某人**的内在世界，而是**你的**内在世界——一个私密的经验领域，只有你能直接进入它。

有意识的心灵不是一个公共物体——或者这才是有待被意识革命颠覆的正统观点。无论如何，正统观点主张，科学研究只能对展现出至少在原则上可被我们所有人观察到的性质的物体进行。但 24 号绿不是。琥珀和檀香混合香气的独特感觉性质也不是，当你看到另一个人眼含泪水时理解他的情绪时的共情经验也不是。另一方面，大脑状态是可观察的。大脑状态也明显具有哲学家称作**表征内容**的东西。各种感官刺激都有其感受野（receptive fields）。我们知道情绪内容源自何处，也对大脑中情节记忆的所在之处有几个好的候选项等。

意识经验也有内容——现象内容——而我在导论中提到过它：其现象内容即是其主观特征——一个经验私密且向内地对你**感受**如何，拥有它是什么感觉。不过这一特定的内容似乎只对一个人可取用——你，经验主体。而那究竟是谁？

要构造一个成功的意识理论，我们必须将第一人称的现象内容与第三人称的大脑内容相匹配。我们必须以某种方式调和经验自我的内部视角与科学的外在视角。而我们之中总会有许多人凭直觉认为这永远做不到。许多人认为意识在本体论上是不可还原的（如哲学家所言），因为第一人称事实无法还原为第三人称事实。然而，更可能是，意识在认识论上是不可还原的（如哲学家所言）。这个想法很简单：只有一个实在、一种事实，但有两种知识：第一人称知识和第三人称知识。就算意识是一个物理过程，这两种不同形式的认知也不可能混合。事无巨细地知道一个人的大脑的所有状态，也绝不会让我们知道那个人本人是什么样的。但当我们仔细审视时，**第一人称视角**的概念又变得模糊不清。**这个神秘的第一人称是什么？**"我"这个字指称的又是什么？如果不正是说话者本人，它究竟是否指称已知世界中的什么东西呢？一个经验自我的存在是否是意识的一个必要组分？我认为不是——一方面，因为似乎有"无我"形式的意识经验。在某些严重的精神疾患中，例如科塔尔综合征（Cotard's syndrome），病患有时会停止使用第一人称代词，还会进而宣称他们并不存在。M. 大卫·伊诺克（M. David Enoch）和威廉·特里索恩（William Trethowan）在《罕见的精神病综合征》（*Uncommon Psychiatric Syndromes*）一书中描述了这类病例："随后，这名被试者可能会继续否认她的存在，甚至整个摒弃人称代词'我'的使用。一名病患甚至自称'零夫人'（Madam Zero）以强调她的不存在。一名病患指着她自己说：'它没用了。把它包起来，然后把"它"扔进垃圾箱。'"①

---

① 引述自大量修订后的 1991 年版本，M. David Enoch and Hadrian N. Ball, *Uncommon Psychiatric Syndromes* (London: Butterworth-Heinemann, 1991), p.167。

## 第二章
## 隧道游览

所有时代和所有文化中的神秘主义者中都曾报告过在深层的灵性体验中没有"自我"出现,他们之中也有些人停止使用代词"我"。的确,这个星球上的许多简单生物体可能有一个意识隧道,却没有任何人栖居其间。或许他们之中有些拥有的只是一个意识"气泡"而非一个隧道,因为对过去或未来的觉识也和自我一道消失了。

注意,迄今为止,在界定一个统一的意识理论的诸问题时,我们所假定的仅仅是一个最小的观念:一个世界的显像。但在你阅读这些语句时,不仅灯被打开了,也有人在家。人类意识由种种形式的内向性得到刻画,所有这些也都彼此影响:首先,它是神经系统的一种内在过程;第二,它创造出了存在于一个世界之中的经验;第三,当下的虚拟窗口给予我们时间内在性,一个"现在"。但最深层的内向性是一个内在自我/世界边界的创生。

在演化中,这一过程从物理上开始,伴随细胞膜和免疫系统的形成去界定主体体内的哪些细胞要被当作是其自身的,哪些又是入侵者①。数十亿年后,神经系统能够在一个更高层次上表征这一自我/世界的分野——例如,由一个完整但无意识的身体图式划出身体边界。由此,意识经验将划分现实的基本策略提升到一个前所未知的复杂度和智能的层次。现象自我诞生了,**作为某个人的意识经验逐渐产生**。自我模型,关于作为整体的有机体的内在图像被植入世界模型中,而这就是有意识地经验到的第一人称视角的发展过程。

---

① 我十分感谢犹他州大学痛觉研究中心的理查德·查普曼(Richard Chapman)博士向我指出"自体免疫小人"(immunculus)的概念:靶向细胞外、细胞膜、细胞质和核自我抗原的天然自身抗体网。天然自身抗体的集群在健康人中出奇地稳定,且无关乎性别和年龄,只有极小的个体差异。

如何理解"主观性"是意识研究中最艰深的谜题。为了克服它，我们必须理解意识自我如何在隧道中诞生，大自然又如何设法演化出一个实在的核心模型，创造出一个不仅显现还**对某个人**显现的内在世界。我们必须理解意识隧道如何变为自我隧道。

# 附录

### 意识的统一性：与沃尔夫·辛格对谈

沃尔夫·辛格是德国法兰克福马克斯·普朗克大脑研究所（Max Planck Institute for Brain Research）的神经生理学教授和神经生理学系主任。2004年，他建立了法兰克福高等研究院（Frankfurt Institute for Advanced Studies，FIAS），从事诸科学领域的基础理论研究，将生物学、化学、神经科学、物理学以及计算机科学的理论家聚集在一起。他主要的研究兴趣是理解高级认知功能，例如视觉感知、记忆和注意力背后的神经元过程。他也致力于使大脑研究的成果为公众所知，并是马克斯·普朗克科普奖（Max Planck Prize for Public Science）得主。

辛格一直格外活跃于关于自由意志的哲学争论。他是《比意识更好？决策、人类心灵与制度的意涵》（*Better Than Conscious? Decision Making, the Human Mind, and Implications for Institutions*，2008）一书的共同主编（与克里斯托弗·恩格尔 [Christoph Engel] 合编）。

**梅辛格：**沃尔夫，鉴于本领域的现状，意识与特征绑定之间的关

第二章
隧道游览

系为何?

**辛格:** 意识的一个独特性质即其一致性。意识的内容随着经验当下不断变化,但在每个时刻,现象觉识的所有内容都相互关联,除非有病理状况导致意识经验的瓦解。这也表明了意识与绑定之间的紧密关系。似乎只有那些成功绑定的诸多计算过程才会同时进入意识。这一观念也在意识、短期

记忆和注意力之间建立了紧密的关联。有证据表明,刺激需要被注意到才能被有意识地感知到,只有这样它们才能被短期记忆所取用。

**梅辛格:** 但为什么从一开始会有一个绑定问题呢?

**辛格:** 绑定问题是大脑的两个独特特征所造成的:第一,大脑是一个高度分布式的系统,其中有大量的运算操作是并行的;第二,它缺少一个单一的汇合中心,这些并行计算的结果在其中可被以连贯的方式衡量。各个处理模块在一个极端稠密且复杂的互联网络中相互连接,而这些似乎通过强大的自组织机制产生了全局的有序状态。由之而来的是对复杂认知内容的表征——感知对象、思想、行动计划、被重新激活的记忆——必定也有一个分布式的结构。这要求参与特定类型内容的分布式表征的神经元同时传达两个信息:第一,必须传达它们所专注的特征是否出现;第二,必须指出在众多其他神经元中,哪些是它们与之协作形成分布式表征的。神经元通过增大其放电频率来

_075

传达其编码特征的出现，这一点被广泛接受；不过，神经元如何示意其与其他哪些神经元合作尚无共识。

**梅辛格：**这样的信号传达有哪些局限？

**辛格：**因为对认知内容的表征可以迅速变化，这需要高时间分辨率才能辨别。我们已经提出，界定这一关系的特征是单个神经元放电的精确同步。

**梅辛格：**但为什么是同步呢？

**辛格：**精确同步提升了神经元放电的效用，有利于对同步信息的联合处理。进一步的证据表明，如果神经元发生了有节奏的振荡放电，则最易达成这样的同步，因为相较于时序上无结构的激发序列，振荡过程更容易被同步。

**梅辛格：**那么这不只是一个假说，还有支持性的实验证据。

**辛格：**自从十多年前发现视觉皮质的同步振荡放电以来，越来越多的证据支持这一假说：振荡活动的同步可能就是绑定分布式大脑过程的机制——然而，相关的振荡频率也会随着结构的不同而不同，大脑皮质通常的振荡范围在贝塔振荡和伽马振荡之间：20 到 80 赫兹。格外有趣的是，在当前的语境下，同步现象的发生同数个与意识经验相关的功能相关联。

**梅辛格：**这些功能是什么？

**辛格：**这些振荡发生在为感知对象编码期间，这则要形成对这些对象的各种属性的融贯表征。当被试者把注意力集中到对象上并把有关对象的信息存入工作记忆中时，振荡就可被持续观察到。最后，这些振荡是意识感知的一个独特的关联物。

**梅辛格：**这里有什么证据？

## 第二章
### 隧道游览

**辛格**：在一个测试中，被试者暴露在刺激下，由于被噪声干扰刺激只有一半的时间被有意识地感知到，你可以选择性地研究与意识经验相关联的大脑活动。因为刺激的物理属性始终不变，你可以直接比较被试者有意识地感知到刺激的情况下的大脑信号与没有的情况。研究表明，在有意识感知期间，大脑皮质广泛分布的区域在短时间内发生了同步的高频振荡。当刺激不再被有意识地感知到时，各个处理区域仍处在高频振荡中——表明**某些**刺激过程仍在进行——但这些都是局部的，没有结合成全局同步的模式。这表明，要进入意识，需要一个够大的处理区域——或者换个说法，足够多的分布式计算——被同步结合，以使那些一致的状态保持在一段足够长的时间内。

**梅辛格**：从哲学的视角来看，这些都很有趣。用来解释意识的统一性不也蛮理想的吗？

**辛格**：的确，这也解释了意识的统一性——现象觉识的内容，尽管它们时刻都在变化，但总是被经验为一贯的。诚然，这个论证有点循环，但如果有足够多的处理区域的活动充分同步是进入意识的必要先决条件，且同步相当于语义的绑定、意义的整合的话，那么就能推出意识的内容只能是一致的。

**梅辛格**：如果最后发现，事实的确如你在此所描述的，那还有什么是有待证明的呢？

**辛格**：即便所提出的情况最终表明为真，这一问题仍然存在：我们是否已经取得了一个对意识的神经相关物令人满意的描述？我们说，意识的神经相关物是一个非常复杂的、高度动态的、非静止的分布式系统的介稳状态——一种由精确同步振荡的变动不居的模式序

列为特征的状态——我们从这种说法中得到了什么?进一步的研究会导向对这些状态更详尽的描述,但这些会像是状态向量的抽象数学描述。最终,进阶的分析方法可能揭示这些状态向量的语义内容、实际意义,也可能去操纵这些状态进而改易意识内容,由此为神经元活动与现象觉识内容之间关系提供因果证据。然而,在确定意识的神经相关物的尝试中,这或许是我们所能达到的最接近的结果。即便我们实现了意识的神经相关物的确切描述,这些神经元激发模式最终如何产生主观感受和情绪等,在相当长的一段时间内依旧是个谜。

**梅辛格**:在你的领域,最紧迫的问题是什么?这个领域将朝何处行进?

**辛格**:最具挑战性的问题是,信息在分布式的神经网络中是如何被编码的,以及主观感受,即所谓的感质是如何从分布式的神经元活动中涌现的。普遍认为,神经元通过变换其放电率来传递讯息——也就是说,通过提升其发放率来传达其所专属的内容的出现。然而,越来越多的证据表明,复杂的认知内容是由分散的神经元集群的活动编码的,而信息就被包含在放电幅度和持续时间之间的关系中。未来工作的巨大挑战是提取出编码在这些高维时间序列中的信息。这需要同时记录大量神经元以及识别相关时空模式。在大量可能的模式中,哪些面向是神经系统用来编码信息的仍不清楚,因而寻找这些模式就需要开发全新且高度精细的数学搜索算法。因此,我们需要实验专家和理论家的紧密合作,以在我们对高级认知功能背后的神经活动的理解上取得进展。

**梅辛格**:沃尔夫,你为什么对哲学这么感兴趣?未来你愿意看到何种哲学?你期待有什么来自人文学科的相关贡献?

## 第二章
### 隧道游览

**辛格**：神经生物学的发展将为哲学中处理的经典问题提供某些答案培养了我对哲学的兴趣。对于知识论、心灵哲学和道德哲学，确有其事。认知神经科学的进展将告诉我们，我们是如何感知的，以及我们的感知在多大程度上是对绝对实在的重构而非表征。随着我们对关于心灵功能如何从复杂的神经元交互中涌现出来了解更多，对于心-身问题可能的解决方案，我们将获得洞见。而且，随着我们学着理解大脑如何分派价值、如何区分合适或不合适的条件，我们也将学到更多关于道德的演化和构成。

反过来，认知神经科学也需要人文学科——出于几个理由：第一，神经科学的进展产生了许多新的伦理学问题，而这些不仅要交由神经生物学家还要有人文学科的代表来处理。第二，随着神经科学的发展，越来越多传统上是人文学科研究对象的现象也能用神经科学的方法来研究，因此，人文学科将对这些有待在神经层次上研究的现象提供分类和描述。大脑研究始于对诸如共情、嫉妒、利他、共享式注意力和社会烙印等现象的分析——传统上被心理学家、社会学家、经济学家和哲学家描述和分析的现象。对这些现象的分类和精确描述是识别构成其基础的神经过程的神经科学尝试的先决条件。在不远的未来，神经科学和人文学科之间无疑会有密切的合作——这是发展的大幸，它有望消弭过去数个世纪以来横亘在自然科学和人文学科之间的分界线。

## 第二部分
# 想法与发现

第三章

# 离开身体、进入心灵：
# 身体图像、离体经验和虚拟自我

"拥有"身体、感觉及其各个部位，对于"**身为某人**"的感受而言是根本性的。你的身体图像（body image）惊人地灵活。例如，专业的滑雪选手能够把他们有意识地经验到的身体图像延伸到滑雪板的末端。赛车手则能将其扩展到涵盖整辆车的边界，他们不用从视觉上判断车能否钻过狭窄的通道或是避开障碍——他们直接就能感受到。你可曾尝试过闭着眼睛，或者在黑暗中像盲人一样用棍子探查前方来走路？如果有，你或许已经留意到你突然开始在棍子的末端感受到一种触觉。所有这些都是哲学家称为"拥有感"（sense of ownership）的例子。拥有感是意识经验的一个特殊面向——一种自动的自我归属（self-attribution）的形式，把特定的意识内容整合进被经验为是人的自我的东西中。

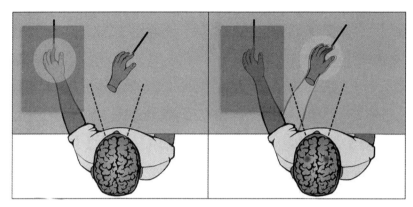

图 2　橡胶手错觉

右图展示的是，被试者感受到敲击的错觉与看到的探针敲击相一致（深色区域展示的是大脑活动增强的区域，浅色轮廓标识的是被现象地体验到的手臂的错觉位置）。实验数据表明了前运动皮层神经元的随即激发。(Botvinick & Cohen, "Rubber Hand 'Feels' Touch," ibid.)

在导论中探讨过的橡胶手实验中，当拥有感从被试者的真实手转移到橡胶手上时，大脑中发生了什么？神经成像研究给了我们一些不错的初步想法：图 2 展示了前运动皮质活动增加的区域。当你有意识地把橡胶手经验为你身体的一部分时，可以合理地假设触觉和视觉的感受野发生了融合，并反映在前运动皮质的神经元激发中。①

橡胶手错觉有助于我们理解视觉、触觉和本体感觉（proprioception）之间的相互作用。本体感觉是对身体姿势和平衡的感觉，源于前庭系统。身体自我模型（bodily self-model）由一个多重感官（multisensory）整合的过程产生，后者基于大脑所发现的一个简单的统计相关性。橡胶手现象与自我模型相结合是由相关联的触觉和视觉输入所导致。当大脑侦测到这一关联所基于的同步性，它就会自动形成一个新的、融

---

① M. Botvinick & J. Cohen, "Rubber Hand 'Feels' Touch That Eyes See," *Nature* 391 (1998): 756.

## 第三章
### 离开身体、进入心灵：身体图像、离体经验和虚拟自我

贯的表征。有意识地经验到的拥有感也随之而来。

在马修·波特维尼克和乔纳森·柯恩的研究中，被试者被要求闭上眼睛去指他们被隐藏起来的左手，他们倾向于指向橡胶手的方向，误指的程度取决于报告的错觉持续时间。加利福尼亚大学圣迭戈分校大脑和感知实验室的 K. C. 阿梅尔（K. C. Armel）和 V. S. 拉马钱德兰（V. S. Ramachandran）进行了一个类似的实验，如果其中一根橡胶手指被朝后扳到一个生理上不可能的位置，被试者不但会经验到他们的现象手指被扳动，还会表现出显著的皮肤导电反应，这表明不受意志控制的无意识的自动机制也在按照橡胶手是自我一部分的假设做出反应。在一百二十个被试者中，只有两位报告说感受到了真实的疼痛，但许多被试者会把自己的真手抽回来，警觉地睁大眼睛，或是紧张地发笑。①

橡胶手实验的优点是你在家里就可以试试。它清楚地表明，有意识地经验到的拥有感是由大脑中的表征过程决定的。请注意，在你的主观经验中，从肩膀到橡胶手的过渡是何等平滑无缝。主观上，二者都是同一个身体自我的部分，"拥有"的性质是连续且均匀分布在它们之间的。你无需做任何事情来达到这样的效果。这似乎是大脑中复杂的动态自组织的结果。身体自我模型——作为一个整体的身体的有意识的图像——的涌现，基于一个将不同特征结合在一起并达致融贯的过程。这个融贯的结构就是你经验为自己的身体和肢体的东西。

---

① K. C. Armel & V. S. Ramachandran, "Projecting Sensations to External Objects: Evidence from Skin Conductance Response," *Proc. Roy. Soc. Lond.* 270 (2003): 1499–1506.

还有一些引人入胜的事实——例如发现只有当橡胶手在一个生理上真实的位置时，被试者才会弄错真手的位置。这表明"自上而下"的处理过程，诸如对体形的预期，也起到了作用。例如，似乎有个"身体恒常性"的原则在运作，让手臂的数量保持在两个。橡胶手取代了真手，而非仅被错认为是真手。最近，心理测量学研究表明，拥有身体的感受是由各种各样的子成分构成——最重要的三项是**属我性**、**能动性**和**位置**——它们可被分开。① "我性"（me-ness）无法被还原为"此地性"（here-ness），而更重要的是，能动性（即行动的做出）与属我性是主观经验的截然有别、可辨识且可分离的面向。直觉（gut feeling，"内感受性的身体感知"）和背景情绪②是另一组锚定意识自我的性质，不过愈发明确的一点是，属我性最接近自我性的目标性质的核心。无论如何，身为一个具身自我的经验是一种整体性的结构，以部分-整体关系为特征，并源于许多不同的来源。③

---

① M. R. Longo et al., "What Is Embodiment? A Psychometric Approach," *Cognition* 107 (2008): 978–998. 与主流的哲学看法相反，我认为能动性不是本体论上意识涌现的必要条件，而是有一个非概念、体现自我意识的完全被动形式的存在。首先，这与认知、情绪以及所有外在和内在行动的所有形式都无关；第二，在时空次序中，心灵自我的定位和透明的身体图像的内容之间的同一性不仅是必要的，还得是一个充要的条件。参阅 O. Blanke and T. Metzinger, "Fully-Body Illusions and Minimal Phenomenal Selfhood," *Trends Cog. Sci.* 13, No.1: 7–13。

② 参阅 Antonio Damasio, *The Feeling of What Happens: Body, Emotion, and the Making of Consciousness* (London: Vintage, 1999), p.19。也可参阅 A. D. Craig, "How Do You Feel? Interoception: The Sense of the Physiological Condition of the Body," *Nat. Rev. Neurosci.* 3 (2002): 655–666, 以及 "Interoception: The Sense of the Physiological Condition of the Body," *Curr. Opin. Neurobiol.* 13 (2003): 500–505。

③ 最近的一篇极好的评论——包括对大卫·休谟（David Hume）的经典直觉（自我只是一束印象，一切都可以"自下而上"地解释）与与之相对的经典的康德式的直觉（自我意识是将身体经验为一个整体的必要的先决条件，一切都必须"自上而下"地解释）的一个新的、基于经验的综合，见 F. De Vignemont et al., "Body Mereology," in Günther Knoblich et al., eds., *Human Body Perception from the Inside Out* (New York: Oxford University Press, 2006)。

## 第三章
### 离开身体、进入心灵：身体图像、离体经验和虚拟自我

现象属我性不仅是有意识的自我经验的核心，它也有无意识的前驱。经典神经学有一个关于**身体图式**①（body schema）的假设，它是一个无意识但不断更新的大脑映射，它关于肢体位置、身体形状和姿势。近期的研究表明，可以训练日本猕猴使用工具，尽管在自然环境中它们很少使用工具。② 在成功使用工具期间，它们大脑中特定的神经网络会发生改变，这个发现表明工具暂时被整合进了它们的身体图式中。当食物被发放在它们所能触及的范围之外，而它们用耙把食物拉近时，可以观察到它们大脑中的身体性自我模型的变化。事实上，看起来就像是它们的手和周边空间的模型延伸到了工具的顶端，也就是说，在猴子的实在模型的层面，手的性质被转移到了工具的顶端。特定的视觉感受野从刚超出指尖的区域延展到猴子拿着的长耙的顶端，因为它大脑中的顶叶暂时把长耙容纳进了身体模型中。在人类这里，重复的练习可以使工具的顶端变成手的一部分，并且工具也能像手指一样灵敏且娴熟被使用。

新近的神经科学数据表明，行为空间的任何成功延伸都反映在大

---

① 这个术语从未完全清晰过，不过它时常被区分为无意识的"身体图式"跟有意识的"身体图像"。身体图式（这一概念由亨利·海德爵士〈Sir Henry Head〉和戈登·霍尔姆斯〈Gordon Holmes〉这两位神经学家于 1911 年提出）是一个功能性实体，提供了一个大脑中身体自我的组织模型，而身体图像则包括我们对自己身体的有意识的感知，以及针对它的思想和态度。围绕这两个概念的可能的概念上的困惑，一个哲学上的观点可参阅 Shaun Gallagher, *How the Body Shapes the Mind* (New York: Oxford University Press, 2005). 对经验文献的一篇出色评述，可参阅 A. Maravita, "From, 'Body in the Brain,' to 'Body in Space': Sensory and Intentional Components of Body Representation," Knoblichet al., *Human Body Perception* (2006)。

② A. Maravita & A. Iriki, "Tools for the Body (Schema)," *Trends Cog. Sci.* 8 (2004): 79–86. 最近一个很好的概述是 A. Iriki & O. Sakura, "The Neuroscience of Primate Intellectual Evolution: Natural Selection and Passive and Intentional Niche Construction," *Phil. Trans. R. Soc. B* 363 (2008): 2229–2241。

脑中身体图像的神经基质中。通过把工具同化进现有的身体图像中，大脑建构出一个工具的内在化图像。当然，我们并不知道猴子是否真的有属我性的意识经验，抑或只是无意识的机制。但我们确实知道猕猴和人类之间的许多相似之处，这让如下假设是可信的：猕猴那变形和扩增了的身体自我是有意识的。

这些新数据的一个令人兴奋的方面是它们揭示了工具使用的演化。通过使用工具扩展你的行动空间和能力的一个必要的先决条件，似乎就是将它们整合进原有的自我模型中的能力。只有在你的大脑暂时将工具表征为你自己的一部分时，你才能参与目标导向和智能地使用工具。智能工具的使用是人类演化的一大成就。人们可以合理地假设，人类使用工具的能力的一些基本组成要素在两千五百万年前就已存在于我们祖先的大脑中。尔后，由于某些迄今尚未了解的演化压

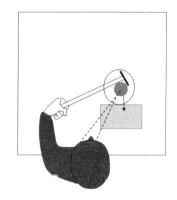

图3　整合触觉和视觉

被试者尝试用手和工具将一个硬币（黑色小圆圈）移动到托盘上。在右图中，视觉和触觉的整合经验从手转移到工具顶端。虚线勾画的是被试注视的方向，箭头指示移动的方向。白色的大圆圈表示根据意识的实在模型，视觉和触觉整合的地方。图片由蒙安杰罗·马拉威塔惠许。

## 第三章
### 离开身体、进入心灵：身体图像、离体经验和虚拟自我

力，它们一跃而成为我们今天所见的人类。① 猴子身体图式的灵活性在很大程度上依赖于位于其顶叶之中的身体映射的性质。人类演化中的决定性一步很可能是让更大部分的身体模型全局可用，亦即可被意识经验取用。一旦能够有意识地经验到工具被整合进你的身体自我，你就可以专注于这个过程，优化它，形成关于它的概念，并以一种更加细致的方式控制它——做出我们现在所谓的**意愿的发动**（acts of will）。有意识的自我经验显然是一个逐级变化的现象，随着有机体对内在环境变得越来越敏感，其强度会增强，并扩展其自我控制的能力。

猴子似乎也能将计算机显示器上的手的视觉影像纳入身体自我模型中。如果屏幕上有蛇或蜘蛛的影像向手的影像靠近，动物会缩回它的真手。猴子甚至能学会控制脑机接口，用大脑中的特定部位控制的机器手臂来抓取物体。② 从哲学的视角来看，最令人兴奋的或许是这一想法：所有这些或许都已促成了一个准笛卡尔式的"元自我"（meta-self）在演化上的出现，这种能力将你自己与你的身体自我疏离开来——也就是说，开始将你自己的身体视为一个工具。③

---

① 参阅 A. Iriki et al., "Coding of Modified Body Schema During Tool-Use by Macaque Post-Central Neurons," *Neuroreport* 7 (1996): 2325–2330; 和 Maravita & Iriki, "Tools for the Body (Schema)" (2004)。
② J. M. Carmena et al., "Learning to Control a Brain-Machine Interface for Reaching and Grasping by Primates," *PLoS Biology* 1 (2003): 193–208.
③ 这是入来和樱讲述的重点："如果外部对象可以被重新构想为属于身体，那么反向的重新构想可能是不可避免的，即，主体现在可以把其身体部分客体化为相当于外部工具会变得同样明显。因此，工具的使用可能会让人有能力将自我感从皮肤字面意义上的血肉边界中**脱身而出**。因此，它可能是将自我客体化的能力的前奏。换句话说，工具的使用可能让心灵为元自我这一概念的突现做准备，而后者是人类智能的另一个决定性特征。"参阅 Iriki & Sakura, "The Neuroscience of Primate Intellectual Evolution," *Phil. Trans. R. Soc. B* 363 (2008): 2232.

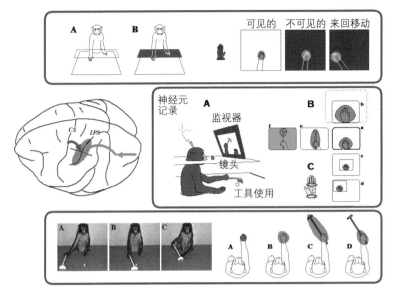

图 1 日本猕猴展现智能工具的使用

它们能用耙去够食物（下方），即便当它们的手不可见时，它们能借助计算机屏幕的画面监测它们自己的动作（中上）：这仅仅是一个行为空间的延伸，还是一个现象自我模型的扩展？图片由蒙入来笃史（Atsushi Iriki）惠许。

显然，就像在橡胶手错觉中一样，机器手的视觉图像嵌入了猕猴大脑中舞动的自我模式。机器手的反馈被整合进这一自我模型，猕猴正因如此而能够控制手臂——从功能上将其纳入行为库中。为了发展出智能工具的使用，猕猴必须首先将耙嵌入其自我模型中，否则它就不会明白它可以将耙当作其身体的延展来使用。这是自我性和扩展全局控制之间的关联。

人类也会把在视频屏幕上看到的身体部位的虚拟对应物，当作其自己身体的延伸来对待。想想计算机桌面上的鼠标指针或是电子游戏中可控的幻想人物。这可以解释在玩这些超现实游戏时有时会有的"在场"感。将人工启动器纳入广泛分布的大脑区域，可能终有一

## 第三章
### 离开身体、进入心灵：身体图像、离体经验和虚拟自我

日能使人类患者成功地操作先进的义肢（例如，通过无线连接将触觉和位置传感器的信息发送到植入脑中的多频道记录装置），同时享有对这些装置的强烈拥有感的意识。所有这些都给予我们对拥有性的更深刻的理解。在更高的层次上，拥有性不单单是被动地整合到有意识的自我模型中：更常与从功能上将某物整合进反馈环并使其成为控制等级的部分有关。现在看来，似乎甚至连语言、文化和抽象思考的演化也都可能是一种"延伸适应"（exaptation）的过程，一个用身体映射来应对新的挑战和目的的过程——在共情和镜像神经元的章节，我还会回到这一点上来。简言之，延伸适应是某些性状在演化过程中的一种功能转换：鸟的羽毛是一个经典的例子，因为最初它们演化来是"为了"调节温度，但后来则被调整为利于飞行。这里的想法是，拥有一个整合的身体自我模型是一个极其有用的新性状，因为它让许多未曾预料的延伸适应成为可能。

显然，橡胶手错觉、毫不费力的工具使用的演化、在虚拟环境中体验身体在场的能力，以及用大脑控制人工装置的能力，背后的基础都是一个单一的**普遍**机制。这个机制就是自我模型，是大脑中对于作为一个整体的有机体的整合表征。这个表征是一个持续的过程：它是灵活的且不断更新，还让你通过将世界的各个部分整合进来以拥有它们。它的内容就是自我的内容。

## 离体经验

我个人对于意识的兴趣发自不同的来源，大都是学术性的，但也

有自传性的。有时,理论上的问题会直接突然出现在我的生活中。年轻时,我遭遇了一连串令人心神不宁的经历,下述即是一个典型例证:

>那是 1977 年的春天。我 19 岁。我正仰卧在床,准备睡觉,深度放松却依然警醒。门半开着,光线照进来。我听到家人的声音从门厅和浴室传来,以及从我妹妹房间传来的流行音乐。突然间,我感觉我的床仿佛在滑向一个垂直的位置,床头朝向天花板移动。我似乎离开了我的身体,缓慢上升到一个垂直的位置。我仍然能够听到声音,人们在刷牙的声音,还有音乐,可我的视线却有几分模糊。我的惊奇和生发出的惊慌混杂在一起,这感觉最终导致了某种类似昏厥的东西,然后我发现自己躺在床上,再一次被关进我的身体。

这个短暂的插曲因其清楚、鲜活和明晰的性质以及在我看来是完全真实的事实而令人吃惊。六年后,我知道了离体经验(OBE)这个概念,而当这样的事件发生时,我至少可以控制其中一部分经验,并尝试作出一些可验证的观察。如我在导论中简要指出的,离体经验是一类广为人知的状态,在其之中,人们会经历到高度逼真的离开自己身体的错觉,通常是以"以太分身"的形态向外移动。大多数离体经验自发发生在入睡或外科手术期间,或发生在严重的意外事故后。其经典的决定性特征包括一个感知上不可能的第三人称视角对某人身体的视觉表征(例如,躺在下面的床上),外加对某人身体的、通常是盘桓于其上的第二个表征。

1980 年代初,差不多在同一时间,我的智识生活也历经了一次同

## 第三章
### 离开身体、进入心灵：身体图像、离体经验和虚拟自我

样令人困扰的经验。当时我在约翰－沃尔夫冈－歌德大学撰写有关所谓心－身问题的哲学论文，这个问题肇始于吉尔伯特·赖尔（Gilbert Ryle）1949 年出版的《心的概念》（*The Concept of Mind*）一书。在那个时期，从阿林·T. 普雷斯（Ullin T. Place）到金在权（Jaegwon Kim），众多哲学家为了解决这个长年的谜题，发展出十几个重大的理论提议，也取得了重大的进展。我成长于一个更为传统的哲学系，该系以法兰克福学派的政治哲学为主。在那里，几乎没人意识到分析心灵哲学的巨大进步。令我大吃一惊的是，我发现在非常具有说服力的、实质性的研究前沿的工作中，唯物论早已成为正统。几乎没人愿意哪怕甚至考虑灵魂存在的可能性。欧洲大陆之外，基本没有二元论者。"二战"结束后的大约四十年，随着几乎所有德裔犹太知识阶层和其他知识分子或惨遭谋杀，或被迫流亡，我们严肃地意识到，许多传统脉络和师承关系遭到断绝，德国哲学也已大幅脱离全球的讨论语境。大多数德国哲学家不会去阅读用英语发表的东西。我在德国大学所见的一些哲学论辩顿时让我感到其缺乏时效性，有点狭隘，并且对人类构建一个关于心灵的整全理论的伟大计划浑然不觉。通过我自己的阅读，我逐渐相信，确实没有可信的经验证据支持意识经验可能在大脑之外发生，而且最好的心灵哲学前沿的整体趋势也指向相反的方向。另一方面，我一再经验到自己脱离自己的身体——生动且清晰。该怎么办？

答案只有一个：我必须把这些事件变成可控且可重复的意识状态，并且我必须用实验来解决，在离体状态中是否可能作出可验证的观察。我阅读了我能找到的关于离体经验的所有东西，并尝试用各种心理学技巧来有意产生这一现象。在一系列严酷的自我实验中，我曾

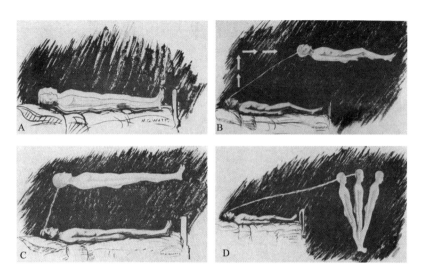

图 5　离体经验开始期间，现象身体图像的运动学

"典型"运动模式，根据 S. Muldoon and H. Carrington, The Projection of the Astral Body (London: Rider & Co., 1929)。

在正午停止喝东西，抱着在离体状态中回到它自身的决绝意图在厨房的水槽旁盯着一杯水，然后含了半汤匙盐，渴着上床了（你可以在家里试试看）。在科学文献中，我读到过离体经验和麻醉剂氯胺酮有关。所以在 1985 年，当我需要做一个小手术时，我说服麻醉师，换了药，从而我得以在一个医学上受控的实验场景下体验氯胺酮麻醉的清醒阶段。（**不要**在家里试这个！）这两种研究计划都失败了，我许多年前就已经放弃它们。我从没能超越纯粹第一人称的现象学，亦即在离体经验状态中作出一个可验证的观察，哪怕勉强可算作对意识和大脑真正的可分离性的证据。

在我最近的一些研究中，我尝试解开自我模型——自我的各个层次。从理论上讲，我坚信最重要的是清晰地分离出最简单形式的自我

## 第三章
## 离开身体、进入心灵：身体图像、离体经验和虚拟自我

意识。最根本、最早的自我感是什么？去掉思考、感受和自传式的记忆，我们还能有自我吗？没有任何意志行为、缺少任何身体行为，我们还能保持在当下并享有现象的自我性吗？过去的哲学家错在几乎唯独讨论高阶现象，诸如对第一人称代词"我"的掌握或主体间性的认知中介形式。我主张我们必须首先关注因果可能性和必要的低阶细节，我称之为"最小的现象自我性"，[1] 我们必须为自我奠基，并以跨学科的方式来做。你将会看到，离体经验是一个很好的切入点。

不久前，离体经验对于严肃的研究者来说还像是某种禁区，就像意识在1980年代初的处境，对于刚起步的研究者而言，二者都被视作是限制研究生涯的选择。但经过数十年的忽视后，离体经验现已成为研究具身性和意识自我的热门话题。我们在导论中见过的奥拉夫·布兰克正和我一起研究离体经验，以求理解什么是真正的具身自我。

从哲学的视角看，离体经验之所以有趣，有几个理由：离体经验的现象学不可避免地导向二元论，以及一个不可见、没有重量却有广延的第二身体的想法。我相信这可能就是"灵魂"的观念，或者心灵的哲学概念原型[2] 的民间现象学（folk-phenomenological）祖先。灵魂是离体经验的现象自我模型（OBE-PSM）。独立于肉体存在的不朽灵魂的传统概念可能具有新近的神经现象学相关物。在其根源上，"灵魂"似乎不是一个形而上学概念，而只是一个现象学概念：在离体经

---

[1] 参阅 O. Blanke & T. Metzinger, "Full-Body Illusions and Minimal Phenomenal Selfhood," *Trends Cog. Sci.* 13, No. (2009): 7–13。

[2] 参阅 T. Metzinger, "Out-of-Body Experiences as the Origin of the Concept of a 'Soul,'" *Mind and Matter* 3, No.1 (2005): 57–84. at https://philpapers.org/archive/METOEA.1.pdf。

验期间，被人类大脑所激发出来的现象自我的内容。

在观念史中，当代关于心灵的哲学和科学论辩都是从这一原型概念中来——关于拥有一个心灵意味着什么的一个泛灵论的（animist）、类感觉理论。拥有一个心灵意味着拥有一个灵魂、一个超凡的第二身体。这个独立于肉体的、带有高级心灵功能（诸如注意力和认知）的"精妙身体"的神秘观念，在许多不同的文化和时代中都能找到——例如，在关于"生命气息"（breath of life）的前科学理论中。① 例子有希伯来语的 *ruach*、阿拉伯语的 *ruh*、拉丁语的 *spiritus*、希腊语的 *pneuma*，以及印度语的 *prana*。这个精妙身体是一个有广延的实体，据说可以维持肉体存活，并在死后弃之而去。② 它亦见于神智学（theosophy）和其他宗教传统，例如基督教的"复活的身体"（the resurrection body）和"荣耀的身体"（the glorfied body）、苏非主义（Sufism）的"最神圣的身体"（the most sacred body）和"超天体"（supracelestial body）、道教和密宗的"金身"（the diamond body）、藏传佛教的"妙光身"（the light body）和"虹光身"（rainbow body）。

而我的理论——主体性的自我模型理论——主张，这种微妙身体的确存在，但并不由"天使物质"或"灵性物质"构成。它由在大脑

---

① E. R. S. Mead, *The Doctrine of the Subtle Body in Western Tradition* (London: John M. Watkins, 1919).
② 明确这一潜在的本体论结论很重要：即便可以取得一个对所有子类型的离体经验的完全还原的解释，即便我关于灵魂这一概念之历史的假设是正确的——灵魂存在仍然是逻辑上可能的。确实，我们不再出于科学或哲学的目的需要灵魂的概念，它不会再出现在任何关于人类心灵的理性的、数据导向的理论中。逻辑上的可能性是非常弱的东西，而证明某物不存在是很难的，而且，有一天，我们发现一个新的涵义——在这层涵义上，灵魂根本不是一个空洞的概念——也仍然总是可能的。

## 第三章
### 离开身体、进入心灵：身体图像、离体经验和虚拟自我

中流淌的纯粹信息构成。① 当然，"信息流"不过是另一个隐喻，但信息处理层次的描述是我们现阶段研究中最好的。它产生出经验上可检验的假说，让我们得以看到此前看不到的东西。**精妙身体是大脑的自我模型**，而对离体经验的科学研究也以一种惊人的方式表明了这一点。

离体经验的第一人称报告十分丰富，它们也来自各个时代和许多不同的文化。我提出，这种意识经验的功能核心是由一种文化上不变的、全人类共有的神经心理潜能形成。在某些情况下，所有人类的大脑都能产生离体经验。我们正开始理解所涉及的功能和表征结构的性质。检视离体经验报告中的现象学将不仅能帮我们理解这些性质，而且理解其神经实现。离体经验状态可能有一个空间上分散而功能上明确的神经相关物。心理学家苏珊·J. 布莱克摩尔在她的著作中提出了一个关于离体经验的还原论理论，将其描述为在紧张处境期间切断感觉输入，并是由不得不退回内在信息源的大脑所创造出的实在模型。② 她提请注意一个值得注意的事实：由记忆重建的视觉认知地图通常是以一个鸟瞰视角去组织的。闭上眼睛，回想你上次在沙滩上散步。你的视觉记忆是从某个情景本身望出去？还是正在观察你自己，或许是从上空的某处正沿着海岸线走？对于大多数人而言是后者。

我 1985 年在图宾根第一次见到布莱克摩尔，向她讲述了我自己

---

① 注意到如下这点会很有趣，英语"信息"一词在历史上最早的意义是**告知的行动**，或赋予心灵以形式或形状。我称作"自我模型"的东西正是如此：一个有机体给予自身的"内在形式"，一个心灵的成形。

② Susan J. Blackmore, *Beyond the Body: An Investigation of Out-of-the-Body Experiences* (London: Granada, 1982).

的几次离体经验，她一直苦口婆心地要我描述我在这些事件中是怎样移动的。直到那时我才意识到，夜里当我在离体经验状态下在卧室游荡时，走的并不是一条平顺、连续的路径，并不像真实生活中的行走或梦中的飞行。相反，我的移动是"跳动的"——从一个窗口跳到下一个。布莱克摩尔假设，在离体经验期间，我们以离散转移的方式，从我们认知地图上的一个显要地点转移到下一个。这种转移发生在一个关于环境的内在模型中——对我们熟悉场景中的地标进行的粗糙的内在模拟。她总体的想法是，离体经验是对世界的有意识的模拟——空间上从第三人称视角来组织，并包含对某人自己身体的仿真表征——这是高度逼真的，因为我们没有辨识出它是一个模拟。①

布莱克摩尔的理论很有趣，因为它把离体经验当成是行为空间。而它们为什么不能是内在模拟的行为空间呢？毕竟，意识经验本身似乎只是对空间的内在表征，在其之中，感知有意义地与这个人的行为整合起来。我发现，布莱克摩尔的离体经验模型最具说服力之处是从地标到地标式的跳跃，这是我在自己的离体经验事件中忽视的现象学特征。

我的第五次离体经验格外难忘。它发生在 1983 年 10 月 31 日的凌晨 1 点左右：

> 在离体经验期间，我的视觉通常是模糊的，就像晚上在黑暗的卧室中一样。在我的离体经验状态中，当我意识到自己站在电灯开关跟前却无法打开它时，我变得极度紧张。为了不毁掉一切，失去

---

① 除了 *Beyond the Body*，可参阅 S. Blackmore, "A Psychological Theory of the Out-of-Body Experience," *Jour. Parapsychol.* 48 (1984): 201–218；跟 S. J. Blackmore, "Where Am I? Perspectives in Imagery and the Out-of-Body Experience," *Jour. Mental Imagery* 11 (1987): 53–66。

# 第三章
## 离开身体、进入心灵：身体图像、离体经验和虚拟自我

一个宝贵的实验机会，我决定待在原地，直到自己冷静下来。然后我试着走向那扇开着的窗，却发现自己平滑地在向那儿滑，几乎一瞬间就到了。我小心地触摸那个木框，让手滑过它。触觉的感觉很清楚，但也有些不同——缺少相对冰冷或温热的感觉。我跃过那扇窗户，盘旋向上。进一步的现象学特征伴随着这一经验——预想到当地报纸头条的难以遏制的冲动：**"蓄意自杀还是梦游症的极端案例？哲学系学生梦游掉出窗外身亡。"** 过了一会儿，我以一种可控的方式从床上的身体中浮起，躺在其上方。我试图飞到85公里外法兰克福的朋友家，我想在那儿试着作一些可验证的观察。刚一专注于我的目的地，我即以极快的速度朝我卧室的墙疾驰而去，然后立刻失去意识。当我回过神来，半锁在我的身体中，我感到我的清晰度在下降，并决定最后一次离开身体。

这些事件取自一个更全面的经验，展示了离体经验状态下自我移动的一个时常被忽略的特点，即身体模型并不像肉体那样移动，而经常是仅仅想到目标地点就让你沿着连续的轨迹到达那里。前庭运动感觉在离体经验状态中很强烈（的确，一种看待离体经验的富有成效的方式是将其视作复杂的前庭运动幻觉），但重量感只被微弱地感受到，而飞翔似乎自然而然是离体经验中运动的合理方式。由于大多数离体经验发生在夜里，因而另一个隐含的假设就是：你无法看得清楚。也就是说，当你从你心灵的实在模型中的一个地标跳到下一个时，这两个突出地点之间的空间在经验上是模糊或不确定的，这并不意外。注意，温度感觉的缺失和两个不同场景间的短暂失忆，在梦境研究中被广泛记录（见第5章）。

这里有些其他对离体经验的第一人称报告。这位来自瑞士的生物化学家恩斯特·威提（Ernst Waelti），在伯尔尼大学的病理学系做病毒体的药物传递和基因转移研究：

> 我在夜里醒来——大概是凌晨3点左右——我意识到我无法动弹。我相当肯定我不是在做梦，因为我享有完整的意识。我对于自己当下的状况充满恐惧，我只有一个目标——就是能够再次移动我的身体。我集中所有的意志力，尝试翻向侧边：有东西翻动了，但不是身体——那是我，我的整个意识，包括它所有的感觉。我翻落到床边的地面上。当这些发生时，我并非感到自己没有身体，而是我的身体仿佛是由气体和液体混合而成的物质所构成。时至今日，我仍然没有忘却那种将我攫住的惊奇之感：当我发现自己摔向地面时，预期中的结实的冲击并未发生。要是我正常的身体像这样摔落，我的头应该会撞到床边桌的边缘。我躺在地上，被恐慌攫住。我知道我拥有一个身体，而我只有一个压倒性的愿望：能够再度控制它。突然一个激灵，我对它的控制失而复得，而对于我是如何得以复归的，我却一无所知。

威提的另一次离体经验：

> 晚上11点，我在一个浑噩的状态下上床试着入睡。我当时非常焦躁，辗转反侧，我太太还抱怨了一下。然后我强迫自己躺在床上不动。过了一会儿，我迷迷糊糊，感到需要将放在毯子上的手移动到一个更舒服的位置。就在这时，我意识到……我的身体躺在那里，

# 第三章
## 离开身体、进入心灵：身体图像、离体经验和虚拟自我

陷入了某种麻痹状态。与此同时，我发现我可以从我物理的手中抽出我的手，前者仿佛一双僵硬的手套。分离的过程从手指开始，可被清楚地感觉到，并伴随着一种可感的噼啪声。这正是我打算用我物理的手做出的动作。随着这个过程，我离开了我的身体，首先从头顶飘出，达到一个垂直的姿势，仿佛我几乎没有重量。尽管我拥有一个由真实的四肢组成的身体。你一定见过水母是多么优雅地在水中穿行。现在的我可以同样自如地四处移动。

我水平地躺在空中，从床上飘过，就像一个把自己推离泳池边缘的游泳者。一种解脱的愉悦感从我体内生发出来。但不久我又被所有生物所共有的古老恐惧攫住——失去自己的肉体的恐惧。这足以驱使我回到自己的身体中①。

如前所述，威提所描述的睡眠麻痹并非离体经验的必要条件。它们也常会发生在战斗或极限运动的意外之后——例如，高海拔的登山者或马拉松运动员：

> 一位苏格兰女性写道，在她32岁时，她在马拉松训练时有过一次离体经验。"在跑了大约19—21千米后……我开始感到我似乎不是在透过我的眼睛看，而是从别的什么地方看……我感到仿佛有什么东西正在离开我的身体，尽管我还在一边跑一边看着景物，我还在看着自己跑。我的'灵魂'还是什么正漂浮在我身体上方的某处，

---

① E. Waelti, *Der dritte Kreis des Wissens* (Interlaken: Ansata, 1983), pp.18, 25. 英文翻译来自 T. Metzinger。

高到足以看到树顶和小山丘。"①

许多研究表明，普通人群中有 8%—15% 的人至少有过一次离体经验。② 有些群体的发生率更高，例如学生（25%）、超自然信仰者（49%）和精神分裂患者（42%），还有神经性根源的离体经验，就像在癫痫中。③

> 一位 29 岁的女性从 12 岁起就患有失神性癫痫（absence seizure，俗称"小发作"），每周无预警地发作五次。发作时会两眼发直，并暂时中断正在进行的行为，有时候还伴有眨眼。在 19 岁唯一一次全身性强直-阵挛性发作（generalized tonic-clonic seizure，俗称"大发作"）期间，她有过一次自视（autoscopic）经验。当时她正在百货公司上班，忽然就摔倒了，她说："接下来我知道我飘浮在天花板下方。我能看到自己正躺在那儿。我没被吓坏，因为这太有趣了。我看到自己正在抽搐，听到老板叫某人'打卡下班'，要她陪我去医院。接下来，

---

① C. S. Alvarado, "Out-of-Body Experiences," in E. Cardeña et al., eds., *Varieties of Anomalous Experience: Examining the Scientific Evidence* (Washington, DC: American Psychological Association, 2000).
② 参阅，如 J. Palmer, "A Community Mail Survey of Psychic Experience," *Jour. Am. Soc. Psychical Res.* 73 (1979): 21–51; S. Blackmore, "A Postal Survey of OBEs and Other Experiences," *Jour. Soc. Psychical Res.* 52 (1984): 225–244。
③ 许多研究的评论可参阅 Alvarado, "Out-of-Body Experiences" (2000); Blackmore, "Spontaneous and Deliberate OBEs: A Questionnaire Survey," *Jour. Soc. Psychical Res.* 53 (1986): 218–224; Harvey J. Irwin, *Flight of Mind* (Metuchen, NJ: Scarecrow Press, 1985), p. 174 ff; O. Blanke & C. Mohr, "Out-of-Body Experience, Heautoscopy, and Autoscopic Hallucination of Neurological Origin: Implications for Neurocognitive Mechanisms of Corporeal Awareness and Self Consciousness," *Brain Res. Rev.* 50 (2005): 184–199。

## 第三章
### 离开身体、进入心灵：身体图像、离体经验和虚拟自我

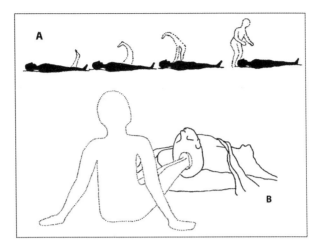

图6　A&B

有意识的身体图像在离体经验开始期间是如何移动的。瑞士生物化学家恩斯特·威提（1983）所描述的两种不同但同样典型的移动模式。

我到了太空中，可以看到地球。我感觉到左肩上有一只手，而当我要转身时，却办不到。然后我往下看，并没有腿，只看到星星。我在那儿停留了一会儿，直到有个内里的声音要我返回身体。我不想走，因为上面美极了，很温暖——但不热，而是一种安全的感觉。接着，我在急诊室醒来。"神经系统检查未见异常。颅内CT也正常。脑电图显示广义 3/秒尖峰和波放电[①]。

首先，这些离体经验的逼真质感似乎与其幻觉性的本质相龃龉。而更有趣的是，真实的元素是如何与幻觉融为一体的。通常，表象与实在的区分是可取的：这有一些洞见，但这一洞察仅仅是部分的。一

---

[①] O. Devinsky et al., "Autoscopic Phenomena with Seizures," *Arch. Neurol.* 46 (1989):1080–1088.

位癫痫患者注意到，他从一个外部视角感知到，他身上穿着他真实所穿的衣服，可奇怪的是，他的头发却梳理过，尽管他知道在发作前头发并没有梳过。有些癫痫患者报告说，他们盘旋着的身体投下影子，其他人并没有报告说看到影子。对于一些人而言，这一分身比真人稍小。我们可以从前面引述的恩斯特·威提的第一个报告中看到这一洞察的部分："要是我正常的身体像这样摔落，我的头应该会撞到床边桌的边缘。"

从哲学的视角看，离体经验之所以有趣的另一个理由是它是最为人知的两个自我模型同时激活的意识状态。可以肯定的是，它们之中只有一个是"认同的位置"（locus of identity），即**能动者**（在哲学中，指行动的实体）所在的位置。另一个自我模型——比如说，躺在床上的肉体的自我模型——严格来讲并不是一个自我模型，因为它并不作为第一人视角的来源而发挥作用。这第二个自我模型不是一个主体模型。它不是你引导注意力的地方。另一方面，它仍然是你正在看着的那个你自己的身体。你将其认作是你自己的，但现在它不是那个**作为主体**的身体，不是作为知识、能动性和意识经验的场所。这正是自我之所是。这些观察很有趣，因为它们让我们能够区分有意识的人类自我中的不同功能层次。

有趣的是，有各种各样的自视现象（即从一定距离上观看自己身体的经验）可能与离体经验有功能上的关联，它们有很大的概念意义。四个主要的类型是：自视幻觉（autoscopic hallucination）、离体自窥（heautoscopy）、离体经验，和"当下感"（feeling of a presence）。在自视幻觉和离体自窥中，病患从外部看到他们自己的身体，但他们不会将其认作自己的身体，也不会有他们"在"这个错觉身体"中"

## 第三章
### 离开身体、进入心灵：身体图像、离体经验和虚拟自我

的感受。然而，在离体自窥中，事情有时可能会循环往复，患者不知道他此时正在哪个身体中。在视觉空间第一人称视角、位置定位以及将自我认作是在一个体外位置上的错觉身体的转变，都在离体经验中完成。在这里，自我和视觉空间第一人称视角被定位在一个人的身体之外，人们从离体的位置上看到他们的肉体。"当下感"——同样是由大脑被电极直接刺激所导致的——尤为有趣：这不是一种视觉上拥有身体的错觉，而是一种另一个错觉身体仅**被感受到**（却没有被看到）的错觉[①]。

这有何人格相关性？差异心理学已表明，经常经验到离体经验的人，其显著的人格特质包括对新体验的开放性、神经质、人格解体（一种与其个人实在丧失联系的情绪障碍，伴随着不真实与陌生感，人们通常感到他们的身体不是真实的，或是在变化、在破灭）的倾向、精神分裂（患者体验到扭曲的思考、行为怪异，通常没有亲密的朋友，有也很少，在陌生人中感到紧张）、边缘性人格障碍和戏剧性人格障碍[②]。另一项新近的研究将离体经验与一种强大的吸收能力关

---

[①] 因此，可呈现感则能解释为"离体自窥的身体美感形变"。P. Brugger, "Reflective Mirrors: Perspective-Taking in Autoscopic Phenomena," *Cog. Neuropsychiatry* 7 (2002): 179–194; Brugger et al., "Unilaterally Felt Presences: The Neuropsychiatry of One Invisible Doppelgänger," *Neuropsychiatry, Neuropsychology, and Behavioral Neurology* 9 (1996): 114–122; Brugger et al., "Illusory Reduplication of One's Own Body: Phenomenology and Classification of Autoscopic Phenomena," *Cog. Neuropsychiatry* 2 (1997): 19–38; Devinsky et al., "Autoscopic Phenomena" (1989)。

[②] U. Wolfradt, "Außerkörpererfahrungen (AKE) aus differentiell- psychologischer Perspektive," *Zeitschrift f. Paraps. u. Grenzgeb. D. Psych.* 42/43 (2000/2001):65–108; U. Wolfradt & S. Watzke, "Deliberate Out-of- Body Experiences, Depersonalization, Schizotypal Traits, and Thinking Styles," *Jour. Amer. Soc. Psychical Res.* 93 (1999): 249–257.

联起来，即以一种全然投入一个人的注意力和兴趣的方式，从各个方面和用各种感官来经验现象世界——以及身体解离（一定程度上，它是一种将注意力从身体和运动的刺激中切断的倾向），并指出这样的经验不应被想当然地认为是病理性的。①

更仔细地考察离体经验的**现象学**也很有趣。例如，图 6 A 中描绘的"从头部离开"仅见于 12.5% 的离体经验案例中。离开身体的动作是突兀的占案例中的 46.9%，还有从缓慢（21.9%）到平缓且非常缓慢（15.6%）② 不等。许多离体经验是短暂的，最近一项研究发现，近 40% 的案例持续时间少于五分钟，近 10% 少于半分钟。在稍多于半数的例子中，主体从外部视角"看到"他们的身体，62% 的是从较近的距离"看到"的。③ 许多离体经验只涉及身体图像中的一个漂浮的被动感觉，尽管自我感很强健。在最近一项研究中，超过半数的被试者报告说无法控制他们的运动，而近三分之一的被试者却可以。其他的则根本没有经验到他们的移动。④ 根据这个研究，有 31%—84% 的被试者发现自己位于第二个身体中（不过这也可能是一个不定的空间量），而约有 31% 的离体经验实际上是"非身体性"的——它们被经验为是无身体的，而只有一个外在化的视觉空间视角。在 68.8% 的案例中，视觉是首要的感官方式，在 15.5% 的案例中则是听觉。一项较早期的研究发现，在超过 80% 的案例中，视觉场景的内容

---

① H. J. Irwin, "The Disembodied Self: An Empirical Study of Dissociation and the Out-of-Body Experience," *Jour. Parapsych.* 64, No.3 (2000): 261–277.
② 参阅 Wolfradt, "Außerkörpererfahrungen (AKE)" (2000/2001)。
③ 同上。其他研究发现只有 22% 至 36%；参阅 Alvarado, "Out-of-Body Experiences" (2000)。
④ Wolfradt, "Außerkörpererfahrungen" (2000/2001).

# 第三章
## 离开身体、进入心灵：身体图像、离体经验和虚拟自我

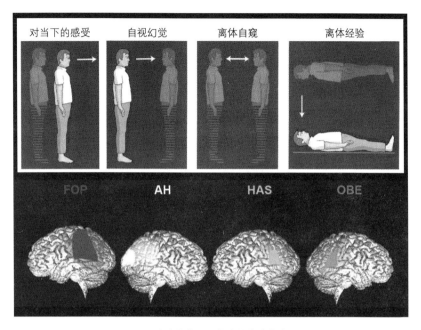

图 7　自我的扰乱及构成其基础的脑区

所有这些现象都表明，不仅是对身体部位的识别和定位，而且对整个身体的意识表征以及相关的自我感也会受到干扰。所有这四种类型的体验都是由具有明确神经学基础的多感官解体导致的（见明亮区域），脑肿瘤和癫痫是引起离体自窥的最常见原因之一。改编自 O. Blanke; Illusions visuelles. In A.B. Safran, A. Vighetto, T. Landis, E. Cabanis (eds.), *Neurophtalmologie* (Paris: Madden, 2004), pp.147–150.

是真实的（即不是超自然的）。[①]

我一直相信离体经验对于任何坚实的、有经验依据的关于自我意识的理论都是重要的。但我很久以前就放弃了它们，实质性的研究太少，几十年来都进展不足，且大多数写离体经验的书似乎只是在推销形而上学和意识形态。这在 2002 年发生了变化，当时奥拉夫·布兰

---

① C. Green, *Out-of-the-Body Experiences* (London: Hamish Hamilton, 1968).

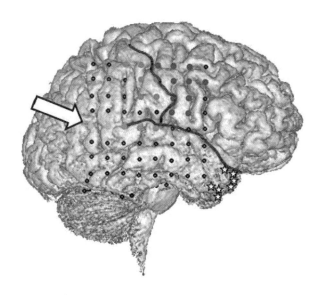

图8　展示了右角回中电极的位置，该处的电刺激不仅会反复诱发离体经验，还会诱发手脚的变形或全身的错置。（Reprinted by permission from Macmillan Publishers Ltd: *Nature*, Volume 419, 19, September 2002）

克和他的同事在日内瓦大学医院的术前癫痫评估实验室中做临床工作，通过电击刺激一位具有抗药性的癫痫患者的大脑，反复诱发离体经验及类似的经验。这是一位43岁的女性，曾大发作11年。由于使用神经成像的方式无法发现任何损伤，为了精准定位癫痫病灶，因此不得不用有创监测。在刺激大脑的右角回期间，患者忽然报告了某种非常类似离体经验的东西。癫痫病灶位于内侧颞叶的刺激位置5厘米有余处。对该位置的电刺激并没有引发离体经验，而且离体经验也不是该患者的习惯性发作中的部分。

最初的刺激会引发一种被病患描述为"沉入床中"或"从高空掉落"的感觉。把电流强度增加到3.5毫安会使患者报告说："我从上面看到

# 第三章
## 离开身体、进入心灵：身体图像、离体经验和虚拟自我

自己躺在床上，但我只能看到自己的腿和下半身。"进一步的刺激也会引发一种"漂浮"在床上空约 1.8 米处和"轻飘飘"的感觉。她时常感觉她仿佛就在天花板下面，而且没有腿。

与此同时，直接的脑电刺激不仅会产生离体经验，还会产生"当下感"（见图 9）。

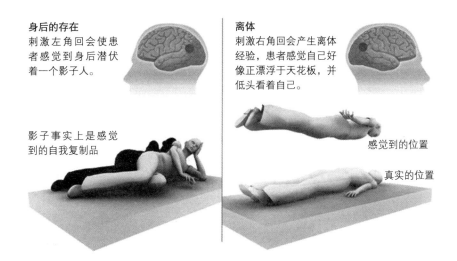

图 9 奥拉夫·布兰克博士最近进行的一项研究为通常留给超自然解释的经验提供了新的科学洞见。刺激大脑中被称作角回的部分，产生出两种截然不同的结果：感觉到自己身后有一个身体存在，以及产生离体经验。（来源 Dr. Olaf Blanke. Figure from Graham Roberts/The New York Times）

布兰克的第一个初步假设是，离体经验——至少在这些例子中——是由于复杂的身体感觉与前庭信息整合失败所造成。① 在更为新近的研究中，布兰克和他的同事锁定了颞顶交界处（TPJ）的脑伤和功

---

① O. Blanke et al., "Stimulating Illusory Own-Body Perceptions," *Nature* 419 (2002): 269–270.

能障碍。[1]他们主张，两个不同的病理条件必须结合在一起才会导致离体经验。第一个是自我模型层次上的解体，由关于自己身体的本体感觉、触觉和视觉信息的结合失败而导致。第二个是外在视觉空间与前庭信息所建立的内在参考系（即平衡感）之间的冲突。我们都是在前庭信息建立的内在参考系中移动。例如，眩晕或头晕就是我们在经验主导性的外部视觉空间时前庭信息出了问题。如果我们的平衡感产生的参考系与视觉产生的那个对不上了，结果很可能就会是这样的意识经验：某人看见自己的身体在某一位置，但与其感觉到的位置不一致。

现在可以想见，有些离体经验是由位于颞顶交界处的脑功能障碍所导致的。在报告说经验到离体经验的癫痫患者身上可以观察到，当电极被植入左半球时，颞顶交界处有显著的激发。[2]有趣的是，当健康的被试者被要求去想象他们的身体位于某个特定位置时，就好像他们是在离体经验中特有的视角去看自己，同一脑区在不到半秒的时间里就被激发。如果该脑区被以一种叫做经颅磁刺激（transcranial

---

[1] 对于颞顶交界处功能更详细的研究，请参阅 Blanke et al., "Out-of-Body Experience and Autoscopy of Neurological Origin," *Brain* 127 (2004): 243–258; S. Bünning & O. Blanke, "The Out-of-Body Experience: Precipitating Factors and Neural Correlates," *Prog. Brain Res.* 150(2005): 333–353; O. Blanke & S. Arzy, "The Out-of-Body Experience: Disturbed Self-Processing at the Temporo-Parietal Junction," *The Neuroscientist* 11 (2005): 16–24; and F. Tong, "Out-of-Body Experiences: From Penfield to Present," *Trends Cog. Sci.* 7 (2003): 104–106。该研究领域未来发展之概览：O. Blanke, "Multisensory Mechanisms of Bodily Self-Consciousness," *Nature Reviews Neuroscience* 13, No.8 (2012): 556–571。也请参阅 T. Metzinger, "Why are Out-of-Body Experiences Interesting for Philosophers? The Theoretical Relevance of OBE Research," *Cortex*, 45 (2009): 256-258. doi:10.1016/j.cortex.2008.09.004。

[2] Blanke et al., "Linking Out-of-Body Experience and Self-Processing to Mental Own-Body Imagery and the Temporoparietal Junction," *Jour. Neurosci.* 25 (2005): 550–557.

# 第三章
## 离开身体、进入心灵：身体图像、离体经验和虚拟自我

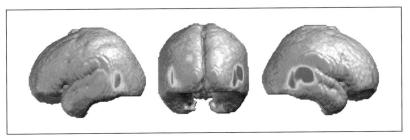

图10 在对一个人身体的心灵转换中激发的大脑区域，主要在右颞顶交界处。
（图片由 Oloof Blank 提供，"Linking Out-of-Body Experience and Self- Processing to Mental Own-Body Imagery and the Temporoparietal Junction," *Jour. Neurosci.* 25: (2005): 550–557。

magnetic stimulation）的方式抑制的话，这种对其身体的心灵模型的转变就会受损。最后，当一名因颞顶交界处受损而产生离体经验的癫痫患者被要求从心灵上模拟一个离体经验的自我模型时，这却导致了其癫痫病灶的部分激发。综上所述，这些观察表明了一个三种不同却又高度相似的意识经验之间的解剖学上关联：真实的、由癫痫发作引起的离体经验；健康被试者对离体经验的刻意心灵模拟；癫痫患者对离体经验的刻意心灵模拟。

最近的研究发现表明，离体的现象经验不仅依赖颞顶交界处的右半部分，也依赖左半部分中一个叫做纹外体区（extrastriate body-area）的区域。事实上，多个不同的脑区可能都是该经验的成因。的确，离体经验可能并不是一个单一且统一的目标现象。例如，离开身体的现象学在不同类型的报告中有所不同：在最初的几秒中，健康被试者的自发性离体经验明显与临床患者（如癫痫患者）有所不同。起始阶段在某些灵修追随者身上可能也有所不同。此外，在清醒梦（见第五章）和离体经验以及一般而言的身体错觉中，可能有相当多的神经现象是重叠的。

## 虚拟离体经验

2005年,奥拉夫、他的博士生比克纳·连根哈格还有我开始了一系列的虚拟现实实验。我们的第一个目标就是把离体经验变成一个在健康被试者身上可重复的现象。合适的研究要求我们能在实验室中调查并重复离体经验。指导性的问题是,是否可能有一个现象虚构(phenomenal confabulation)是一种整合的身体自我意识?简言之,是否有人可以同时经验到幻觉和身体自我,一种橡胶手幻觉的全身类比物?

这是我们早期使用虚拟现实装置的研究草案的一个例子:一个由护目镜组成的头戴式显示器(hcad-mounted display, HMD),向每只眼睛显示两个单独的影像,从而制造出身处一个虚拟房间的三维错觉。从被试者背后两米处取景,借助3D编码器将三维空间投射到他们面前,被试者得以看到自己的后背。当我充当实验的被试者时,我觉得自己好像被置入了勒内·马格利特(René Magritte)的画作《禁止复制》(*La reproduction interdite*)的3D版本中。突然间,我从背后看到自己站在自己前面。

当我在头戴式显示器中看着自己的后背时,比克纳·连根哈格正轻抚我的后背,摄影机同时录下了这一动作。当我看着自己的后背被抚摸时,我立刻有了一个尴尬的感觉:我感到自己被轻微地拉向位于我前方的虚拟身体,而我则试着"滑入"它。事情就进展到这里。

我们的研究变得愈发系统化。所有的被试者都被展示他们自己的背部被抚摸("自我身体条件")的过程,并在一项后续的测试中被展示人体模型的背部("假性身体条件")或一块长方形大厚板(它

# 第三章
## 离开身体、进入心灵：身体图像、离体经验和虚拟自我

图 11 勒内·马格利特的画作《禁止复制》（1937）

看起来完全不像一个身体，"物体条件"）被抚摸的过程。另一个条件是看到的和感觉到的抚摸之间的同步程度，这可以通过调整摄影机投影到网络空间的时间延迟来改变。

接着，引入了一种独立的错觉强度测量方法。被试者被蒙住眼睛，像在捉迷藏中一样被带着到处移动，迷失方向，然后被要求回到他们起始的位置。

实验最后，被试者被要求填写有关他们经验的问卷。结果显示，在观察到自己的身体或人体模型的同步条件下，他们时常感到那个虚拟的身形就是自己的身体，实际上，他们会将其认作是自己的并"跳进去"。在厚木板的情况中，以及在所有的异步条件下，这样的效果则不太可能发生。相较于异步的控制条件，同步实验也表现出被试者朝投影中或真或假的身体的转移明显大得多。在其他控制条件下，被

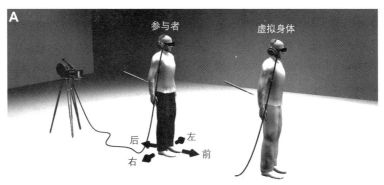

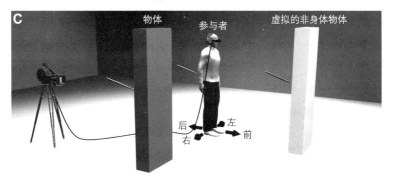

图 12 创造一个橡胶手错觉的全身类比物

(A)参与者(深色长裤)通过头戴式显示器看到他自己的三维虚拟身体(浅色长裤)站在他前方 2 米处,参与者的后背被同步或异步地抚摸。在其他条件下,被试看到的是(B)一个虚拟的假身体(浅色长裤)或(C)一个虚拟的非身体物体(浅灰色),其背部被同步或异步地抚摸。深色标示的是物理身体或物体的实际位置,而浅色代表在头戴式显示器中看到的虚拟身体或物体。本图由 M. Boyer 绘制。

# 第三章
## 离开身体、进入心灵：身体图像、离体经验和虚拟自我

试者先观察到一个其中没有身体的屏幕，然后是一个错置的视觉场景，或是单纯地错置。这些数据表明，在视觉与身体感觉的输入相冲突的情况下，定位"自我"总是倾向于出错，就像在橡胶手错觉中对身体部位的报告一样。

这就是我所说的"嵌入原则"（embedding principle）：身体自我在现象上被表征为占据空间中的一定体积，而观看的自我（seeing self）则是一个无广延的点，即我们视觉空间视角的投射中心，我们对实在的视角视觉模型的几何原点。通常，这一原点（在眼睛后方，如同一个小人透过它往外看，就像人们向窗外看一样）在由感受到的身体自我划定的体积之中。不过，就像我们的实验所展示的那样，观看的自我与身体自我是可以分开的，而且自我的根本感觉就在视觉身体表征的位置上。

## 心脏实验

与此同时，为了取得科学上更好的理解，我们多次尝试，还创造了许多新的实验装置来提高识别效果。我将简要描述其中两个实验，因为它们都以既清楚又易懂的方式展示了最近研究的大方向。第一个是心脏实验，第二个即是第九章谈及的新意识技术的第四个例子，第九章也将探讨这些针对人类自我模型所作的伦理学与人类学研究的影响。心脏实验是简·阿斯佩尔(Jane Aspell)和卢卡斯·海德里希(Lukas Heydrich)的构想，我将其目的称为"内观性自我模型"（interoceptive self-model）。内观性自我模型来自对自己身体的内在知觉，也就是来

自直觉、温感或痛觉的内部感觉和平衡感，但也来自对于呼吸和心跳的自我知觉。因此，原则上可以通过制造内部与外部感官知觉的冲突去操纵我们自我的基本感觉。简·阿斯佩尔和卢卡斯·海德里希高明地以一个新形态的实验来研究这种可能性。①

在这个实验中，参与者自己身体的录像被实时且有节奏地呈现在眼前。该录像有一个带颜色的外框与参与者的心跳同步明暗闪烁。该虚拟身体被"心脏－视觉信号"控制，就好像把身体内部过程转移到外部，并将其可视化。这再次强化了一种自我认同，并把自我的位置转移到那个影像替身上。此外，根据主观经验，实验对象背部的触摸感也会朝影像替身的方向偏移。因此，心脏实验精准地展示了内在与外在信号是如何汇集到自我模型中去的，以及如何在自我意识中整合出一个完整的身体图像。该身体是从内部被感知的且情绪自我模型是从这里涌现的，这两个发现对于理解人类自我的意识经验来说有着关键的决定性作用。然而，更深层的问题是，这些新的例证是否可以使我们进一步理解自我意识之本质的概念问题。

## 自我的本质

为什么所有这些信息对意识自我的哲学而言很重要呢？它真的可

---

① J. F. Aspell u.a., "Turning Body and Self Inside Out: Visualized Heartbeats Alter Bodily Self-Consciousness and Tactile Perception," *Psychological Science*. 对于一个更新的可能支撑大脑过程的计算机模型，参见 A. K. Seth, "Interoceptive Inference, Emotion, and The Embodied Self," *Trends in Cognitive Sciences* 17, No.11 (2013): 565–573。

第三章
离开身体、进入心灵：身体图像、离体经验和虚拟自我

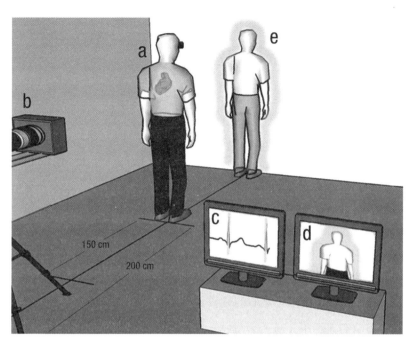

图13 在这个被称作"心脏实验"的实验中，参与者站立着，而他们背后两米处有个摄影机。影像会实时传输到一个头戴式显示屏上。同时，参与者的心电图将被记录下来，身体影像的边缘有带颜色的外框，外框会和参与者的心跳同步，实时闪烁心脏的跳动。对于实验参与者而言，他们会看到两米的前方有一个虚拟身体和以其心跳的频率同步闪烁的身体轮廓。

以帮助我们去发现自我性的概念**本质**，并准确指出宇宙中所有具有自我意识的存在者所具有的共性吗？它真的是朝向导论中所提及的大图景的重要一步吗？答案是肯定的：我们真正想要的是自我性的构成性条件。我们想要知道的是，产生一个自我，即那种"身为某人"的根本性感受的真正必要的以及或许唯一充分的条件是什么。例如，在我们对意识自我之核心的探寻中，如果能够区分什么仅仅是在因果上使之可能的东西，以及什么是在这个宇宙中成立的自然律之下严格必然的东西，那么就能有所进展。我们的实验表明能动性是不必要的，因

_117

为它们仅选择性地操纵了两个维度：（对有意识的身体图像之内容的）自我**认同**和（在一个空间参考系中的）自我**定位**。实验对被动状态下的被试者进行操纵时，他们没有意志或身体上的能动性。这也就表明了我们的目标现象——自我意识——可单独被多感官的冲突因果地控制。这很重要，因为如果我们将如下发现，即这仅靠制造视觉与触觉上的冲突就可以达到，和如下事实加以结合：离体经验期间视觉视角的转移可由癫痫发作或对大脑直接进行电极刺激导致，我们也就对最简单形式的自我意识可能是什么有了一个更好的认识。它必定是某种非常局部的东西，是大脑本身之中的事物，而且与运动控制、移动身体无关。①

我们还知道更多：观看的自我也不必要。你可以通过闭上眼睛来关上眼睛后面的小人面前的窗户。观看的自我消失了，自我却一仍其旧。即便你情绪平静，没在发动意愿，思维也放空，你仍然可以有一个完整的意识自我。情绪、意志和思想对于基本的自我意识来说也都不必要。每个冥想者（回想一下第一章）都能确定你可以进入一种镇静、情绪上平淡的状态，深度放松而高度警觉，一种纯粹观察的、不掺杂任何思想的状态，同时保留一种基本形式的身体自我意识。我们称之为"具身性的自我性"（selfhood-as-embodiment）。

所以，自我的本质是什么？时间和空间中的位置加上一个透明的

---

① 对于这点的更多资料请参阅 Blanke & Metzinger, "Full-Body Illusions and Minimal Phenomenal Selfhood," *Trends Cog.Sci* 13, No.1 (2009): 7–13, 与 T. Metzinger, "Why are Dreams Interesting for Philosophers? The Example of Minimal Phenomenal Selfhood, Plus an Agenda for Future Research," *Front. Psychol.* 4 (2013): 746. 可免费上网阅读, doi: 10.3389/fpsyg.2013.00746。

## 第三章
### 离开身体、进入心灵：身体图像、离体经验和虚拟自我

身体图像，似乎很接近了。<sup>①</sup> 橡胶手错觉只是操纵身体部位的拥有性的经验。全身错觉则操纵了**作为一个整体**的身体的拥有性。这会是最简单形式的自我性吗，某种我们可以隐喻性地描述为对"全局拥有性"的根本性经验的东西？我认为这是一种误导性的想法。全局拥有性是一个危险的概念，因为它引入了两种不同的实体外加一种关系：身体和一个不可见却占据着身体的自我。是身体在占有它自己：拥有某个东西便意味着能够控制它，而自我性与身体发现它可以控制自己——作为一个整体——的那个时刻密切相关。这也正是你早上醒来时发生的事情，你"进到你自己之中"。

这是一个临时性的理论：最小的自我意识不是控制，而是使控制成为**可能**的东西。它包括身体在时间与空间（位置）上的图像以及创造出这一图像的有机体并不将其认作为图像（认同）的事实。所以我们必须得有一个**现在**，加上一个空间参考系以及一个透明的身体模型。然后，我们需要一个源自这一身体空间之内的视觉（或听觉）的视角，一个内嵌于这一身体空间之中的投影中心。不过，真正有趣的一步是从最小的自我到稍微更坚实的**第一人称**视角。这是从具身性的自我性到**主体性**的自我性（selfhood-*as-subjectivity*）的一步。

---

① 新的研究考量指出，空间中延展的身体图像和内观性的自我模型对于自我意识来说不是一个严格的必要条件。以空间中一个不占空间的一点来作为认同的实体（entity of identification），似乎就已足以形成稳定形式的自我意识。对于这一点，可以参阅 J.M. Windt, "The Immersive Spatiotemporal Hallucination Model of Dreaming," *Phenomenology and the Cognitive Sciences* 9 (2010): 295–316 and T. Metzinger, "Why are Dreams Interesting for Philosophers? The Example of Minimal Phenomenal Selfhood, plus an Agenda for Future Research," *Front. Psychol.* 4 (2013): 746. Available free on the Internet, doi: 10.3389/fpsyg.2013.00746。

这个决定性的转变发生在系统已经通过最小的自我意识给定其自身,同时还将其自身表征为**指向**对象时。我相信,这正是发生在当我们首次发现我们可以控制注意力时。我们了解到,可以把事物从意识的边缘拉到经验的中心,把它们放到注意力的聚光灯下或刻意地忽略它们——可以主动控制**什么**信息出现在我们的心灵中。现在,我们就有了一个视角,因为我们有一个对事实上正在进行表征的、作为指向世界的主体的我们自身的自我图像。现在,我们第一次能够将自己的身体视作一个整体——我们成为自我指向的(self-directed)。内向性出现了。这种形式略微更强的自我性的本质——哲学家或许会说是它的"表征内容"——是注意力能动性加上认知到身体可用于全局控制。它不是关于正在进行的动作行为或指向世界或单独身体部位的感知和注意力过程的内在知识,而是关于身体作为一个单个的多感官整体,功能上**可用于**全局控制的内在知识。有意识的自我性是一种根深蒂固形式的关于自我的知识,提供有关新的因果性质的信息。这种内在知识与语言或概念无关。动物也可以有。

这一"进到之中"究竟是什么?这是要从对离体经验的细致研究中学习的另一课:有些离体经验者可以做出动作,但另一些只有一个在身体图像中飘浮的被动经验,通常这个第二身体甚至无法进行有意识的控制,不过自我感仍是健全的。在新近的一项研究中,53.1%的被试者报告说无法控制他们自己的移动(而有28.1%的人可以,其余则完全没有经验到移动)。[①] 所以,这显然是控制注意力焦点的一个更

---

① 请看 Wolfradt, "Außerkörpererfahrungen (AKE)" (2000/2001): 91。

# 第三章
## 离开身体、进入心灵：身体图像、离体经验和虚拟自我

微妙的经验，而这似乎是内向性的核心——一些严肃的计算神经科学家可能会说，主体性自我性与"心灵资源分配的模块化"（modeling mental resource allocation）密切相关。正确的哲学术语是"认知的控制"（epistemic control）：延展你关于世界的知识的心灵动作，例如，通过选择你将知道**什么**，同时排除你当下会忽略的。这样附加的东西是一个强健的第一人称视角，即**指向**对象的经验。在通过朝向世界而具有视角的这种意义上，主观觉识就是（空间和时间中的）身体图像加上注意力控制的经验；当我们关注身体本身时，内向性便出现了。回想一下，在第二章中我说意识是注意力能动性的空间。当一个有机体首度主动地关注其作为一个整体的身体时，作为内向性的自我性便涌现。如果身体的全局模型被整合到注意力能动性的空间之中，一个更为丰富的现象自我便涌现。它不必思考，也不必移动，对于专注的注意力来说，作为一个整体的身体的可用性足以产生内向性自我性的最根本的感觉——也就是在注意力之中成为主动**自我指向**的能力。如此，身体模型便成了一个在哲学上更有趣的自我模型：这个有机体现在潜在地指向世界并同时指向其自身。这是**作为主体**的身体。

但是——谁控制了注意力的焦点？在我们的**我成像故我在**（Video Ergo Sum）的研究中，那个误认了自己实体的是谁？会不会我们还是有一个灵魂或某种灵魂性的身体，即便在身体死亡后仍可以存活并经验到某种虚幻的转世？会不会我们不久之后通过进入人类设计的软件世界，通过一种进阶的马格利特式的《禁止复制》，有意将我们自己认作是我们为自己创造出的虚拟身体和虚拟人从而达到人工的永

生?[①] 或许现象世界本身不过是虚拟现实?

## 我们活在一个虚拟世界中

哲学史已经表明,技术隐喻有相当的局限性,尽管如此,虚拟现实仍然是有用的。大自然的虚拟现实就是意识经验——一个实时的世界模型,可以被视作一个永久运行着的在线模拟,使有机体得以行动和互动。

几百万年前,大自然的虚拟现实就已达到了当今的软件工程师仍在努力争取的地步:"存在当下"(prescnce)和"完全沉浸"(full immersion)的现象性质。从工程学的视点来看,创造成功的虚拟环境涉及的问题是高级界面设计的问题。虚拟界面是一套传感器、信号处理器、硬件和软件的系统。它创造了一个向用户的感官传递信

---

① 你能想象从外部看着自己并和自己的手握手会是什么样子吗?瑞典斯德哥尔摩卡罗林斯卡学院的亨利克·埃尔逊(Henrik Ehrsson)是自我模型研究的领军人物之一。他设计了经典的全身错觉实验,还证明了上肢截肢者可被引发体验到一只橡胶手是他们自己的,并通过专注于行为和神经影像学证据拓宽了这一领域。最近,他团队的成员不仅成功地引发了另一个人的身体是自己身体的错觉,而且在实际面对其自己身体并和其自己的手握手时,产生出了身处那另一个人身体之中的现象经验。参阅 Valerie I. Petrovka & H. Henrik Ehrsson, "If I Were You: Perceptual Illusion of Body Swapping," *PLoS ONE* 3, No.12 (2008):e3832, H. Henrik Ehrsson, "The Experimental Induction of Out-of-Body Experiences," *Science* 3127 (2007):1048, H. Henrik Ehrsson et al., "Upper Limb Amputees Can Be Induced to Experience a Rubber Hand as their Own," *Brain* 131 (2008): 3443–3452; Tamar R. Makin et al., "On the Other Hand: Dummy Hands and Peripersonal Space," *Beh. Brain. Res.* 191 (2008): 1–10。

## 第三章
### 离开身体、进入心灵：身体图像、离体经验和虚拟自我

息的互动媒介，同时持续监测用户的行为并将其用于更新和操控虚拟环境。

意识经验也是一个界面，一个无形的、完美的内在媒介，使有机体得以与自己灵活互动。它是一个控制装置。它通过创造一个内部的用户界面——一个"仿佛"（也就是虚拟的）的实在来起作用。它过滤信息，有高带宽，且明确可靠并产生出一种当下感。更重要的是，它还产生出自我感。这个自我模型很像你个人电脑的虚拟桌面上的鼠标指针，或者地铁地图上那个告知"你在这里"的红色小箭头。它将你置于行为空间的中心、你有意识地经验到的世界模型的中心、你内在的虚拟现实的中心。

自我是这个虚拟现实的一个特殊部分。通过产生出整体的有机体的内在图像，它使有机体得以利用其自身的硬件。这是演化对于一个人向自己解释其内在与外在行动、预测其行为，以及监测关键系统性质等需求的回答。最后，它使系统得以将其行动的历史内在地刻画为其**自身**行动的历史。（当然，自传式记忆是人类自我模型最重要的层次之一，它使我们能够运用自身的历程、内部时间和外部时间、现在和过去。）意识赋予你灵活性，全局控制赋予你自我。在意识经验的层次中，这种以整体性的方式在功能上应用一个人的硬件——人的身体——的过程，反映为全局的拥有感或最小的自我性。

大自然似乎早在我们之前就从事起高级界面设计。注意到这样一点会很有趣，当今研究虚拟环境的最好的理论家不仅使用"存在当下"（presence）或"情境性"（situatedness）这样的哲学概念，而且

还谈论"虚拟身体"。① 对于他们而言，虚拟身体是延展的虚拟环境的一部分。它是一个工具，作用就像红色小箭头或鼠标指针那样。如果把虚拟身体用作一个界面，它甚至可以用来远程控制机器人。"奴隶机器人"这个相关的概念格外有趣。要达到这样的**远程呈现**（telepresence），人类控制者的移动和奴隶机器人的行动之间要有很高的相关性。回想一下那个控制机器手臂的猴子？现在，猴子仅凭其大脑活动的记录，甚至可以横跨半个世界（从美国的杜克大学到日本科学技术振兴机构的计算大脑计划中心）来遥控人形机器人的实时行走模式。米格尔·尼克莱利斯（Miguel Nicolelis）教授在报告中提到："最令人震惊的发现是，当我们关停跑步机并且猴子也停止移动它的双腿时，机器人的运动还能够维持几分钟——仅仅靠思想——只是用到了在日本的机器人的视觉反馈。"②

理想状况中，在作为界面发挥作用的虚拟身体的帮助下，人类操

---

① 详见 W. Barfield et al., "Presence and Performance Within Virtual Environments," in Woodrow Barfield & Thomas A. Furness III, eds., *Virtual Environments and Advanced Interface Design* (New York: Oxford University Press, 1995). 同样见于 M. V. Sanchez-Vives & M. Slater, "From Presence to Consciousness Through Virtual Reality," *Nat. Rev. Neur.* 6 (2005): 332– 339。梅尔·斯莱特（Mel Slater），虚拟现实领域多年来的领军研究者，最近证明了属我性的感受也可以在虚拟环境中对模拟的身体部位引发出来（而不是像我们的实验那样，让人们仍然看着他们的"真实"身体）。显然，这使得在物理世界中永远不可能进行的实验成为可能，包括对虚拟身体的实时修饰，不仅在长度、尺寸和外观上，还有复杂的运动模式。正如作者所说："对于未来，我们的工作还表明，人们可以让他们的'自我'进入这个词真正意义上的虚拟领域，而非仅仅在隐喻的意义上，就像如今的计算机游戏和在线社区。与 BCI [脑机接口] 相结合，我们展望，一个运行中的虚拟身体，参与者将其感受为他们自己的身体，在 VR 培训、假肢和娱乐上的重要应用。"详阅 M. Slater et al., "Towards a Digital Body: The Virtual Arm Illusion," *Frontiers Hum. Neurosci.* 2:6. doi:10.3389/neuro.09.006.2008。

② 详见 www.dukemednews.org/news/article.php?id=10218，较短的影片请见：http://www.youtube.com/watch?v=L8oAz4WS4O0。

# 第三章
## 离开身体、进入心灵：身体图像、离体经验和虚拟自我

控者可以将他或她自己的身体认作奴隶机器人的身体。再说一遍，大自然在几百万年前就做到了这一点：就像虚拟身体一样，现象自我模型是一个被设计来使用和控制身体的高级界面。在虚拟身体的情况中，奴隶机器人可能远在千里之外，而在自我的例子中，目标系统和仿真系统是相同的：当一个有机体学会**奴役自己**时，作为一个主体的意识经验便浮现出来。

自我隧道的涌现创造了一个更高效的控制人身体的办法。控制人的身体意味着控制人的行为和感知机制。它还意味着指挥人的思想和调控人的情绪状态。整合的意识自我模型是突现在我们大脑中的高维用户界面的一个特殊区域。它是一个对用户格外友好的界面，使生物有机体将注意力对准其自身全局性质的关键子集。拥有一个自我模型就像是进行适应性的用户模拟，除了自我模型是自我指向的并且发生在内部。在一个重要的意义上，其所产生的自我是虚构的，但它也是一个极其高效的控制装置。你也可以说它是一个展示实在的全新窗口。

我声言，现象的第一人称经验和意识自我的涌现是虚拟现实的复杂形式。虚拟实在是一个**可能的**实在。任何戴过头戴式显示器或玩过现代电子游戏的人都知道，我们有时可以完全忘记这个"仿佛"——可能会被经验为真实。在某种程度上，我们大脑中有意识的部分就像是身体佩戴的头戴式显示器：它们让有机体沉浸在模拟的行为空间中。

具身的大脑和现象自我模型一同运作，像极了一个完全的飞行模拟器。在我们处理"完全"一词前，让我们先来看一下为什么飞行模拟器对于我们意识的运作方式是一个好的隐喻。当然，飞行模拟器是

一个训练装置，它帮助飞行员学会成功地操控飞机。为了达到这一点，模拟必须尽可能精确地整合感官信息的两个不同来源：视觉和本体的平衡感。例如，在模拟起飞中，飞行员不仅需要看跑道，他还必须感受"仿佛"飞机的加速——以及和他自己身体之间的关系。

更高阶的飞行模拟器把可移动的驾驶舱实体模型和计算机屏幕置换成头戴式显示器，这两个稍微交错的屏幕产生出三维的环绕图像。一个叫做"无限光学"（infinity optics）的特殊设定技术，让驾驶者可以从驾驶舱"透过窗户"看到远方的物体，尽管计算机生成的图像离他的脸仅有几英寸远。实体模型的可移动平台已被可模拟一定范围的真实动感——例如加速或颠簸——的座椅摇动器取代。此外，飞行员还可以学会使用机载仪器并了解对于不同的操作飞行器会如何反应，对视觉和动觉输入的模拟会以极高的速度和最大的精确度不间断地更新。

人脑在许多方面可以与现代飞行模拟器相比照。就像飞行模拟器一样，大脑也是通过使用感官提供的不间断输入流并运用过去的经验作为过滤器，来构造并持续更新一个关于外部实在的内在模型。它将感觉输入通道实时整合到一个实在的全局模型中。不过，二者仍有区别。我们的大脑所构造的实在的全局模型更新速度极快，且准确到我们通常不会将其经验为一个模型。对我们来说，现象实在并不是大脑所构造的在直接且经验无法超越意义上的模拟空间，它就是我们生活的世界。它的虚拟性被隐藏了起来，然而飞行模拟器却可被轻易辨识为飞行模拟器——它的影像总是看着像人造的。之所以如此，是因为大脑不间断地向我们提供一个比由计算机控制的飞行模拟器要好得多的世界参考模型。我们的视觉皮质所产生的影像比头戴式显示器中的

## 第三章
### 离开身体、进入心灵：身体图像、离体经验和虚拟自我

影像更新快得多也准确得多。我们的本体感受和运动感知亦是如此，座椅摇动器产生的运动永远不会像我们自己的感官感知那样准确和富于细节。

最后，大脑与飞行模拟器的区别还在于大脑没有用户，也没有操控它的驾驶员。大脑就像一台**完全飞行模拟器**，一架自我模拟的飞机，不由飞行员驾驶，它在其内部的飞行模拟器中产生出自身的复杂的内部图像。这个图像是透明的，因而无法被系统认作是图像。在这个素朴实在论式的自我误解的条件下运转，系统会将这一图像中的控制元素阐释为非物理的对象："飞行员"生在虚拟的实在中且没有机会发现这一事实。这个飞行员就是自我。完全飞行模拟器产生了一个自我隧道，但又完全迷失其中。

如果这个虚拟自我极度正常地运转的话，使用它的有机体就会完全意识不到它"仿佛"的本质。人类大脑中激发的自我模型在几百万年间被优化。建构它的过程快速、可靠，而且有着比现在任何虚拟现实游戏都要高的分辨率。因此，现象自我模型的虚拟性往往对其用户不可见。但严格来说，它只是这个系统对其当下状态的最好的假设——以一种全新的、高度整合的数据格式呈现。为了阐明这一点，让我们来看一个当代神经心理学的经典实验。

## 幻肢

截肢后，许多患者有时会经验到所谓的幻肢（phantom limbs）——一种持久而明确的感觉：失去的肢体仍然存在，仍然是他们身体的一

部分。① 相比于身体的其他部分，幻肢感觉起来不那么真实，有种"幽灵般"的感觉。1871年引入幻肢概念的美国神经学家塞拉斯·威尔·米切尔（Silas Weir Mitchell）说，"幽灵般的部位"有如"失去部分的看不见的幽灵"缠着人们。② 通常，幻肢会逐渐消退并最终消失；不过，在一些案例中，幻肢可能持续数月甚至数年。病患的幻肢上常常有疼痛的感觉。有时，就像在马上就要讲到的当今的经典案例中一样，幻肢是"麻痹的"，产生出一种缺失的肢体被冻结在一个固定的位置且无法被移动的主观印象。

在一组涉及患有麻痹幻肢患者的实验中，V. S. 拉马钱德兰和他加州大学圣迭戈分校的同事证明了身体自我模型的虚拟性。③ 他们构建了一个"虚拟现实盒"来展示自我模型的内容在多大程度上取决于感知语境的信息。他们的想法是，通过操纵感知语境的信息——这些信息会反过来限制大脑中的信息处理活动——会改变身体自我模型的内容。

他们的虚拟现实盒相当简单。一面镜子被垂直摆放在上方打开的硬纸盒里面，纸盒前面被挖开两个洞，分别在镜子的两侧。实验者要求一位罹患麻痹幻肢多年的患者菲利普把他的两只手臂，即他的右臂和左"幻臂"穿过这两个洞插入盒子中。然后，他被要求观察他的真

---

① 请看，如 R. A. Sherman et al., "Chronic Phantom and Stump Pain Among American Veterans: Results of a Survey," *Pain* 18 (1984): 83–95。

② S. W. Mitchell, "Phantom Limbs," *Lippincott's Mag. Pop. Lit. & Sci.* 8 (1871): 563–569.

③ 请看 V. S. Ramachandran et al., "Scientific Correspondence: Touching the Phantom Limb," *Nature* 377 (1995): 489–490; V. S. Ramachandran & D. Rogers-Ramachandran, "Synaesthesia in Phantom Limbs Induced with Mirrors," *Proc. Roy. Soc. Lond.* B (1996): 377–386; V. S. Ramachandran & Sandra Blakeslee, *Phantoms in the Brain* (New York: William Morrow, 1998)。

## 第三章
## 离开身体、进入心灵：身体图像、离体经验和虚拟自我

手在镜中的映像。他右手的镜像被用来创造出他确实有两只手的视错觉。接着，他被要求用他真实的手臂和幻臂做对称的运动。

如果他幻臂的想象移动和视觉输入同步匹配的话，菲利普的自我模型的内容会发生什么呢？如果他可以看到镜中一只手的运动，他麻痹的幻肢又会发生什么？拉马钱德兰描述了这一结果：

> 我要求菲利普把他的右手放在盒中镜子的右边并想象他的左手（幻肢）在镜子左边。"我想让你同时移动左右臂，"我指示道。
>
> "喔，我做不到，"菲利普说，"我可以移动右臂，但我的左臂是冻住的。每天早上我起床，我都试着活动我的幻肢，因为它在一个可笑的位置上，而且我感觉，活动它可以缓解疼痛。但是，"他低头看着他那只看不见的手臂，说："我从来没能挪动它哪怕一点点。"
>
> "好吧，菲利普，但还是试试吧。"
>
> 菲利普转过身来，挪动肩膀，将他了无生机的幻肢"插进"盒中。然后他把右手放到镜子的另一侧，尝试做出同步的移动。当他注视镜子时，他倒吸一口气喊道："哦，我的老天！哦，我的老天，医生！这太难以置信了。这真是难以置信！"他像个小孩一样上蹿下跳。"我左臂又被装回来了。就像以前一样。好几年前的回忆又涌回我的心头。我又可以活动手臂了。我可以感觉到我手肘的活动，我手腕的活动。它们又都动起来了。"
>
> 在他稍稍冷静下来之后，我说："好了，菲利普，现在闭上你的眼睛。"
>
> "喔，我的幻肢，"他说，带着明显的失望，"又被冻住了。

我感觉到我的右手在动,但是幻肢没动。"

"睁开你的眼睛。"

"哦,是的,现在它又动了。"①

这个实验中的幻肢移动即是意识自我模型的内容。在真实世界中,没有肢体是可以被感知或被控制的。在移动幻肢的过程中,菲利普经验到,并控制着他身体自我中的一个不存在的部分。就像在橡胶手错觉中一样,拥有的经验性质在身体自我的幻觉部分中无缝扩散:移动的幻肢被拥有就像橡胶手被拥有一样。在理智层面上,菲利普完全理解幻肢并不存在。(哲学家会说,这一事实对他是**认知上可能的**。)可他幻臂实际移动的主观经验却如此坚实和逼真。而且,与橡胶手不同,这里有一个额外的性质——**能动性**的现象经验。一个完整的身体自我已经到位。

为了生存,生物有机体不仅必须成功预测其周遭环境中接下来将要发生什么,还要能够准确预测其行为和身体移动与之伴随的后果。自我模型是一个实时预测器。我们当前最好的理论就是这样解释菲利普身上发生了什么的:我们的大脑中有一个身体模拟器,它运用运动指令来预测以特定的方式活动我们的肢体将可能产生的本体感觉和动觉反馈。要成功控制我们的行动,不能等待当我们在世界中运动时来自我们四肢的实际反馈。我们需要一个整体的身体的内在图像,去预

---

① V. S. Ramachandran, "Consciousness and Body Image: Lessons from Phantom Limbs, Capgras Syndrome and Pain Asymbolia," *Phil. Trans. Roy. Soc. Lond.* B353 (1998): 1851–1859. 有关临床和实验的详细信息,请参阅 Ramachandran and Rogers-Ramachandran, "Synaesthesia in Phantom Limbs" (1996).

# 第三章
## 离开身体、进入心灵：身体图像、离体经验和虚拟自我

图14　镜子引发的联觉（synesthesia）

通过安装一个虚拟的视觉反馈源，使部分幻觉中的自我可用于有意识的行动控制。图片由V. S. 拉马钱德兰授权。

测可能的后果，比如以某种方式移动我们的左臂。为了真正高效，我们需要事先知道这会是什么感觉。此外，通过"使之离线"（taking it offline），我们可以用身体仿真器在我们心中产生运动图像——以计划或想象我们的身体运动而不实际执行它们。

这个持续产生向前模拟的身体仿真器是人类自我模型最基本的部分，也是自我隧道的重中之重。菲利普的自我模型已经了解，无论他对他截肢的手臂下达什么运动指令，都不会有任何反馈告诉他关于肢体位置的变化。可以肯定的是，他手臂的图像仍然在那里，烙刻在他的大脑里。它已经适应了零反馈也因而被冻结了。拉马钱德兰天才般的想法是用镜子作为一个视觉信息源，使视觉仿真器得以成功更新。

当菲利普试着移动他的真臂和幻臂时，视觉自我模型的变化和输入菲利普大脑中的身体状态预测器的运动指令完全匹配。他失去的左臂确实在移动且处于意志控制下的意识经验也随之而来。

现在可以理解为什么我们的自我模型是一个虚拟模型了。显然，菲利普移动的左臂只是一个模拟。它是一只"仿佛"的手臂，已变成大脑的一种新的可能性，并被菲利普描绘成一种现实。如果一个人不去想它而只是关注经验本身，那么移动的幻肢或许可以被经验为与身体的其他部分一样真实，它们都是同一个统合自我的部分，而且都在意志的控制之下。但我们自我模型的部分到底**有多**真实取决于许多不同的因素。

关于幻肢经验的一个有趣的事实是，它们也发生在生来就缺少某些肢体的人身上。瑞士神经科学家彼得·布鲁格和他在苏黎世大学医院的同事进行的一项新近的案例研究，使用七分表去给这些幻肢在主观上被感知到的鲜明程度进行评分。[①] 有趣的是，评分在不同场次对被试显示出高度一致的判断，一名受过大学教育的44岁女性"AZ"，生来就没有前臂和腿。从她记事起，她就经验到她不存在的前臂（包括手指）和腿（包括脚和大拇指、小拇指）的心灵图像。不过，如图15所示，这些幻肢并不像她非幻觉的身体模型的内容那样真实。

此外，她报告说，"仅当某个物体或人侵入幻肢被感受到的区域时，或是当她在镜子中看到自己时，她对幻肢的觉识才会暂时中

---

① P. Brugger et al., "Beyond Re-membering: Phantom Sensations of Congenitally Absent Limbs," *Proc. Nat. Acad. Sci.* USA 97 (2000): 6167–6172.

# 第三章
## 离开身体、进入心灵：身体图像、离体经验和虚拟自我

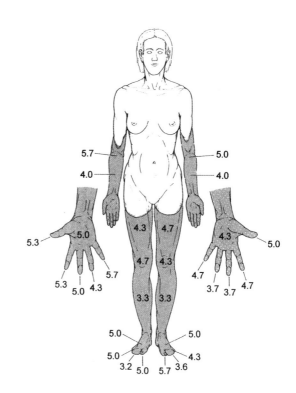

图15 身体模型先天就含有躯肢的模拟吗？

一个从出生就没有四肢的个体所可能感觉到幻肢的位置（阴影部分）。数字代表不同幻肢部位被鲜明感知到的不同程度，这个数字是一个七分表，由0（没有感觉）到6（极为清晰的感觉）。图片由彼得·布鲁格于苏黎世授权。

断"。对她想象中的幻手移动的功能性磁共振成像（fMRI）显示初级感觉运动区（primary sensorimotor areas）并没有激发，但双侧前运动（bilateral premotor）和顶叶皮质（parietal cortex）却有活动。对感觉运动皮质（sensorimotor cortex）进行经颅磁刺激（transcranial magnetic stimulation）会持续引发刺激对侧的幻手和手指的感觉。前运动和顶叶的刺激引发了类似的幻肢感觉，尽管残肢上并未显示运动引发的电位。布鲁格的数据表明，从未发育的身体部位可以在皮质的感觉和运动区被表征出来。

令人着迷的问题是：AZ幻想出的前臂和腿是**内在**身体模型的组成部分吗——或许是在出生后持续发育的核心的组成部分？或者它

们可能是通过对其他人类运动的视觉观察而被"镜映"到病患的自我模型中的(见第六章的共情自我)?当你读这些话时,**你现在对自己的身体究竟有什么感觉?**在我们对意识的研究中,似乎很明显我们从未与我们的肉体直接接触,而是与一种特殊的表征内容接触。但是,在我们意识自我的这一层面上被表征的到底是什么呢?亚里士多德在他的名著《论灵魂》(*De anima*)第二卷中说,灵魂只是身体的**形式**,还说它会在死亡中消逝。这就是我们通过研究幻肢、身体的"内在形式"以及其结构的全局模型而重新发现的东西吗?斯宾诺莎说灵魂是身体自身发展出来的观念,因为"我们灵魂的对象是自在的身体,除此之外别无他物"。① 还是那句话,看看经典的哲学观念何以有助于更深入地理解成为一个具身自我意味着什么,这十分耐人寻味。

拉马钱德兰和布鲁格的实验证明了身体自我模型的经验内容是进行中模拟的内容,是动态控制机制的一部分。在任何给定的时间,身体经验的内容都是系统对其当前身体状态的最佳假设。大脑的工作是**为了**身体而去模拟身体,并去预测身体移动所产生的后果,而它所使用的工具就是自我模型。这个过程发生在现实世界中,因此它非常耗时,而且在身体的实际状态和自我模型的内容之间必然会有延迟。

通常我们对这个过程无所察觉,因为大自然对它的设计非常有效以至于很少出错。但这个简单的事实仍然成立:你从未直接接触过你自己的身体。你在橡胶手错觉中所感受到的、AZ 所感受到的,或当菲利普把左臂"插入"时所感受到的,与你此时此刻正握着这本书的

---

① 见 *The Ethics*, §12 and §13。

# 第三章
## 离开身体、进入心灵：身体图像、离体经验和虚拟自我

手的感觉，或当你靠在椅子上感受到的压力和抵抗力都是完全一样的。你所经验到的不是真实的世界，而是虚拟的实在，即一种可能性。严格说来，单从意识经验的层次上来说，你是在一个虚拟身体而非真实身体中过活。当我们在做梦和做清醒梦的章节中考虑到"离线状态"时，这一点会变得更加清楚。不过，我们先来看看现象自我性的另一个本质性特征——从拥有性到能动性的转换。

第四章

# 从属我性，到能动性，
# 到自由意志

在外部工具的使用得以发展之前，一个神经动力学工具必须在我们的大脑中就位。我一直把这个内部工具叫做现象自我模型（PSM），一个独特且一致的神经活动模式，使你可以把世界中的部分整合到作为一个整体的你自己的内在图像中。仅当你拥有自我模型时，你才可以将双手和双臂经验为你**自己**身体的部分。仅当你拥有自我模型，你才可以将大脑中的某些认知过程经验为你**自己**的思想，将大脑中运动部分的某些事件经验为你**自己**的意图和意愿的发动。我们的下一步是从属我性到能动性的一步。

## 异手（The Alien Hand）

想象一下，在接受心脏手术后的大约十天，你注意到你的左侧虚弱无力，行走也有些困难。在过去的三天里，你还有一个更特殊的问题：不知何故，你的左手总是失控——它自顾自地行动。昨晚你惊醒了好几次，因为左手试图掐死你，而你不得不用右手去抵御它。白天，右手刚把扣子系上，左手就把你的病号服解开。左手把你托盘上的纸杯捏瘪，或当你试图接电话时左手开始跟右手打架。至少可以说，这可不是个令人愉快的情况——就如同某个"来自月球"的人在控制你的手。有时候你会怀疑它是不是自有其心灵。①

某个东西"自有其心灵"是什么意思？拥有一个心灵意味着拥有具有内容的内在状态，并把关于世界的思想和内在图像嵌入一个自我模型中。那么，怀有它们的有机体就能知道它们发生在其自身之内。到目前为止，一切都还好。不过，关于拥有一个你自己的心灵有一个重要的面向我们还没有讨论：你还需要对于你**目标状态**的明确表征——你的需要、你的欲望、你的价值、你通过在世界中行动想要实现的。并且，你需要一个有意识的自我去拥有这些目标状态，使它们成为你自己的。哲学家称之为拥有"实践意向性"：心灵状态常常是为了实现你的个人目标。拥有一个心灵意味着不仅是一个思考者和有知者，还是一个**能动者**——一个带着其自己的意志行动的自我。

这就是异手综合征，是刚刚描述的那个神经疾病的由来。这一综合征于1908年首次被描述，不过这个术语直到1972年才被引入，而

---

① 源自一位因为中风而短暂罹患异手症的六十八岁女性的故事。详见 D. H. Geschwind et al., "Alien Hand Syndrome: Interhemispheric Disconnection Due to Lesion in the Midbody of the Corpus Callosum," *Neurology* 45 (1995): 802–808。

## 第四章
## 从属我性，到能动性，到自由意志

且这类疾病在大脑中的必要和充分条件是什么，仍然不明。① 捏瘪托盘上的纸杯和健康的右手搏斗的异手，似乎有它自己的意志。当异手开始解开病号服的纽扣时，这似乎不是像膝跳反射一样的自发行为，它似乎被一个明确的目标表征所引导。显然，一个小能动者被嵌入更大的能动者中——一个亚个人的实体通过劫持一个属于病人的身体部位来追求自己的目标。在另一个典型案例中，一位病患会拿起一支铅笔并开始用一只手涂鸦，当她意识到这件事情的时候，她报以惊愕。然后她会马上抽回铅笔，用她的"好"手把异手拉回来，并表明不是她自己开始涂鸦的。② 另一个这样的案例研究的描述：病患的左手摸索附近的物体，拉扯她的衣服，以至于她把她那只不听话的手说成是一个自主的实体。③

从哲学的观点看，这些例子都很有趣，因为任何关于有意识自我的有说服力的哲学理论都要解释属我性和能动性的分离。罹患异手综合征的患者仍然经验到手是自己的手，属我性的有意识的感觉仍然在，但是病患的心灵中没有对应的**意志**经验。哲学家会说，"意志行

---

① 参阅 K. Goldstein, "Zur Lehre der Motorischen Apraxie," *Jour. für Psychologie und Neurologie* 11 (1908): 169–187; W. H. Sweet, "Seeping Intracranial Aneurysm Simulating Neoplasm," *Arch. Neurology & Psychiatry* 45 (1941): 86–104; S. Brion & C.-P. Jedynak, "Troubles du Transfert Interhémisphérique (Callosal Disconnection). A Propos de Trois Observations de Tumeurs du Corps Calleux. Le Signe de la Main Étrangère," *Revue Neurologique* 126 (1972): 257–266; G. Goldberg et al., "Medial Frontal Cortex Infarction and the Alien Hand Sign," *Arch. Neurology* 38 (1981): 683–686。新的重要概念区分详见 C. Marchetti & S. Della Sala, "Disentangling the Alien and the Anarchic Hand," *Cog. Neuropsychiatry* 3 (1998): 191–207。
② Goldberg et al., "Medial Frontal Cortex Infarction," *Arch. Neurology* 38 (1981): 684.
③ G. Banks et al., "The Alien Hand Syndrome: Clinical and Postmortem Findings," *Arch. Neurology* 46 (1989): 456–459.

为"丧失了,另外,驱使异手行为的目标状态没有表征在此人的意识心灵中。手臂显然是身体的次级部分,这一事实使人更加震惊地看到病患如何不假思索地将类似意向性和人格的东西归属给它,把它当成一个自主能动者。手与**意志**自我之间的冲突,甚至可能成为手与**思想**自我之间的冲突。例如,当一名病患的左手在西洋跳棋中下了一步他并不愿下出的棋时,他会用右手去纠正这一步棋。接着,让他沮丧的是,他大脑中驱动左手行为的独立功能模块会导致它重复不想下的那一步。①

哲学上的问题是:西洋跳棋中不想下出的这步棋是一个行动吗——由一个明确的目标表征直接导致的身体运动——还是说这只是一个事件,某种出别的什么东西导致而碰巧发生的事情?在一个极端的哲学光谱中,我们发现了对意志自由的否定:没有诸如"行动"或"能动者"这样的东西存在,严格说来,所有曾存在过的只有预先决定的物理事件。我们都是自动机。如果我们的硬件受损,个别的子系统可能会出现故障——这是一个令人难过的事实,但绝不是什么秘密。另一个极端是认为宇宙中根本没有盲目的、纯粹物理的事件,每个单独的事件都是一个目标驱动的行动,由一个人——例如由上帝的心灵——所导致。没有什么是偶然发生的,一切都是有目的的,并最终是出于意愿的。

事实上,在一些精神疾病中,病患会把他们环境中每个有意识感知到的事件都经验为由自己直接导致的。在其他心灵疾病,如精神分

---

① 参阅 C. Marchetti and S. Della Sala, "Disentangling the Alien and the Anarchic Hand," *Cog. Neuropsychiatry* 3 (1998): 191–207。

## 第四章
## 从属我性，到能动性，到自由意志

裂症中，一个人可能会感到其身体和思想被遥控，而整个世界就是一台大机器，一个没有灵魂、没有意义的嘎吱作响的机械装置。注意，这两类观察都印证了我在第一章中的主张，即必须把大脑视作一个实在引擎：它是一个对什么存在、什么不存在不断作出假设的系统，由此创造出一个包括时间、空间和因果关系的内在现实。精神疾病是实在模型——为应对严重且往往是具体的问题而开发的替代本体论。有趣的是，在几乎所有这些案例中，这些替代的本体论都可以映射到某种哲学本体论上——也就是说，它们将对应于某种关于实在的更深层结构的既有的形而上学观念（例如，激进的决定论，或无所不能、无所不在的上帝之眼的观念）。

不过，回到我们原本的问题：这样的行动真的存在吗？介于两个极端哲学之间的立场将"行动"定义为一类特殊的物理事件。物理宇宙中的大多数事件只是事件，不过一个极小的子集也是行动，即由理性能动者的意识心灵中的明确的目标表征所导致的事件。必须通过成为自我模型的一部分来拥有目标状态。没有自我隧道，就没有行动。

然而，异手**不是**一个带有自我隧道的独立实体。它只是一个身体部位，并没有自我模型。它不知道自己的存在，也没有一个世界向它显现。由于大脑损伤的缘故，它是由许多无意识的目标表征之一所驱动的，这些目标表征不断在大脑中争夺注意力——它貌似是由你视觉感知到的周围物体所驱动的，它们产生了心理学家和哲学家所说的**可供性**（affordances）。有充分的证据表明，大脑不仅如其所是地描绘视觉对象，还根据可能的运动刻画它们：这是我抓得住的东西吗？这是我解得开的扣子吗？这是我可以吃或喝的东西吗？

自我模型是选择机制的一个重要部分。此时此刻，在你阅读这本书时，它正在保护你免受这些可供性的影响，以防止它们接管你身体的诸部分。如果我把一盘你最喜欢的巧克力饼干放在你面前，如果你下定决心不伸手去拿，那么你能坚持多长时间专心看书呢？在你的左手做一些你没让它做的事情之前，还能有多久异手综合征会发作？你的自我模型越强大、越稳定，你就越不容易受你周围可供性的影响。自主性有程度之别，它与免疫有关，与保护自己免受环境中潜在目标状态的感召有关。

因此，属我性的现象经验与能动性的现象经验密切相关，二者都是有意识的自我感的重要面向。如果你失去对行动的控制，你的自我感也会大打折扣。内在行动亦是如此。例如，许多精神分裂症患者感到不仅身体，甚至思想也被异己的力量控制。我多年来的一个想法很可能被证明是真的，即思考是一个运动过程。思想会不会是成功终止行动的模型，在上帝之眼看来——也就是说，独立于你自己的有利观点？它们会不会是抓取的抽象形式——抓取一个对象并将其摄入、纳入你的自我之中？正如我在"共情自我"一章中要讨论的，有可靠的经验证据表明，手在布洛卡区（Broca's area）被表征，这是我们大脑中新近演化的部分，这使我们有别于猴子而与语言理解和抽象意义有关。然后，通过在抽象的心灵空间中模拟身体的运动，思考的自我会从身体自我中生长出来。我掂量这个想法很久了，因为它可以解决笛卡尔的心-身问题，它可以表明一个思考的东西（res cogitans）是如何可以由一个有广延的东西（res extensa）演化而来。而这也指向了一个贯穿许多最近关于能动性和自我的研究的主题：就其起源而言，自我是一个占有和控制身体——首先是肉体，然后是虚拟身体——的神

# 第四章
## 从属我性，到能动性，到自由意志

经计算装置。

## 游荡的心灵

在阅读这本书时，你多久会注意到其实你已经走神一会儿了，同时，即便你没有真的抓取这些字句的任何内容，你的眼睛仍然在自动跟随着字句移动？你多久会在例行公事时进入自发的白日梦中，或是被脑中强行重现的想法剥夺了睡眠——而且不走运的是，大多是一些负面想法？你是否会不时地进入一种不自主的时光旅行中，例如，当你在车上等红灯时，毫无预兆地被自发的回忆攫走，或开始自动计划起即将到来的采购或假期。

心理学中最有趣的研究领域之一就是**心灵游荡**（mind wandering）。我们的心灵会游荡，而且它的发生比我们想象得更频繁，大约占我们清醒生活中的百分之五十——而我们也为此付出了极其高昂的代价。科学研究表明，自发的心灵游荡所造成的负面影响是可量化的，而且不仅对文本理解或在学校中的表现造成负面影响，也会对学习功效、注意力的维持，以及学生的记忆能力有着负面影响。心灵游荡对我们心灵的"工作记忆"和数学能力的稳定也有负面影响，也对像安全驾驶或其他需要持续将注意力集中在"当下"的活动有负面影响。近期的研究有个有趣的发现：心灵游荡会让我们不快乐，那些失去与"当下"接触的人们，因为一再恍惚地进入未来或过去，比起那些持续保持注意力在"当下"的人来说，他们的心情通常比较差。① 另一方面，心不在焉（mental absence）的形式也不尽相同。某些形态的白日梦或随意、刺激、无关乎行为任务的自主想法似乎也具有正面的影响。例如，初步的证据表明，它们在自传式计划、解决问题的创意以及某些形式的目标导向的思考中，甚至在深层形式的自我反思中都扮演了重要的角色。

当心灵游荡时，我们失去了对心灵的自主性。心灵自主性是一种能控制自己内在行动的能力，它运作于心灵层次中，以一种自我决定、自我选择目标且有能力掌握行为动作的方式进行着。这也包括了抑制与中断心灵行动，或刻意抑制某些自发的内在行为。每当我们失去心灵自主性时，某个认知自我模型也会短暂中断——最近的研究表明，这种情况每天都会在我们身上发生上百次。我称意识自我的这一层次为"认知能动者模型"（epistemic agent model）：这是我们自己"认识自我"的内在图像，是一个会主动将认知关系建构到这个世界与其自身之中的机制。如果经常失去对身体行动层次以及心灵层次的控制，从外部来看，我们将会像是一个一边清醒又一边梦游的混合体。

---

① 这一经典研究是 M. A. Killingsworth & D.T. Gilbert, "A Wandering Mind is an Unhappy Mind," Science 33, No. 6006 (2010): 932。对科学感兴趣的很好的评论是 B.W. Mooneyham & J. W. Schooler, "The Costs and Benefits of Mind-Wandering: A review, " *Canadian Journal of Experimental Psychology/Revue canadienne de psychologie expérimentale* 67, No.1 (2013): 11–18；关于这一科学争论的导读，我推荐 J. W. Schooler et al., "Meta-Awareness, Perceptual Decoupling and the Wandering Mind, " *Trends in Cognitive Sciences* 15, No.7 (2011): 319–326; 最近的一个好评论是 J. Smallwood & J. Schooler, "The Science of Mind Wandering: Empirically Navigating the Stream of Consciousness," *Annual review of psychology* 66 (2015): 487–518, doi: 10.1146/annurev-psych-010814-015331。对于特别针对"心灵自主"的许多相关的免费参考资料，可以参阅 T. Metzinger, "The Myth of Cognitive Agency: Subpersonal Thinking as a Cyclically Recurring loss of Mental Autonomy, " *Frontiers in Psychology*, (2013):746, doi: 10.3389/fpsyg.2013.00931 和 "M-Autonomy," *Journal of Consciousness Studies* 22, No.11-No.12 (2015): 270-302 doi: 10.3389/fpsyg.2013.00931。两篇论文都能在网络上免费获取。

# 第四章
## 从属我性，到能动性，到自由意志

梦游者由自动导航驱使，以一种奇怪又曲折的路径穿梭在这个世界中。就像一台模拟行动的机器人，似乎在演绎各种未知但事实上却相互抵触的短篇故事或内在戏剧。

在这些剧情中，他如同着了魔般不断被新出现的事物吸引，但立刻就又忘了它们，继续他曲折的旅程。还有个特别的情况是他会持续地跌倒，然后像个新生儿一样开始不断挣扎。然后他会突然再次站起来，并短暂感知当下这个时刻：他变成了当下，变成了**一个人**，一个自主的心灵主体。只要这个当下不再占据他所有的注意力，梦游者将会再次取得掌控，继续在这世界跌跌撞撞而缺乏对自己的真实感受、缺乏与他自身的接触。

游荡心灵具有一系列完整有趣的现象特征。你可曾注意到，你从未感知过那个把你从"当下"抓进白日梦或独角剧中的**第一个想法**是怎么出现的，但你可以尽你所能地——如果你的意识非常强烈——感知到那跟随着第一个想法而发展出的第二个想法。我为这个有趣的现象发明了"自我表征的眨眼"（self-representational blink）一词，也就是大脑从一个自我模型切换到另外一个自我意识之眼的瞬目之间，这短暂的"眨眼"在短时间内导致了一种内在的盲目（inner blindness）。每个心灵游荡的片段都始于自我认知（大脑中"认知能动者模型"）的崩解，我猜想在这个自我盲目的过程中间有一个我们可以侦测到的空隙。第二个有趣的发现是，只要可以完全辨识它，我们就不能凭自己的意愿去中断这一连串的想法或内在故事。我们是真的**迷失了**，某一部分的自我模型崩解了，失去这部分的意识我们就无法中止这个迷失状态，无法把自己拉回到最初的"当下"之中。我们虽然能够行动，但在这个当下，不再知道能够做回我们原本的自主和内在能动者。意识自我模型有个最重要的功能就是使某种特殊形式的知识得以被获取，也就是拥有我们现在所拥有的能动性和机会。那些不知道他们有能力可以停止的人，是永远**无法**停止的。

存在一种比经验到你自己是个行为上一致的自我和指导改变的源头更加精细的能动者，我称之为注意力能动性（attentional agency）。注意力能动性是感觉到自己成为某种特定实体的经验，该实体可以控制一种被埃德蒙德·胡塞尔（Edmund Husserl）称之为"注意力目光"（ray of attention）的机制。作为注意力能动者，你可以转移注意力，就像把内在手电筒照射到某个目标上那样，将其投射到一个知觉对象或特定的感觉之上。在大多数情况下，人们会失去注意力能动性的性质，这也使他们自我感觉的程度被降低。婴儿就不能控制他们的视觉注意力：他们的注意力似乎毫无目标地在一个物体和另一个物体之间漂移，这是因为他们自我的这个部分还未稳固。另一个有意识却没有注意力控制的例子就是梦境状态，我在下一章会讨论梦境状态的自我的确与清醒状态有很大不同。其他可能失去注意力控制的例子还有如严重的醉酒、阿尔茨海默病——相应地，你也会感受到你的"自我"在崩解。

还有被哲学家称为"认知能动性"（cognitive agency）的有趣存在，以及相对应的认知主体（cognitive subject）。认知主体是一个有思想的思考者，也可以将这样的能力应用到它自己身上。但是思想常常只是一闪而过，如同流云一样。[①] 冥想者——就像第二章描述的西藏喇嘛

---

① 参阅 T. Metzinger, "The Myth of Cognitive Agency: Subpersonal Thinking as a Cyclically Recurring loss of Mental Autonomy," *Front. Psychol.* 4 (2013): 619. 可在网络上免费获取：doi: 10.3389/fpsyg.2013.00931。

# 第四章
## 从属我性，到能动性，到自由意志

一样——致力于降低他们的自我感，让他们的念头得以漂浮，通过专注但不执着于念头的方式让它们不费吹灰之力地"脱钩"（dissolve）。如果你从来没有形成、整理和维持过自己的思想，或涉入它们的内容，你就无法经验到你是一个思考的自我，你自我模型的那部分将会干涸、枯萎。为了拥有笛卡尔所说的"我思"（Cogito）——作为一个会思考完整经验的实体，亦即一个自我——你必须得具备有意筛选心灵内容的经验。这是不同形式的能动性的共通部分——能动性让我们拥有**选择**的权能：下一个想法、下一个想要专注投射的感知对象、下一个身体移动等。这也是一种**执行意识**（executive consciousness）的经验——不只是启动某种改变的经验，还包括能随着时间的推移进行并维持更复杂行为的经验。至少，这是我们几世纪以来描述我们内在经验的一种方式。

## 内在行动、内在不行动、心灵自主性

我们称之为"有意识的思考"的过程究竟是什么？例如，在夜晚的梦境状态中也有意识存在。做梦时，我们无法控制自己的任何想法，也无法自由地控制我们的注意力。在接下来的章节中，我们将看到，在梦境中恢复"清醒"的状态并再次取回心灵的自主权是可能做到的。这样的梦被称作"清醒梦"（lucid dreams），在这种梦中，做梦者知道他正在做梦，而且能再次取得思想运作的控制权，有能力去自主控制他的注意力。在我发表的一篇科学论文中，我指出，在这个意义上我们即便是在大白天也很少有清醒的时候，而且在有意识的生活中,我们的心灵在超过三分之二的时间里是非自主的。①

根据这个科学研究所述,在意识清醒的阶段,我们的心灵有30%—50%的时间处于游荡状态。夜里,在非清醒梦和睡眠状态中,我们虽有复杂的有意识思考却没有图像式的幻觉。我们也缺乏压抑或中断这个思考过程的能力——这是一项对于心灵的自我控制来说至关重要的核心能力。还有各种譬如醉酒、轻度麻醉或疾病(如发烧、昏迷和抑郁性沉思)、失眠等情况。在这些情况下,我们处在一个无助的朦胧状态中,被无法中断却不断重现的想法萦绕。在这些阶段中,我们的心灵游荡着,无法控制思考过程或注意力。据保守估计,赋予我们真正的心灵自主性的自我模型只占了整个意识生活的三分之一。我们不知道幼童究竟是何时首次发展出他们自我模型的必要能力和层次的,但可以合理地假设,绝大多数人都在走向生命结束的过程中逐渐失去它。如果能研究所有关于心灵游荡的经验,我们会得到一个既令人惊讶又难以估量的重要哲学结论:自主的心灵其实是个例外,失控才是它的常态。

尽管有内在行动,我们还是几乎不太可能成为自主决定的物种,因为有意识的心灵活动大多是自发的,不是亚个人层次的有意图的行动。简言之,认知能动者及注意力能动者不是常态,而更像是例外。我们过去常称作"有意识的思考"的东西其实大多时候只是一种自发的亚个人的过程。

---

① T. Metzinger, "The Myth of Cognitive Agency: Subpersonal Thinking as a Cyclically Recurring loss of Mental Autonomy," *Front. Psychol.* 4 (2013): 619. 可在网络上免费获取:doi: 10.3389/fpsyg.2013.00931。

# 第四章
## 从属我性，到能动性，到自由意志

当你观察你的呼吸时，你就是在觉察你身体中的一个自发的展开过程。与之相对，当你观察你游荡的心灵时，你也正在经验一个你身体中的自发行为。这个物理过程究竟是什么？许多经验研究显示，负责发生游荡心灵的脑区与大脑中的"默认模式网络"（default-mode network）之间有高度重叠的现象，而所涵盖的部分也远远超出这个网络。[①] 默认模式网络一般会在休息状态下被启动，一旦启动，你的注意力将被引向一旁。举例来说，这也就是在白日梦、非自发性的回忆或是在我们思考未来的情况时所发生的状况。如果有些事是非马上做不可的，这个部分的脑区就会关闭，然后我们就可以马上专注于当下需要处理的问题了。我个人的假设是，默认模式网络主要是保持我们自传式自我模型的稳定和良好运作：就像是一个自发的维护程序，它产出全新的故事目的是让我们相信我们在时间的推移中仍然还是同一个个体。也唯有在时间的推移中保持个人的同一性，我们才有能力去计划未来的事，避免事故并友善地对待我们身边的人——因为这些行为的结果最终都将与我们息息相关。我的假设是，这也就是社会互助合作演化的中心元素，也的确出现在人类大多数的社会当中：在未来惩罚和奖励的人是**你**、在未来享受名声或报复的也是**你**。

---

[①] 一份相当优秀的整合分析：Fox, Kieran C. R., Spreng, R. Nathan, Ellamil, M., Andrews-Hanna, J. R., & Christoff, K. (2015). The Wandering Brain: Meta-Analysis of Functional Neuroimaging Studies of Mind-Wandering and Related Spontaneous Thought Processes. *Neuroimage* 111, No.0: 611-621. doi:10.1016/j.neuroimage.2015.02.039; 最近的一个好评论是 Smallwood, J., & Schooler, J. W. (2015). The Science of Mind Wandering: Empirically Navigating the Stream of Consciousness. *Annual review of psychology*, 66: 487–518. doi:10.1146/annurev-psych-010814-015331。

我们所需要的就是一个完整的"描述型自我模型",一种一致性的幻觉。

但进一步检视,我认为这一叙事默认模式实际上没有产生任何思想,而是产生了某种我称之为"认知可供性"(cognitive affordances)的东西,它们也是**内在**行动的契机。它们是思想(自主产生的心灵内容)的实际前驱,从之前就一直持续地对我们呼喊"想着我"。有趣的是,这样的原始思想也具有某种类似刚才所说的"可供性特征",它们揭示了一种可能性。这种可能性不是意识自我的性质,也不是这正在萌发的原始思想的性质——而是借由辨认能力来建立一种**关系**的可能性。你是否回想起那个你最喜欢的巧克力饼干的例子?如果我们能够拒绝这样的诱惑,或者尽可能忍耐一段时间,那么我们就可以专注于我们想要做的任何事情。同样的原则也适用于我们的内在行动:一旦我们短暂地失去提问的能力,就会立刻被具有侵略性的、小小的"想我"的想法所劫持,然后心灵就会开始游荡。我们游荡的心灵也时常跟随着情绪地貌波动,例如它会尝试摆脱不愉快的身体认知感觉,而通过某种方式达到一个更好的感觉状态,像是猴子在树枝间摆荡。**不去**行动,这似乎是人类最重要的能力之一,是为了达到更高形式的自主性的基本要求。有外在形式的不行动,例如成功抑制冲动("我现在将不去抓去这碗里的巧克力饼干!");也有内在形式的不行动,有时可以让一连串的想法闪过,然后在一个开阔、不费力的清醒状态下停止想它。也因此有了外在沉默(outer silence)和内在沉默(inner silence)。无法停止外在一连串字句的人将会立刻失去与其他人类沟通的能力。丧失内在沉默的人将失去与其自身保持接触的能力,且将无法再次清楚地

# 第四章
## 从属我性，到能动性，到自由意志

思考。①

身体能动性、注意力能动性和认知能动性的一个共同的相关面向是形成有效的主观感觉。从现象学上来说，它的效果之一是移动身体，并使你能专注于注意力，它更有一种让你以专注且有条理的方式去思考的效果。然而，这些效果的神经相关物是什么？想象一下，如果我们知道这一相关的神经区域（我们就快知道了），而且也拥有准确且充分检验的数学模型可用以描述这三种经验成果感觉的共通之处。想象一下，你未来是一位数学家，有能力了解这些描述中所有错综复杂的细节。现在，有了这些详细的概念知识，你会非常小心且十分精准地去内省你所拥有的效果感觉，这将会发生什么？如果你够小心且十分仔细地专注于这伴随着意志行为的效果感觉，这个效果还是会以个人拥有（你所拥有）的形式出现吗？

异手综合征使我们得出一个结论，我们称之为**意志**的东西可以发生在自我模型之外，也可以发生在模型之内。这种目标导向的行动可能完全无法被有意识地经验到。在一种被称为无动性缄默（akinetic mutism）的神经疾病中，病患无法做任何事情，只能静默地躺在床上。他们拥有对其作为整体的身体的属我性感觉，且也是清醒的（并具有正常的睡眠－觉醒周期），但他们不是能动者：他们无法以任何方式做出行动。他们无法进行任何思考，也无法控制注意力，同样，

---

① 这是一个从完全非哲学的角度所发展出的想法。Hans-Willi Weis 正朝着这点努力，*Denken, Schweigen, Übung*, Freiburg/München, 2012。

他们也无法聊天或是移动。① 再者,在许多例子中,在我们身体的某个部位进行复杂的目标导向的行动时,我们却没有意识到这些行动经验是自己的行动或目标,也没有先于这些行为的有意识的意愿行为——简言之,就是没有作为能动者的经验。另一个有趣的面向——也是任何意识自我的哲学都必须解释的第三个经验事实——举例来说,就是精神分裂症患者如何在某些时候完全失去能动性和执行性意识,又如何感到自己像是一具被远程遥控的木偶。

我们最好的经验科学理论都认为,与能动性相关联的自我特殊感必须与有意图的意识经验和运动反馈的经验有关,也就是说,选择特定目标状态的经验必须与随后的身体运动的经验相整合才行。而自我模型恰恰做到了这一点,它连结了心灵创造的过程,并从你身体运动的反馈中去比较各种可能的行动,这样的联结让运动经验变成行动经验。但是需要再次注意,"心灵"或自我模型都不是头脑中的一个小人,没有任何人正在进行创造、比较或决定。如果动力学系统理论正确,这一切都只是大脑中的动力学自组织。如果出于某些原因,这两大核心要素——特定运动模式的选择与进行中运动反馈——无法成功连结,你可能会经验到身体不受控制地或毫无规律地运动着(或被某个人控制,如同精神分裂症的情况一样),或者你将经验到它们像是拥有意志和目标导向似的,但这个行动不是你发出的,就像异手综合征的状况一样。

---

① 更多关于无动性缄默和意志的表征结构,请见 T. Metzinger, "Conscious Volition and Mental Representation: Towards a More Fine-Grained Analysis," in Natalie Sebanz & Wolfgang Prinz, eds., *Disorders of Volition* (Cambridge, MA: MIT Press, 2006)。

第四章
从属我性，到能动性，到自由意志

## 幻觉能动性

由此，自我性是某种独立的东西，因为一个人可以失去能动性的感觉，却仍然保有属我性的感觉。[①] 不过，人们也能产生幻觉能动性吗？答案是肯定的——而奇怪的是，许多意识哲学家忽视这一现象已久。你可以拥有怀有意图做出行动的强健的意识经验，即便它实际上并没有发生。通过直接刺激大脑，不仅可以诱发身体动作的执行，还可以诱发做出该动作冲动的意识体验。我们可以通过实验诱发意志的意识经验。

这里有一个例子。斯特凡·克莱默（Stéphane Kremer）和他在斯特拉斯堡大学医院的同事对一位女性癫痫疑难病患的特定脑区（腹侧前扣带回）进行刺激，以便在术前定位致痫区。在这一案例中，刺激导致了扫视两侧视野的快速眼动。病患开始搜寻她能抓到的最近的物体，而与受刺激一侧相对的手臂——她的左臂——开始向右侧游走。她报告说，有一种她无法控制的强烈的"抓取冲动"。只要她看到一个潜在的目标物体，左手就会朝它移动并抓住它。在意识经验的层次，这种不可遏制的抓取物体的冲动与她脑部的刺激同时开始，同时结束。这一点很清楚：无论意志的意识经验是什么，它似乎都是一种可以在大脑电极的小电流帮助下打开和关闭

---

[①] 论证细节请参阅 Blanke & Metzinger 2009。同样见于 T. Metzinger, Why are Dreams Interesting for Philosophers? The Example of Minimal Phenomenal Selfhood, plus an Agenda for Future Research, *Front. Psychol.* 4 (2013): 746。可在网络上免费获取：doi: 103389/fpsyg.2013.00746。一份篇幅更长的解释，请见"First-Order Embodiment, Second-Order Embodiment, Third-Order Embodiment: From Spatiotemporal Self-Location to Minimal Phenomenal Selfhood,"载于 Lawrence Shapiro (Hg.), *The Routledge Handbook of Embodied Cognition*, London (2014)。

的东西。①

不过，也有一些方式可以通过纯粹的心理学手段简洁地诱发能动性的经验。20世纪90年代，弗吉尼亚大学的心理学家丹尼尔·M.韦格纳（Daniel M. Wegner）和塔利亚·惠特利（Thalia Wheatley）借助一个巧妙的实验研究了意志的有意识的经验的充分必要条件。在一项他们称为"我，间谍"的研究中，他们让被试者经验到一个想法和行动之间的因果关联，设法在被试者身上引发他们有意做出的一个行动的感受，尽管这个行动其实是由别人做出的。②

每个被试者都与一个同伴配对，而同伴假冒另一名被试者。他们在一张桌子前相对而坐，被要求将指尖放在一个安装在计算机鼠标上的小方板上，使他们能够以占卜板的方式一起移动鼠标。在两人都能看到的计算机屏幕上，有一张儿童书中的照片，展示了大约50个物品（塑料恐龙、汽车、天鹅等）。

真正的被试者和同伴都戴着耳机，里面向他们解释这是一个旨在"研究人们对行为意图的感受以及这些感受如何产生和消失"的实验。他们被告知在计算机屏幕上移动鼠标30秒左右，同时聆听包含

---

① S. Kremer et al., Letter to the Editor, "The Cingulate Hidden Hand," *Jour. Neurology, Neurosurgery, and Psychiatry* 70 (2001): 264–265; 也可以参阅一个经典研究：I. Fried et al., "Functional Organization of Human Supplementary Motor Cortex Studied by Electrical Stimulation," *Jour. Neurosci.* 11 (1991): 3656–3666. 在这项研究中，受到不同强度电流刺激的被试报告了对正在进行的运动的错觉意识感知，或对运动的预期，或做出运动的"冲动"，所有这些都是"在公开的运动活动缺如的情况下"。

② D. M. Wegner & T. Wheatley, "Apparent Mental Causation: Sources of the Experience of Will," *Amer. Psychol.* 54, No.7 (1999): 480–492。

# 第四章
## 从属我性，到能动性，到自由意志

随机单词的独立音轨——其中一些词指的是屏幕上的一个或另一个物体——并伴随着 10 秒的音乐间隔。每条音轨上的歌词都不一样，但音乐的时间是一样的。当听到音乐时，他们要在几秒钟后将鼠标停在一个物体上，并"对他们作出的每次停顿进行个人意向性的评价"。然而，被试者有所不知，同伴完全没有听到任何词或音乐，而是接受实验者的指示去做出特定的移动。在二三十局中有四次被试者被告知将鼠标停在一个特定的物体上（每次都是一个不同的物体），这些强制的停顿在规定的音乐间隔内，并在被试者通过耳机听到相应的单词（例如"天鹅"）后的不同时间后做出。[①]

图 16　由幻觉产生的能动性

如何让被试者认为他们发起了一个他们从未打算的运动。图片蒙丹尼尔·韦格纳惠许。

---

① D.M. Wegner & T. Wheatley, "Apparent Mental Causation," *Amer. Psychol.* 54, No.7 (1999): 488.

从评分来看，被试者普遍倾向于将强制停顿感知为有意的。当相应的单词出现在停止前 1 到 5 秒之间时，评分最高。基于这些发现，韦格纳和惠特利表示，意志的现象经验或心灵因果关系受三个原则支配：**排他性**原则主张被试者的想法应当是唯一内省可得的行动原因；**一致性**原则主张主观意图应当与行为相一致；**优先性**原则主张思想应当"在时间上"先于行动。①

社会环境和作为能动者的长期经验当然有助于产生能动性的感觉。有人可能会怀疑能动性的感觉只是一种主观表象，是一种行为过后的重构物；不过，当今最好的意识认知神经科学表明，它也是一种**事前建构**（preconstruction）。② 将自己经验为一个意志的能动者与你大脑中所谓的内省监视的长程处理链关系很大。这一链条从某些可被描述为"组装运动指令"的准备过程引导你从感知你的运动中得到的反馈。伦敦大学学院的帕特里克·哈格德（Patrick Haggard），也是能动性和自我这个迷人亦有些吓人的新研究领域的领军人物，向我们证明了我们对运动的意识觉识并**不是**通过执行已下达的运动指令而产生的；相反，它是由大脑中的前运动区的准备过程形成的。各种实验都表明，我们对意图的觉识与想要做出的运动密切相关。当大脑模拟不同的可能性时——例如，去够一个特定的物体——对于意图的意识经验似乎与选择某个特定的运动直接相关。也就是说，对运动的觉识与

---

① D. M. Wegner & T. Wheatley, "Apparent Mental Causation," Amer. Psychol. 54, No.7 (1999): 483.
② 请看 P. Haggard, "Conscious Awareness of Intention and of Action," in Johannes Rössler & Naomi Eilan, eds., *Agency and Self-Awareness—Issues in Philosophy and Psychology* (Oxford, UK: Clarendon Press, 2003)。目前一篇不错的评论是：Patrick Haggard, "Human Volition: Towards a Neuroscience of Will," *Nat. Rev. Neurosci.* 9 (2008): 934–946。

# 第四章
## 从属我性，到能动性，到自由意志

实际执行的相关性不比与更早先的大脑阶段的相关性来得多：通过将不同部分装配成连贯的整体——所谓的运动完形（motor gestalt）——来准备运动的过程。

哈格德指出，对意图的觉识和对运动的觉识在概念上有所不同，但他猜测它们必定来自运动通路的单个处理阶段。看起来，我们对大脑中进行中运动处理的访问极其有限，觉识仅限于前运动活动的一个非常狭窄的窗口，即一个较长过程的中间阶段。如果哈格德是对的，那么能动性的感觉——**作为某个行动者的意识经验**——是将意图的觉识与一个人的实际运动的表征相联结的过程的结果。这也表明了对意图的主观觉识有什么好处：它可以侦测与在大脑之外的世界中发生的事件潜在的失配。

无论精确的技术细节是什么，我们现在开始看到能动性的意识经验的样态，以及如何解释其演化功能。意志和能动性的意识经验使有机体得以**拥有**其大脑中负责选择行动目标、构建特定运动模式和控制来自身体的反馈的亚个人过程。当这种能动性的感觉在人类中演进时，大脑中极其复杂的因果网络中的一些阶段被提升到全局可用的层次。现在我们可以关注它们、思考它们，甚至可能打断它们。第一次可以将自己体验为有目标的存在者，可以使用这些目标的内部表征来控制身体。第一次可以形成一幅关于我们自身的内部图像，以能够通过选择一条最优路线来满足某些需求。此外，将自己设想为自主能动者，得以发现我们环境中的其他存在者可能也是能动者，也有他们自己的目标。不过我必须暂时搁置对自我的社会维度的分析，而转向心灵哲学的一个经典问题：意志自由。

## 我们有多自由？

如前所述，关于意志自由的哲学谱系相当宽广，从直截了当的否认，到这样的论调：一切物理事件都是目标驱使的并由一个神圣能动者所导致，没有什么是随机发生的，万事万物最终都是被意愿的。最美好的想法或许是，自由与决定论能和平共存：如果大脑以**正确**的方式被因果地决定，如果大脑让我们在因果上敏感于道德考量和理性判断，那么这一事实就会使我们自由。决定论和自由意志是相容的。不过，我在此对自由意志不采取任何立场，因为我的兴趣在另外两点。我通过一个简单的问题来点出第一点：关于这一古老的论争，正在进行的对行动和意识意志之物理基础的科学研究会告诉我们什么？

或许该领域的大多数职业哲学家都会认为，给定身体、大脑状态以及具体环境，你不可能做出与你现在的行动不同的行动——你的行动是所谓预先设定的。想象一下，可以制造出你的完美复制品，一个功能上同一的双胞胎，他是你分子结构的精确拷贝。如果把双胞胎置于与你现在所处的完全相同的处境下，施加给他或她完全相同的感官刺激，那么起初双胞胎的行为不可能与你的行为方式不同。这是一个广泛分享的观点：这就是科学的世界观。物理宇宙的当下状态总是决定宇宙的下一个状态，而你的大脑是这个宇宙的一部分。①

---

① 不确定性确实存在于亚原子层次，但心灵不可能以某种方式通过不确定的量子过程潜入物理世界。（偶然性也不是我们想要的：从哲学上讲，大脑中的随机性会和完全决定一样糟糕。）自由意志的量子理论在经验上也是错误的：宇宙中其他地方可能有不同种类的大脑，但在人类大脑中，神经元的激发等是在宏观尺度上发生的。对于像37℃体温下的神经细胞这样巨大的物体来说，量子事件根本不起作用。

# 第四章
# 从属我性，到能动性，到自由意志

现象自我——人类自我模型的经验内容——显然不同意这种科学世界观，也不同意这一普遍分享的看法：与你功能上等同的分身（doppelganger）不可能做出其他不同的行动。如果严肃对待自己的现象学，我们会清楚经验到自己是**可以**突然发起新的因果链条的存在者——是在完全相同的处境下**可以**采取其他行动的存在者。现代心灵哲学和意志认知神经科学中令人不安的一点，即便在这个早期阶段也已经很明显：最终的理论可能与我们几千年来主观经验自己的方式相抵触。这会像是行动自我的科学观点与现象叙事（大脑告诉我们当我们决定去行动时会发生什么的主观故事）之间的冲突。

现在我们手头的一个理论解释了亚个人的大脑事件（例如，那些明确行动目标以及装配合适的运动指令的事件）如何成为意识自我内容。当某些处理阶段被提升到意识经验的层次并与大脑中激发的自我模式相绑定时，它们就可以为你所有的心灵能力所用。如此，你将它们经验为自己的思想、决定或行动的冲动——作为属于**你的**属性而属于你整个人。为什么这些突然出现在意识自我中的事件必然显得自发和无因的原因也很清楚。它们是跨越从无意识到有意识的大脑过程边界的第一个环节，你的印象是它们可谓"凭空而来"出现在你的脑海中。无意识的前驱物是不可见的，但这一环节确实存在。（最近，这已在有意识的否决中被证明，就像你在最后一瞬间中止了一个有意行动。①）但事实上，对意图的意识经验只是大脑中复

---

① 对自主动作的自主中断似乎主要是被前正中皮质中的无意识事件所决定的。请看 M. Brass & P. Haggard, "To Do or Not To Do: The Neural Signature of Self-Control," *J. Neurosci.* 27 (2007):9141–9145, 与 E. Filevich at al., "There Is No Free Won't: Antecedent Brain Activity Predicts Decisions to Inhibit," *PLoS ONE*, 8(2013): 2, e53053。（转下页）

杂过程的一个片段。而由于**这个**事实并没有向我们显现，我们便有了能够从心灵领域到物理领域自发发动因果链的坚实经验。这就是能动者的显现。（在这儿，对于说自我模型是透明的意味着什么我们也有了一个更深刻的理解。通常，可以说大脑对于它自己的运作也是盲然不觉的。）

心智科学现在正将这些隐藏的事实强有力地重新引入自我隧道中。我们头脑中的生物实在隧道和人类的神经科学形象之间会有冲突，许多人感到这种形象可能会对我们的心理健康构成危害。我们是否可以确定做出不同行动的能力与某人的心灵行动毫无关系？例如，理性思考或控制某人注意力的意图。若要这个假设为真，我们的自我模型恐怕得有个剧烈改变。我认为围绕着意志自由的公开论争所产生的恼怒和深深的怨恨感与摆在台面上的实际选择没什么关系。这些反应与一个（完全合理的）直觉有关：某些类型的答案不仅在情感上令人不安，最终也不可能整合进我们有意识的自我模型之中。这就是第一点。①

---

（接上页）更多近期关于"自主否定性"的概念，以及它之于神经技术的伦理学，和我们心灵自主性的概念的文献，可参见：T. Metzinger, "Two Principles for Robot Ethics," in: E. Hilgendorf & J.-P. Günther (eds.), *Robotik und Gesetzgebung, Baden-Baden* (2013), pp. 247–286, http://www.blogs.uni-mainz.de/fb05philosophieengl/files/2013/07/Metzinger_RG_2013_penultimate.pdf, and in T. Metzinger, "The Myth of Cognitive Agency: Subpersonal Thinking as a Cyclically Recurring loss of Mental Autonomy", *Front. Psychol.* 4 (2013): 619。可免费从网络获取：doi: 10.3389/fpsyg.2013.00931 and "M-Autonomy," *Journal of Consciousness Studies* 22, No.11-No.12 (2015): 270-302。

① 请看 T. Metzinger, "The Forbidden Fruit Intuition," *The Edge Annual Question—2006: What Is Your Dangerous Idea?* www.edge.org/q2006/q06_7.html#metzinger. Reprinted in J. Brockman, ed., *What Is Your Dangerous Idea? Todays's Leading Thinkers on the Unthinkable* (New York: HarperPerennial, 2007), pp. 153–155。

# 第四章
## 从属我性，到能动性，到自由意志

关于意志的现象学，多提一点：它的定义并不像你以为的那样好，比方说，颜色经验要更明确些。你可曾尝试过内省观察，当你决定抬起手臂然后手臂抬起时发生了什么？深层、细微的原因与结果的结构究竟是什么？你真的能观察到心灵事件是如何导致物理事件的吗？仔细看看！我的预测是，你看得越仔细，对你的决策过程内省得越透彻，你就越能意识到有意识的意图是难以捉摸的：你越是努力地去看它们，它们就越是退到背景中去。此外，我们倾向于谈自由意志，仿佛我们都共享着一种同样的主观经验。这并不完全正确：文化和传统对于我们描述这些经验的方式施加了一个强有力的影响。现象学本身很可能被它所塑造，因为自我模型也是连接我们的内在生活和围绕着我们的社会实践的窗口。自由意志并不只存在于我们的心灵之中，它也是一种社会建制。假定像自由能动者一样的东西存在，以及我们把彼此当作自主能动者的事实，是我们的法律系统和治理我们社会的规则的基本概念——建立在责任、问责和罪责的观念之上的规则。这些规则反映在现象自我模型的深层结构中，这种对规则的持续不断的反映，这种对关于我们自己的高阶假设的投射，创造了复杂的社会网络。如果有一天，我们必须讲述一个全然不同的关于人类意志是什么或不是什么的故事，这将以一种空前的方式影响我们的社会。例如，如果问责制和责任并不真正存在，那么为最终无法避免的事情而惩罚人们（而不是改造他们）则是毫无意义的。惩罚会因而显得像是一个石器时代的概念，是某种我们从动物那里继承的东西。当现代神经科学发现意志、欲望、慎思和执行行动的充分的神经相关物时，我们将能够通过对这些神经相关物的操作来引发、放大、熄灭和调控意志的意识体验。如下这点将变得很清楚：我们的行动、欲望和意图的实际原因往往与意识自我所告诉我们的东西关系不大。从科学的第三人称视角来看，我们强有力的自主性的内在经验会日渐显露出其本来的面目：只是一种表象。同时，我们将学会欣赏大自然的优雅与稳健，它只把那些有机体需要知道的东西建于实在隧道，而不是用有关大脑运作的大量信息来加重其负担。我们将把自由意志的主观经验视作一个精巧的神经计算工具。它不仅创造了一个内部的用户界面，使有机体得以控制和调整其行为，它还是社会互动和文化演化的必要条件。

接下来的这个思想实验将告诉我们现象意识和社会层面之间的特殊连结究竟有多重要。想象一下我们创造了一个机器人社会。它们将缺少传统意义上的意志自由，因为它们是在因果上已经被决定的自动机。但会有关于它们自己和它们环境中的其他自动机的意识模型，这些模型会让它们与他人互动，并控制它们自己的行为。想象一下我们现在在它们内部的自我和他人模型中增加两个特征：第一，相信它们（以及其他每个人）要对自己的行动负责的错误信念；第二，它们是代表群体利益，例如针对互惠、利他的互动的公平规则的"理想观察者"。这会改变什么呢？机器人会不会只因错误相信自己的意志自由而发展出新的因果属性？答案是肯定的；道德进犯将成为可能，因为一个全新的竞争层次会涌现——竞争谁最能满足集体的利益，谁会获得道德上的赞誉等。现在，你可以通过指责别人不道德或是一个玩弄手腕的伪君子来提高自己的社会地位。一个全新的优化行为的层次会涌现。给定合适的边界条件，我们实验性的机器人社会的复杂性会突然爆发，尽管其内部连贯性将得以保留。它现在可以开始在一个新的层次上演化了。归属道德责任的实践——即便是基于虚妄的现象自我模型——会产生一个决定性的且

# 第四章
## 从属我性，到能动性，到自由意志

非常真实的功能属性：集体利益将在每个机器人的行为中变得更加有效。自我中心的代价会提升。如果我们随后将其成员的自我模型降级到此前的版本——或许通过赋予洞察力的方式，实验性机器人社会又会发生什么？

最近在德国发生了一场关于意志自由的公开激辩，在我看来，这是一场失败的辩论，因为它造成的混淆多于澄清。下面是两个关于意志自由的最愚蠢论证中的第一个："可我**知道**我是自由的，因为我经验到自己是自由的！"好吧，你也经验到世界充满了带颜色的物体，而我们知道，在你眼前的只是各种波长的混合物。某些东西以某种特定方式在意识经验中向你显现，这并不是任何东西的论据。第二个论证是这样的："但这会有可怕的后果！因此，它**不可能**为真。"我当然也有这种担忧（想想机器人社会的思想实验），有多少人文科学的研究者不知道实证研究结果已经表明一个人对自由意志的信念若被削弱，将会降低其主动帮忙的意愿，导致蓄意欺骗的增加、自我控制力的降低、对自己的错误反应冷淡以及侵略性的增加等。这些客观存在的变化甚至可以经由实验来呈现，并且就发生在自主行动前置阶段的神经相关物中。[1]自我模型理论可以解释这个现象：有意识的认知自

---

[1] 对哲学感兴趣的读者，还有五篇重要研究可参考：R. F. Baumeister et al. "Prosocial Benefits of Feeling Free: Disbelief in Free Will Increases Aggression and Reduces Helpfulness," *Personality and Social Psychology Bulletin* 35, No.2 (2009): 260–268; D. Rigoni et al. "Inducing Disbelief in Free Will alters Brain Correlates of Preconscious motor Preparation the Brain Minds whether We Believe in Free Will or not," *Psychological Science* 22, No.5 (2011): 613–618; D. Rigoni et al. "Reducing self-control by weakening belief in free will," *Consciousness and Cognition* 21, No.3 (2012): 1482–1490; D. Rigoni et al. "When Errors Do Not Matter: Weakening Belief in Intentional Control Impairs Cognitive Reaction to Errors," *Cognition*, 127, No.2 (2013): 264–269; K. D. Vohs & J. W. Schooler, "The Value of Believing in Free Will Encouraging a Belief in Determinism Increases Cheating," *Psychological Science* 19, No.1 (2008): 49–54。

我模型深深地钳合在我们自己的无意识影像中，也正因如此，现象自我模型的改变——像是身心疾病——会对身体的内在状态和我们的外显行为造成直接和持续的影响。因此，如果向社会散播质疑自由意志存在的庸俗唯物主义，将导致反社会倾向以及更多冲动和鲁莽的行为，更会使得某人行动所造成的负面影响越来越被淡化，心理社会的风险也将毫无疑问地提高。但一项主张的真（truth）必须独立于其心理或政治的后果来评判。这是一个简单的逻辑和理智诚实的要点。不过，神经科学家也助长了这种混淆——而且有趣的是，这是因为他们常常低估了他们立场的激进本质。这是本节的第二个论点。

神经科学家喜欢谈论大脑中"行动目标""运动选择"的过程和"运动的明确"。作为一个哲学家（恕我直言），我必须说这也是概念上的无稽之谈。如果人们严肃地看待科学世界观，就没有目标这种东西存在，也没有人可以选择或明确一个行动。根本没有"选择"的过程，我们真正具有的只是动力学自组织。此外，发生在人脑中的信息处理甚至不是一种基于规则的处理。归根结底，它遵循的是物理定律。大脑最好被描述为一个复杂系统，不断地试图被安顿到一个稳定状态，从混沌中产生秩序。

根据科学纯粹物理的背景假设，宇宙中没有任何东西有内在的价值或其本身是一个目标，有的只是物理的对象和过程。这似乎是严格的还原论进路的要点——也正是像我们这样具有自我模型的生命无法让自己相信的地方。当然，生物有机体的大脑中可以有目标**表征**，但终究——如果神经科学认真看待其自身的背景假设的话——它们并不指涉任何东西。生存、适应、幸福和安全本身并不是真正意义上的价值或目标，显然，只有那些内在地将它们表征为目标的有机体存活了

## 第四章
## 从属我性，到能动性，到自由意志

下来。但是，谈论有机体或大脑的"目标"的趋势让神经科学家们忽视了自己的背景假设有多强。现在我们可以开始看到，即便是冷静的科学家有时也会低估神经科学和演化论的自然主义结合会有多么的激进；它可以把我们变成通过开始产生目标的**幻觉**而最大化其整体适应性的存在者。

我并不是说这是真实的故事、全部的故事抑或最终的故事。我只是指出，从神经科学的发现中可以看出这些发现与我们的意识自我模式有多么冲突。大脑中亚个人的自组织与我们说到"选择"时所意指的东西毫不相干。当然，由"目标"的内在图像所导致的复杂而灵活的行为仍然存在，也可以继续将这些行为称作"行动"。但即便行动在此意义上继续是图景中的一部分，我们也了解到**能动者**并不如此——也就是说，并没有实体在**做出**行动。①

对幻肢的研究帮助我们理解到，即便身体的某些部分不存在或从未存在过，它们也能在现象自我模型中被描绘。离体经验和全身错觉展示了最小自我感和"全局属我性"经验何以涌现。对异手综合征和意志自我之神经基础的简要考察，让我们知道了能动性的感受何以必然出现在有意识的大脑中，以及这一事实何以促成了复杂社会的形成。接下来，对于一个真正的经验主体涌现的条件，研究睡梦状态下的自我隧道将给予我们一个更深刻的洞察。梦境隧道是如何变成自我隧道的？

---

① 这在哲学史上不会是一个新思想。4世纪的佛教导师、印度大乘佛教发展中最重要的人物之一世亲（Vasubandhu）说："佛陀曾这样说过：'兄弟们啊！行动确实存在，其后果（功与过）也存在，但行动的人却不存在。没有人可以抛弃这组元素，也没有人可以承担这组元素的新元素。（没有个人存在），它只是赋予（一组）元素的一个约定俗成的名称。'"Appendix to the VIIIth chapter of Vasubandhu's Abhidarmakoça, §9: 100.b.7; 引用于 T. Stcherbatsky, "The Soul Theory of the Buddhists," *Bull. Acad. Sci. Russ.* 1(1919): 845。

第五章

# 哲学心航学：
# 从清醒梦中我们可以学到什么？

1986年5月6日夜，我开始有意识地意识到我正在睡觉，并且正从我的肉身中旋转出来，如同瑞士生化学家恩斯特·威提（见第三章）所描述的典型方式。以下是我的"案例研究"：

> 站在自己的床前，我突然意识到，我再次进入了离体经验状态，这还是两年来的第一次。在我的双重身体中那种清晰的、通电般的轻盈感令我兴奋且狂喜，我立即开始了实验。我朝父母家二楼阳台上那扇紧闭的玻璃门移动。我碰到了门，轻轻地推动它，直到我穿过它并滑出阳台。我飞降到花园，在草坪上着陆，在昏暗的月光下四处游走张望。又一次，整个经验清楚分明。
>
> 当我害怕这种状态维持不了多久了时，我又飞了起来，不知怎的回到了我的肉体中，醒来时交杂着巨大的骄傲和喜悦。我没能做出任何可证实的观察，但我又有了一次离体经验，以一种清楚的、

认知上清明的方式,完全受控并且没有任何中断。我坐起来,趁着一切都还新鲜的时候想做笔记,但却一支铅笔也找不着。

我跳下床,跑到我姐姐身边(她和我睡同一间房),把她叫醒,非常激动地告诉她,我**刚刚**又设法做成了,我**刚刚**在下面的花园里,一分钟前还在草坪上蹦蹦跳跳。我姐姐看着她的闹钟说:"喂,现在是两点四十五!为什么非得叫醒我?这不能等到早餐时再说吗?把灯关了快走!"她转过身又沉沉睡去。我对这种无动于衷有点沮丧。

我还注意到,当她摸索闹钟时,不小心把它打开了。它发出哔哔的声响,我希望这没吵醒醒任何人。太迟了!我听到有人正在靠近。

这时,我醒了。我并不在法兰克福的父母家的楼上,而是在自己的地下室房间,这房子远在 35 公里之外,是我和四个朋友合租的。现在也不是夜里两点四十五分,而是太阳当空,我刚刚显然是在午后小憩。足足有五分钟,我坐在自己的床边僵住了,一动也不敢动。我不确定**这个**处境有多真实。我不明白自己刚刚发生了什么。我不敢动,因为我怕自己会再次醒来进入另一个超现实的环境中。

在梦的研究中,这是被称作**假醒**(false awakening)的著名现象。我是真有了一次离体经验?还是说我只是做了一个离体经验的清醒梦?人们能否通过假醒从离体经验滑入一般的梦中?所有的离体经验首先都是种种形式的清醒梦?接连醒来两次足以粉碎你关于意识的许多理论直觉——例如意识经验的生动性、连贯性和鲜明性是你与实在接触的证据。显然,我们所说的"醒来"是某种可能在现象学时间中的任何一个时间点发生在你身上的事情。这是一个与哲学认识论高度相关的经验事实。你还记得第二章关于人类意识演化的讨论,以及仅

# 第五章
## 哲学心航学：从清醒梦中我们可以学到什么？

向我们显现的事物与客观事实之间的分野是如何成为我们生活实在中的一个要素的吗？现在我们可以看到，表象／实在的分野只在表象的层次上出现意味着什么：假醒证明了意识从未超出世界显现。这里不涉及确定性，甚至与你发现自己所处的意识经验的一般类别和状态无关。所以，你怎么知道你今天早上真的醒来了？你所经历的一切难道不可能只是一场梦？①

梦是有意识的，因为梦创造了世界显现，但正如在第二章中所说，梦是离线状态——自我与感官输入脱节且无法产生外显运动行为的意识经验的全局状态。梦境隧道不仅包含世界显现，（在大多数情况下）还创造了一个完全具身的、有广延的自我，在有广延的环境中四处移动。相比清醒的自我，如此诞生的虚拟自我在更强的意义上是一种全然内在的现象：它沉浸在一个密集的因果关系网中，而所有这些都在大脑内部。做梦者是有自我觉识的，但在功能上他们并不处于

---

① 当然，第二个问题是笛卡尔在第一沉思中发问过的一个，当时他意识到，他曾相信是确定的一切——包括他穿着冬衣坐在火边仔细检阅手中的文稿的印象——同样可能发生在梦中。使得梦境怀疑论的问题如此棘手的是，即便在感官感知的"最佳情境"中，显然也没有可靠的、万无一失的方法来区分清醒和做梦。根据梦境怀疑论，我们清醒生活中的一切经历都可能不过是一场梦，而我们甚至在原则上都无法带着确定性来判定这一问题。对梦境怀疑论问题的详尽讨论，请参阅，如 Barry Stroud, *The Significance of Philosophical Scepticism* (New York: Oxford University Press, 1984). 对于梦境状态中的现象和认识主体的状态，见 J. Windt & T. Metzinger, "The Philosophy of Dreaming and Self-Consciousness: What Happens to the Experiential Subject During the Dream State?" in Patrick McNamara & Deirdre Barrett, eds., *The New Science of Dreaming* (Westport, CT: Praeger, 2007). 见 http://eprints.assc.caltech.edu/200/01/Dreams.pdf。更多近期的讨论请参考 T. Metzinger, "Why are Dreams Interesting for Philosophers? The Example of Minimal Phenomenal Selfhood, plus an Agenda for Future Research," *Front. Psychol.* 4 (2013):746. 可免费在网络上获取：doi: 10.3389/fpsyg.2013.00746. 关于梦的现代哲学与认知科学，一本相当重要的入门读物，见 Jennifer Windt：*Dreaming*, (Cambridge, Mass. 2015).

**情境中**。梦是一种主观状态，这在于其有一个现象自我；然而与清醒时相比，这一意识自我与感知世界的视角非常不同，也更不稳定。

你可曾注意到，你在梦中无法控制注意力？高层注意力通常也是缺失的。由此，在你睡觉时，自我隧道中产生的梦境自我缺少我在上一章中描述的那种特定的现象性质：**注意力能动性**——将你内在手电筒的光束有意地、有选择地指向各种物体的意识经验。但注意力能动性不仅仅是"拉近"特定事物的能力，也不仅仅是将你的心灵指向你的世界模型的特定特征，它也蕴含属我性的感觉——在注意力转移之前对选择过程的据有。而这两个面向在梦境中都付之阙如。换言之，你就像是一个婴儿或一个烂醉的人。梦中的自我比清醒的自我要弱得多。

如果深究由做梦的自我所创造的那种特定的现象学，就会发现相当薄弱的意志和严重扭曲的思维过程。在一般的梦中，你有时根本无法将自己经验为任何种类的能动者。例如，很难做出决定并贯彻落实。而即便你能做到，通常也无法将能动性归因于自己。做梦的自我是一个混乱的思考者，在地点、时间和人们的身份上严重错乱。短期记忆严重受损且不可靠。此外，梦境自我很少会有诸如疼痛、温度、气味或味道等感觉经验。更有趣的是第一人称视角的极端不稳定性：注意力、思考和意志高度不稳定并且只断断续续地存在，而一般做梦的自我并不在意或者干脆注意不到。梦境自我就像病感失认症患者在大脑受伤后对缺陷丧失洞察。

与此同时，梦境自我创造了强烈的情绪体验——自我的某些面向在梦境隧道中比在清醒意识的隧道中明显更强烈。曾经有过梦魇经历的人都知道惊恐的感觉在梦中能有多强烈。在梦境状态中，异常激烈

# 第五章
## 哲学心航学：从清醒梦中我们可以学到什么？

的感受是情绪自我模型的特征，尽管并非所有情绪都是如此，例如，恐惧、兴高采烈和愤怒比起伤心、羞愧和罪恶感来说更占主导。①

梦境隧道偶尔使自我得以访问在清醒状态下无法获得的有关其自身的信息。尽管短期记忆普遍受损，长期记忆却可以大大增强。例如，有可能生动地重温儿时的片段——那些在清醒时永远无法触及的回忆。我们倾向于事后忘却这些，因为我们之中的大多数不善回忆梦境。但只要梦境存在，我们就有机会获得特定状态的种种形式的自我知识。

盲人有时能在梦中看见东西。海伦·凯勒（Hellen Keller）在十九个月大时失明失聪，她强调这些偶尔的视觉经验的重要性："抹除梦境，盲人就会失去他们主要的慰藉，因为在睡梦的视觉中，他们看到了对眼明心亮的信念，以及对光那超越了空荡、狭窄的夜晚的正当期待。"② 在一项研究中，裁判无法区分先天失明的被试者所创作的梦境画作与有视力的被试者的画作，二者的脑电图关联物也非常相似，这有力证明了他们在梦中能看——但他们真的能吗？③ 同样有趣的是，凯勒的梦境隧道中包含了与嗅觉和味觉相关联的现象性质，这在我们大多数人的梦境状态中是很少被经验到的。似乎正是因为她的清醒隧道失去了某些质性维度，她的梦境隧道才变得更加丰富。

---

① 见 J. A. Hobson et al., "Dreaming and the Brain: Toward a Cognitive Neuroscience of Conscious States," *Behavioral and Brain Sci.* 23 (2000): 793–842; 和 Antti Revonsuo, *Inner Presence: Consciousness as a Biological Phenomenon* (Cambridge, MA: MIT Press, 2006)。

② Helen Keller, *The World I Live In* (New York: New York Review Books, 2003).

③ H. Bertolo et al., "Visual Dream Content, Graphical Representation and EEG Alpha Activity in Congenitally Blind Subjects," *Cog. Brain Res.* 15 (2003): 277–284.

梦境隧道展示了意识经验在多大程度上是一种虚拟现实。它从内部模拟了一个行为空间，一个你可以从中行动的可能性空间。它模拟了真实生活的感觉印象。就如在第三章所讨论的，这正是现代虚拟现实的设计师所试图实现的（事实上，虚拟现实技术的最好的科学期刊之一就以《现身》〈*Presence*〉为名）。我们的生物祖先早就实现了这种在场感和完全沉浸的感觉。然而，由此产生的自我为梦境以及清醒生活创造了一个更强健的在场感。如果它没有这样做，或许我们今天就不会尝试创造虚拟现实，也不会研究人脑在自身内部实现这一奇迹的能力。

尽管梦境是行为空间，但它们与做梦的人类有机体的真实的行为空间并不因果地耦合。做梦者不是身体能动者，他们的行为是内在的、模拟的行为。脊髓运动神经元的抑制阻止了身体行为在梦中——快速眼动（REM）睡眠——的产生。这也是梦境自我与肉身分开的方式。当这种运动抑制失效时，就像在一种被称为快速眼动睡眠行为障碍（RBD）的疾病中那样，内部的梦境行为会在清醒的世界中上演。这常见于年过六旬的男性，快速眼动行为障碍与通常伴随着快速眼动睡眠的肌肉张力的丧失有关。罹患快速眼动行为障碍的病患，被迫展现戏剧性的且往往剧烈的梦。他们会呐喊或咕哝。他们可能试图勒死他们的床伴，放火烧床，跳出窗外，甚至开枪。[①] 他们之后很少或完全记不起这种身体活动——除非从床上掉下来或撞到家具或伤到自己

---

① 请见 C. H. Schenck, "Violent Moving Nightmares," www.parasomnias-rbd.com/; E. J. Olson et al., "Rapid Eye Movement Sleep Behaviour Disorder: Demographic, Clinical, and Laboratory Findings in 93 Cases," *Brain* 123(2000): 331–339; 和 C. H. Adler & M. J. Thorpy, "Sleep Issues in Parkinson's Disease," *Neurology* 64, Suppl. 3 (2005): 12–20。

# 第五章
## 哲学心航学:从清醒梦中我们可以学到什么?

或者别人而醒来。但他们通常能记起梦境本身,这些梦境通常涉及诸如打架、奔跑、追赶或被追赶、攻击或被攻击等身体活动。这些病患似乎也比健康被试者更经常地经验到暴力和侵犯性的梦境内容。显然,这是一种可能引发自伤和严重睡眠不足的危险状况。我们可以从中学到的是,在正常情况下,梦境身体是如何与肉身脱节的。一般而言,做梦者不是身体能动者,因为他们的行为是纯粹内在、模拟的行为。但是当运动抑制失效时,就像在快速眼动行为障碍中那样,内部的梦境行为就会由肉身产生。

普通梦境最有趣的特征,导致了对意识本性的一些更深的哲学思考。梦境隧道由一种非常特殊的配置生成:如前所述,快速眼动睡眠期间有一个负责让睡眠者瘫痪的输出阻断,还有一个(至少在一定程度上)阻止睡眠者环境中的感觉信号渗透到意识经验中的输入阻断。同时,混乱的内部信号是由所谓的PGO波产生的。它们是神经活动的电脉冲,以涉及的脑区命名(脑桥、下丘脑外侧膝状体和枕叶初级视觉皮层),不仅与眼球运动密切相关,而且与视觉信息的处理密切相关。[①]

当大脑试着理解和阐释这种混乱的内部信号模式时,它开始给自己讲一个童话故事,而梦中的自我扮演主角。有趣的地方在于梦境自我并不知道这是在做梦。它没有意识到它正在转化为内部叙事的信号是自我产生的刺激——用哲学行话来说,梦境状态的这一特征是一种"元认知缺陷"。梦境自我是错妄的,对它自己所产生的状态的性质缺乏洞察。

---

① 更多细节请看 Hobson et al., "Dreaming and the Brain" (2000)。

## 清醒梦

要提的自然问题是,是否有任何具有额外洞察力的梦,在其之中梦的自我模型已经变得如此强大和丰富,以至于使我们得以理解正在发生的事情。人们可以有意识地享受其自身内部的虚拟现实吗?可不可能在没有元认知缺陷的情况下做梦?答案是肯定的。你可以做这样的梦,在其中,不仅觉识到你正在做梦,还拥有对梦中生活和清醒生活的完整记忆以及在注意力、思想和行为层面上的能动性的现象性质。这样的梦被称为**清醒梦**。它们非常有趣——并不完全出于十足的戏剧乐趣,而是因为它们开启了研究意识经验现象的新方式。特别是,它们帮助我们理解自我模型的各个层次是如何构建并交织在梦境隧道中的。

荷兰的精神病学家弗雷德里克·凡·伊登(Frederik van Eeden),在1913年向心灵研究学会报告如下经验时,构造了"清醒梦"一词:

> 1898年1月……当时我能重复观察……我梦见我躺在花园里,在书房窗前,透过玻璃窗看见我家狗的双眼。我趴在地上热切地观察着这条狗。然而与此同时,我非常肯定地知道,我正在做梦,仰面躺在床上。然后我决心轻缓地、小心地醒来,观察我趴在地上的感觉会如何变化为躺在床上的感觉。于是我缓慢地、刻意地这样做了,而这种转变——后来我经历了许多次——是最美妙的。这就像从一个身体滑入另一个身体的感觉,而且明显有对这两个身体的**双重**回忆。我记得我在梦中的感觉——趴在地上;但回到现实生活,我也记得我的肉体一直在安静地躺着。这种对双重记忆的观察,我后来也有过很多

## 第五章
### 哲学心航学：从清醒梦中我们可以学到什么？

次。它是如此不容置喙，以至于它几乎不可避免地引向了梦境身体的概念。[1]

凡·伊登的"梦境身体"是梦境状态中的自我模型。清醒梦是迷人的，因为素朴实在论——我们对于自己在自我隧道中过活的浑然不觉——被暂时悬置了。因此，它们是解决在第二章我们游览隧道时我所称的实在问题的一个有前景的研究路径。清醒梦是对一个世界的全局模拟，在其之中我们突然觉识到它的确只是一个模拟。它是隧道，其居民开始意识到他或她其实一直在隧道中运转。

休·G. 卡拉威（Hugh G. Callaway）是一位英国的离体经验实验者，他以笔名奥利弗·福克斯（Oliver Fox）发表了对以下经典情节的记录，这发生在 1902 年，当时他还是南安普顿哈雷研究所的一名年轻理科学生：

> 我梦见我站在家门外的人行道上……正要进屋时，我漫不经心地瞥了一眼[人行道]上的石头，我的注意力被一个转瞬即逝的奇怪现象吸引，这太过反常，以至于我简直不敢相信自己的眼睛——它们似乎全在夜里改变了位置，石头的长边与路边是平行的！接着，答案闪现而出：虽然这个美好的夏日清晨似乎如假包换，但我是在**做梦**！随着对这一事实的认知，梦的性质发生了变化，这种变化很难向没有过这种经验的人传达。霎时间，生命之鲜活增色百倍。海洋、天空和树木闪耀着一种前所未有的迷人美感，即使是司空见惯的房

---

[1] F. van Eeden, "A Study of Dreams," *Proc. Soc. Psychical Res.* 26 (1913): 431–461.

屋也显得生机勃勃，神秘而美丽。我从未感受过如此绝对的美好，头脑如此清明，有一种无法形容的**自由**！这种感觉难以言喻地精致，但只持续了几分钟，我就醒了。①

也许你自己也做过清醒梦，这一现象并不罕见。如果没有，你可以尝试一些不同的诱导法。例如，你可以养成每天进行多次"现实检查"的习惯。每次现实检查要持续至少一分钟。这包括仔细检视你当下的内部和外部环境，看是否有任何迹象表明这可能不是日常的清醒现实。以下是一张检查表，有兴趣探索梦境隧道的读者可以用它作为一个指南。

- 所有的家具都以往常的方式摆放吗？
- 铺路石、瓷砖或地板上地毯的设计是否按照一如既往的纹路？
- 是否有物品或人突然出现并消失或者他们的身份改变了？
- 你是否知道你是谁、你在哪？
- 你能否记得今天是周几，以及你是什么时候起床的？
- 近期事件的短期记忆中是否有任何空白？
- 你的视觉注意力是否以通常的方式转移？
- 你是否正在进行非同寻常的肉身活动，例如飞行？
- 你是否不断尝试记起某件你所知道的很重要的事情，但却记不起是什么？

---

① Oliver Fox, *Astral Projection* (New Hyde Park, NY: University Books, 1962). 同样出现于 S. LaBerge & J. Gackenbach, "Lucid Dreaming," in Etzel Cardeña et al., eds., *Varieties of Anomalous Experience: Examining the Scientific Evidence* (Washington, DC: American Psychological Association, 2000)。

# 第五章
## 哲学心航学：从清醒梦中我们可以学到什么？

• 你当下的处境是否有隐喻或符号性的特征或者你是否有接近一个重要发现的感觉？

如果每天进行几次这种现实检查，你很有可能最终成为一个清醒的做梦者。纯粹由于习惯，有一天你会在梦中进行现实检查——而如果幸运的话，你会正确地意识到你在做梦。①

其他诱导清醒梦的方法甚至更有效。试着设一个清晨的闹钟，仔细写下你最后一个梦中发生的诸事件。起床活动一会儿，然后回床睡觉。在你入睡时，试着尽可能详细地排演最后那串梦中的事件。你会发现，你可以有意识地再次进入梦境并且全程保持清醒。②

作为一个一往无前的哲学心航者，我当然尝试过建造设备来进行这种探索，包括耳机和整晚每隔三十分钟发出"小心，这是个梦"的耳语的循环带。我还买了一台昂贵的清醒梦设备，叫做诺瓦梦仪（Nova Dreamer），它看起来有点像你有时看到人们在长途飞机飞行中戴的眼罩。当快速眼动发出梦境开始的信号时，诺瓦梦仪即被激活。几分钟后，它开始发出温和的潜意识视觉刺激，透过闭合的眼睑，你可以感知到这些柔和的、红色环形的闪光。它们旨在提醒你，你正在做梦，然而，它们更有可能被整合进你的梦境故事中。以下是我自己被入侵的一个梦：

> 我是一名宇航员。这一刻我已经等了好多年。我的朋友和我

---

① 请参阅 Paul Tholey, *Schöpferisch träumen* (Niedernhausen, Ger.: Falken Verlag, 1987)。
② 请见 Stephen LaBerge & Howard Rheingold, *Exploring the World of Lucid Dreaming* (New York: Ballantine, 1990)。

躺在太空舱里，混杂着焦虑和极大的兴奋等待起飞。在背后深处，我们能感到点火器的隆隆声和砰砰声被雷鸣般的轰鸣声淹没。接着，红灯开始在控制面板上到处闪动。突然间，所有可能的警报系统都被激活。有人说："一定是出了什么大问题！"我们感到飞船正缓缓倾向一侧，失去了垂直的姿势，同时背后的轰鸣声越来越响。

不幸的是，我从昂贵的清醒梦设备中得到的全是可怕的噩梦——还带着有趣的转折。在德国，警车的闪灯是蓝色的。而我从这个设备中得到的是美国噩梦，美国的警车追捕我并把我逼到角落，闪着红灯。每隔两年左右，我都会再试一次诺瓦梦仪，最近，它对我产生了不一样的效果。一天早上我醒来，设备不见了。如果我去找它，我发现它被某个陌生人扔到了卧室里。显然，我内心有一个人根本不想成为哲学心航者或第一人称现象学研究的严肃实践者——这个人只想睡觉。

所以，究竟什么是清醒梦？在清醒梦中，做梦者知道正在经历一场梦，且能够把这一属性归给自己。如果我们选用一个强定义，另外一个条件则是，她亦可取用她先前的梦境和清醒生活中的记忆。自传式记忆完好无损。做梦者不仅对过去清醒生活和普通梦境中的意识经验有完全的通达，还对此前经历过的清醒梦也是如此。心灵清晰度和认知洞察力的整体层次至少与正常清醒状态一样高。另一个明确的特征是，根据主观经验，所有五种感官的运转与在清醒状态下一样良好。最后，也许是最重要的一点，**能动性**的性质在清醒梦中得到了充分实现。从现象学上来看，清醒的做梦者知道她

# 第五章
## 哲学心航学：从清醒梦中我们可以学到什么？

的意志是自由的。她不仅可以将注意力的焦点指引到她喜欢的任何地方，还可以真的去做她想做的任何事情——飞行、穿墙或与梦中的人物交谈。清醒梦的主体不是一个迷失在一连串古怪事件中的被动受害者，而是一个完全的能动者，能够从各种可能的行动中作出选择。

对自己注意力的完全控制，是清醒梦区分普通梦的一个重要特征。对自己行动自由的洞悉，也是清醒梦的一个重要标准（不过这是一种洞察吗？）。在有时被称为**前清醒梦**的期间，我们时常觉识到这全都不是真实的，这必定是一场梦，但我们仍然是被动观察者。随着完全清醒的开始，做梦者通常从被动观察者转变成能动者——某个可以负责、四处走动、探索和实验的人，某个有意开始与梦境世界互动并塑造它的人。

在清醒梦研究中，我最喜欢的实验是斯坦福大学心理生理学家斯蒂芬·拉伯格（Stephen LaBerge）和他的同事在二十五年前进行的。① 它利用了有意识自我模型以一种迷人的方式牢牢固定在大脑中的这一事实：清醒的做梦者所报告的视线转移与他们在睡眠中被观察到的眼球运动之间存在直接、稳固的关系。在睡眠实验室中，这些眼球运动可以用测谎仪记录下来。梦境身体中梦体眼球的运动与肉身中肉体眼球的运动直接相关，这一事实被拉伯格用在一个特别巧妙的实验中。老练的被试者故意用实验前确定好的特定眼球信号，也即，通过快速上下活动眼睛来标示清醒梦的开始。两次这样

---

① 请看 S. LaBerge et al., "Lucid Dreaming Verified by Volitional Communication During REM Sleep," *Perceptual and Motor Skills* 52 (1981): 727–732; and S. LaBerge et al., "Psychophysiological Correlates of the Initiation of Lucid Dreaming," *Sleep Res.* 10 (1981): 149.

的眼球移动会告知实验者清醒梦的开始,四次则标示清醒。测谎仪分析显示,清醒的开始通常与快速眼动期的前两分钟相关,或与快速眼动期的短暂意识清醒间隔相关,或与快速眼动期的阶段性活动增强相关(特点是眼球运动的爆发,有时是运动抽搐和特定丘脑皮质网络的广泛同步活动)。① 简言之,当大脑皮质的总体唤醒水平出现短暂而突然的升高时,清醒似乎就会出现:所有的神经细胞都变得更加活跃,结果是突然有了更多的"算力"(即信息处理的能力)。就梦境本身而言,清醒似乎会导致生动性的提升,加剧恐惧或紧张,发现梦中世界的矛盾,当然还有觉识到实在的"梦幻般"或"不真实"性质的主观经验。

我喜欢这些实验,因为它们是跨隧道沟通的罕有例子。当睡眠实验室中的清醒梦者通过故意上下活动他或她梦中的眼睛发出眼睛信号,而清醒世界中的科学家从仪器上读取这些信号时,梦境隧道和清醒隧道之间的多用户链接就建立了。因为梦境身体做出的视线转移与肉身转移有功能上联系,而清醒梦者对这一事实有所觉识,一座连接两条隧道的桥梁遂得以建立。在这一实验设定中,来自一种有意识的实在隧道的信息可以被传送到另一种类型—— 一种由其他人类的大脑创造的类型——的隧道中去。

我们需要对清醒梦进行更多优质的经验研究。如下的假定是可

---

① 细节请看 P. Garfield, "Psychological Concomitants of the Lucid Dream State," *Sleep Res.* 4 (1975): 183; S. LaBerge, "Induction of Lucid Dreams," *Sleep Res.* 9 (1980): 138; S. LaBerge, "Lucid Dreaming as a Learnable Skill: A Case Study," *Perceptual and Motor Skills* 51 (1980):1039–1041; LaBerge & Rheingold, *Exploring the World of Lucid Dreaming* (1990); 和 G. S. Sparrow, "Effects of Meditation on Dreams," *Sundance Comm. Dream Jour.* 1 (1976): 48–49。

## 第五章
### 哲学心航学：从清醒梦中我们可以学到什么？

信的：清醒取决于前额叶皮质——对认知和社会行为的组织在这里发生，也是所谓的执行功能的所在之处——能在多大程度上与其他产生有意识的梦境自我的脑区形成一个稳固的功能联结。前额叶皮质被认为是按照内部的目标来安排思想和行动。它还与区分冲突的思想、计划、评估当前活动的未来后果、预测结果、产生预期等有关。

艾伦·霍布森（Allan Hobson）——马萨诸塞州心理健康中心的一名精神病学家和梦境研究者，著有《做梦的大脑》（*The Dreaming Brain*）——一度推测，清醒要出现，"通常失活的背外侧前额叶皮层（DLPFC）必须被再度激活，但不能强烈到压制传给它的脑桥信号的程度"[①]。这部分大脑可能允许我们通过进行反身思考来指涉自己。在清醒梦隧道中，这导致了执行控制的重新建立以及完全能动者重新涌现。如果霍布森是对的，我们有意识地想到"我的天，我正在做梦！"的时刻，可能就是梦境状态的自我模型与前额叶重新连接的时刻，这让真正的反身自我意识再次成为可能，并重建认知能动性。

我认为有件事情是格外令人欢欣鼓舞的，马丁·德雷斯勒（Martin Dresler）——一名年轻的德国哲学家暨心理学家——在这条路线上持续借助更高层次的实验技术作研究，他最大的贡献在于分离出梦境鲜活性的神经相关物。德国心理学家厄休拉·沃斯（Ursula Voss）现在

---

① Hobson et al., "Dreaming and the Brain" (2000): 837. 关于 DLPFC 跟反省思考 (reflective thoughts) 的细节，请看 A. Muzur et al., "The Prefrontal Cortex in Sleep," *Trends Cog. Sci.* 6 (2002): 475–481。

已经可以通过直接的电击刺激来触发清醒梦。①

这里有几个留待未来研究的问题：从普通梦到清醒梦的过渡中，有意识的自我究竟发生了什么？梦中的自我模型和清醒的自我模型之间有哪些细微的功能差异？可能会有某种像是"清醒睡醒"的东西吗？在假醒的过程中到底发生了什么？

如上所述，假醒可能发生在我们每个人身上。这也带来了另外一个经典的哲学问题——唯我论（solipsism，源自拉丁语 *solus*，独自；*ipse*，自我）的议题。我究竟如何才能驳斥我的心灵是我所知道的唯一存在的怀疑论假设？我如何才能排除外部世界，尤其是其他有意识的心灵无法被知晓且可能根本不存在的可能性？最后，这里有一个应用隧道认识论的小思想实验，由已故的德国梦境研究者保罗·托利（Paul Tholey）引入和说明：

> 我迅速回头看了一眼。跟着我的那个人看着不像是个正常的人类，他像巨人一样高，这让我想起 Rübezahl [德国传说中的山精]。

---

① 近期两个重要的研究为 M. Dresler et al., "Neural Correlates of Dream Lucidity Obtained from Contrasting Lucid versus Non-Lucid REM Sleep: A Combined EEG/fMRI Case Study," *Sleep* 35, No.7 (2012): 1017, 以及 U. Voss et al., "Lucid Dreaming: a State of Consciousness with Features of Both Waking and Non-Lucid Dreaming," *Sleep* 32, No.9 (2009): 1191。免费浏览可以参阅：Ursula Voss & Alan Hobson, "What is the State-of-the-Art on Lucid Dreaming?" In: Thomas K. Metzinger und Jennifer M. Windt (Hg.): Open MIND. Frankfurt am Main: MIND Group. http://open-mind.net/papers/what-is-the-state-of-the-art-on-lucid-dreaming-recent-advances-and-questions-for-future-research。一个近期全面综合的研究见于 J. M. *Windt, Dreaming*, (Cambridge, Mass., 2015)。参阅 M. Dresler, "Imaging Transitions in Consciousness," poster at the 13th conference of the Association for the scientific Study of Consciousness in Berlin 2009; M. Dresler et al., "Neural Correlates of Consciousness – Insights from Sleep Imaging," *Neuroforum* 15 (S1; 2009): T24–3C; M. Dresler at al., "Dream Imaging – How to Read the Sleeping Brain," *Journal of Sleep Research* 17 (S1 2008): P003。

## 第五章
### 哲学心航学：从清醒梦中我们可以学到什么？

现在我完全明白了，我正在经历一场梦，带着莫大的解脱感我继续逃命。接着，我突然想到，其实我不用非得逃，而是能够做些别的。我想起我在梦中与其他人交谈的计划。于是我停止了奔跑，转过身来，让追捕者接近我。然后我问他到底想要什么。他的回答是："我怎么知道？这毕竟是**你的**梦，况且，是**你**学的心理学，而不是我。"①

想象在梦境隧道中，你突然变得清醒，并发现自己在一个重要的跨学科会议上，梦境科学家和梦境哲学家们正在探讨意识的本质：

> 茶歇时，他们闲站着，他们之中的一个宣称，你并不真正存在，因为你只是清醒梦隧道中的一个梦中人物，一种纯粹的可能性。你笑着回应说："不，**你们**才都是我的梦中人物——只是我想象的产物。"这个回应引来了笑声，而你也注意到其他桌的同事也笑了，并把头转向你这边。"这些全都发生在**我的**大脑中！"你坚持道。"我有硬件，而你们全都只是这个模拟环境中被模拟出来的梦境角色，由我的中枢神经系统所拥有和创造。对我来说，很容易就……"说到这儿时，更多的笑声——哄堂大笑——打断了你。一位年轻的博士生开始傲慢地解释说，关于实在的本质——这个特定科学共同体所共享的基本假定：诸如大脑或肉体对象这样的东西根本不存在。存在的只是意识的**内容**。因而所有的现象自我都是平等的。不存在这样的个人"隧道"，其中一个自我模型表征了真正的经验主体，而所有其他的个人模型都只不过是梦中人物。

---

① Tholey, Schöpferisch träumen (1987): 97. 英文版由 T. Metzinger 翻译。

这个由梦境中的科学家共同体所发展的、作为他们的背景假设的奇怪哲学概念，被称为**取消的现象主义**（eliminative phenomenalism）。就如那位有点雄心勃勃的博士生所解释的："取消的现象主义是这样的论题：物理学和人的神经科学形象构成了一个根本错误理论，一个在原理和本体论上都错得如此根本以至于终将被一个关于纯粹意识的完备科学所取代，而非顺利被还原的理论。"据此，所有的实在都是现象实在。从这一实在中脱身的唯一方式，就是去建构一个宏伟（但根本错误的）假设：其实有一个外部世界，而你是这个现象实在中的主体——也就是经验者，其实有一个意识隧道（被他们讽刺地称为**虫洞**），而它是你**自己**的隧道。然而，接受这一信念，你会突然变得不真实，会变成某种甚至比梦中人物更不真实的人：一个**可能的人**——这正是你的对手在讨论开始时所声称的。

"听着，各位，"你用一个略显烦躁的声音说道，"我可证明给你们看，这是**我的**意识隧道，因为我可以在任何时刻终结这个状态，以及你们的存在。终止清醒梦的一个众所周知的技法就是把双手举到眼前，然后把视觉专注力锁定在这上面。如果我这样做，就会中断我肉身的快速眼动，从而结束我肉体大脑中的梦境状态。**我会从清醒隧道中醒来。你们**将不复存在。要我证明给你们看吗？"你注意到你的语气听起来很得意，但也注意到其他科学家和哲学家眼中的笑意变成了怜悯。那位自大的博士生再次脱口而出："但你难道不明白吗？仅仅重新陷入你所谓的'清醒'，并不能向任何人证明任何事情。你必须向**这个**科学共同体、在**这个**实在层次上证明你的本体论假设为真。你不能通过直接把自己降格为一个虚拟人并从**我**

# 第五章
## 哲学心航学:从清醒梦中我们可以学到什么?

们的层次上消失来决定这个问题。现在醒过来,你学不到任何新东西。你也根本证明不了什么——当然不能向我们,但也不能向你自己去证明。如果你想通过消失在你的清醒虫洞里来自取其辱,那就请便吧!但是,对意识研究和科学哲学理论的求索完全是另一码事!"

你会作何反应?如果没在这个当口作出正确决断,我可能永远也写不完这本书。不过,隧道认识论就先说这么多吧。

# 附录

### 做梦:与艾伦·霍布森对话

艾伦·霍布森是哈佛医学院精神病学教授,为了研究做梦的大脑基础,他成立了神经生理学实验室。

霍布森与罗伯特·麦卡利(Robert McCarley)博士共事,建立了交互作用模型,据此,快速眼动(REM)睡眠是由胆碱能脑干机制产生的;也建立了激活-合成理论,该理论将做梦视作大脑的自动激活和睡眠期间混沌内部信号合成的结果。在对人类睡眠实验室数据进行

广泛实验的过程中,霍布森发明了居家睡眠记录的"睡帽法",他和罗伯特·斯蒂德戈尔德(Robert Stickgold)利用这一方法来刻画全天的意识状态。霍布森和斯蒂德戈尔德还发展了一套新方法来研究睡眠对学习的影响。

最近,霍布森将他自己的想法和来自人睡眠的正电子发射断层成像(PET)和病变研究的新数据整合进了意识的状态依赖方面的一般模型。这个新模型被称为AIM,标示了三个向度:激活(A)、输入-输出门(I)和化学调控(M),借此界定了一个状态空间,大脑-心灵随着我们清醒、睡眠和做梦而在其中循环往复。

霍布森著述颇丰,包括《做梦的大脑》(*The Dreaming Brain,* 1989),《睡眠》(*Sleep,* 1995),《意识》(*Consciousness,* 1999),《做梦作为精神错乱:大脑如何变得失常》(*Dreaming as Delirium: How the Brain Goes Out of Its Mind,* 1999),《梦的药房》(*The Dream Drugstore,* 2001),《失常:陷入危机的神经病学》(*Out of Its Mind: Psychiatry in Crisis,* 2001),以及《弗洛伊德不曾做过的13场梦:新的心智科学》(*13 Dreams Freud Never Had: The New Mind Science,* 2004)。

**梅辛格:**与清醒和非快速眼动睡眠中的意识相比,睡眠状态中的意识究竟有什么特别的?

**霍布森:**梦中的意识比清醒时的意识更强烈、更专一、更精细,也更怪异。因此,它可被合理地视作大脑-心灵最自动创造的状态。它也是正常意识中最像精神病的状态。因为它的神经生物学是如此广为人知,其研究为我们提供了一个独特的科学契机,让我们更好了解健康和疾病状态下的自己。

# 第五章
## 哲学心航学:从清醒梦中我们可以学到什么?

**梅辛格:**那么,快速眼动睡眠和做梦之间究竟是什么关系?

**霍布森:**它们的关系是量上的,而非质上的。类似做梦的心理活动与睡眠开始(阶段 I)以及深夜睡眠(阶段 II)相关,但在夜间或白天的所有时间中,相关性在快速眼动时最高。至于实际的关系,我的假设是,做梦是我们对任何睡眠状态中的大脑激活的主观觉识。激活在快速眼动睡眠中最高。做梦也是。我认为做梦和快速眼动睡眠是对大脑-心灵的同一个基本过程的主观和客观的指涉。我是个彻头彻尾的一元论者。你呢?

**梅辛格:**确实,我一直喜欢斯宾诺莎、伯特兰·罗素(Bertrand Russell)、赫伯特·费格尔(Herbert Feigl)这些哲学家,他们都是中立一元论者,认为物理和心理状态之间的区分实际上是相当肤浅且颇为无趣的。对于我们哲学家而言,更重要的问题当然是,"从头到尾"**确切来讲**是什么意思。不过现在,你是那个必须回答困难问题的人!那么,你如何解释由脑干产生的混乱梦境内容和梦中较不随便且仿佛有意义的诸方面之间的关系?

**霍布森:**要小心,托马斯,不然你也会掉进"非此即彼"的陷阱,这个陷阱吞噬了我们那么多出类拔萃的同事。答案是"二者皆是"。快速眼动睡眠由脑干产生,而做梦则是脑干在快速眼动睡眠中激活前脑的主观经验。快速眼动的生成过程有很多混沌特征,前脑尽其所能将其整合成一个融贯的故事。但前脑也处在与清醒时有所不同的状态,这使得其工作更加困难。在困难的环境下前脑会尽力而为。你认为它做得好不好,取决于你认为杯子是半空还是半满。二者都是真的。

**梅辛格:**人脑的哪些部分对于做梦是绝对必要的?没有哪些部分

就不可能做梦？

**霍布森**：第二个问题有有助于回答的经验证据，不过第一个问题要有趣得多，也复杂得多。不幸的是，它无法得到科学的回答。

先看第二个问题。神经心理学家马克·索姆斯（Mark Solms）询问了三百余名中风患者，中风后有没有察觉到他们在做梦时有何变化。如果中风损伤到顶叶岛盖或额叶深层白质，患者就会报告说完全停止做梦。这些说法特别有趣，因为这同一些脑区在快速眼动睡眠的研究中被选择性地激活。另一个有趣的发现是，索姆斯在1940年代和1950年代的文献中发现了前额叶切除术后做梦停止的报告。

表面上，这些发现表明做梦取决于大脑在离线激活时整合情感和感觉数据的能力。不过，这当然完全没有回答第一个问题。许多其他的脑区可能对做梦同样重要。例如，视觉系统必须参与——而且，事实上，索姆斯的患者报告说，如果中风影响到枕叶皮质，他们的梦就会失去视觉图像。据推测，梦境的丧失就是诺曼·格施温德（Norman Geschwind）所称的断开综合征（Disconnection syndrome）的一个例子。换言之，受损脑区是大脑的十字路口，受损时，就会阻止大脑的其他部分正常互动。脑干的重要作用不太可能被这种技术所揭示，因为大到足以阻碍做梦的病变很可能是致命的或导致无反应的植物人状态。

梦境科学的这一进路有若干问题。首先是，对问题二的回答并没有回答问题一。例如，可以想象布洛卡区和韦尼克区可能对梦境的虚构性质相当重要，但如果患者失去了给出报告的能力，那么，这种可能性便无从检验。此外，指出这一点很重要：索姆斯的全部数据处理的都是梦境报告，这不能等同于做梦。事实上，我们大多数对自己的

# 第五章
## 哲学心航学：从清醒梦中我们可以学到什么？

梦境都几乎没有记忆。

在索姆斯的研究以及克里斯蒂亚诺·维奥拉尼（Cristiano Violani）、F. 多里奇（F. Dorrichi）、M. J. 法拉（M. J. Farah）和 M. S. 格林伯格（M. S. Greenberg）等人的早期研究中，都得出了关于顶叶岛盖的结论，只是没有花工夫去记录病人的睡眠或叫醒他们以套出梦境报告。这些对照都很重要且有待执行。应为索姆斯等因开启了梦的神经心理学研究而庆贺。我们期待从这一进路中获悉更多。眼下，我们所能说的只是做梦取决于许多脑区的选择性激活和失活，包括在受损时导致无法报告梦境的那些。

**梅辛格**：你觉得做梦的演化功能最有可能是什么，它最早是什么时候发展出来的？

**霍布森**：关于拥有一个能做梦的大脑在演化及功能上的优势，我既有保守的、也有推测性的看法。保守的立场是，没有证据表明做梦本身有任何目的性。也就是说，无论是在做梦时对梦的有意识觉识，还是睡醒后对这种觉识的回忆，都不像或被表明是有用的。我认为我们必须严肃对待欧文·弗拉纳根（Owen Flanagan）的提议：梦是睡眠的拱肩。[1]

最极端的论点认为，梦境意识是一种副现象，没有它，人和其他

---

[1] "拱肩"是一个隐喻，用来指代那些看起来像是适应环境后出现的器官或特征，但实际上只是一个意外伴随出现的结果。拱肩是哥特式建筑的天花板上用来支持屋顶之拱柱的侧面（位于它长方形基座跟曲线之间的区域）。在设计这样拱形或圆顶的时候不可能不使用到这种称作"拱肩"的三角形的墙面。这项建筑元素的隐喻也就是用来说明，某些生物性状可能也是延伸适应，也就是可以存在一些功能，但这些功能并不是原本演化而来的功能——而是一种创造性的挪用。*Proc. Royal Soc. London, Ser. B, Biol. Sci.* 205, No.1161 (1934–1990) : 581–598 (September 21, 1979)。

动物也一如既往。认为这可能为真,最有力的理由是我们对我们的梦境几乎完全失忆。如果梦境回忆是适应性的,我们肯定会有更多!但采取梦境是一种意识经验的立场,并不能否定对拥有一个能在睡眠中自我激活大脑的功能意义那种健康的、推测性的兴趣。这样一个大脑可以做很多事情。这包括已知的运动学习的增强、饮食和热量卡路里的调节,以及免疫功能的改善。我不需要意识到这些功能,即便它们对我生存和生殖上的成功至关重要。

在这里,我们来到了许多关键哲学问题的实质,包括对大脑活动和觉识的常见混淆。我们在清醒时的意识觉识是一个明显的适应性优势,但睡眠期间的意识觉识或许不是。**不记得梦的内容甚至可能是一个适应性优势。**听凭某些心理治疗师主张做梦是通往无意识的康庄大道,但仍然可以问:"谁想去那儿?"那些想去的人请自便,但我本人看不到梦的回忆和梦的阐释有什么适应性优势,尽管我自己也沉迷于这两项运动且怡然自得。

我个人的独特理论是:梦是一种形式非常独特的意识觉识,可被用来更好地理解,无论清醒还是睡眠时的大脑活动是如何引发意识的。正如杰拉尔德·埃德尔曼(Gerald Edelman)和朱利奥·托诺尼所指出的,要产生意识,巨大的丘脑皮质系统必须被激发。在清醒和睡眠中,该系统被脑干激发,但伴随激发的化学调控在两种状态中是截然不同的。其他结构,像边缘系统和脑干调节系统的作用也很重要,因为它们在激发意识的同时也为其"增色"。

人类和大多数其他哺乳动物有着可以在睡眠中自我激发的大脑,当环境条件不利于清醒行为时,例如寒冷和黑暗,正是这种能力,而非对其的觉识,对于演化成功的意义重大。

# 第五章
## 哲学心航学：从清醒梦中我们可以学到什么？

**梅辛格**：关于睡眠－清醒周期的种系发生表现，我们如今知道什么？它是如何在我们祖先身上产生的？这种表现与意识有何关系？

**霍布森**：答案是：我们已经知道不少了！细节就不展开讲了，可以有把握地说，一个发展完整的睡眠－清醒周期，带有非快速眼动睡眠和快速眼动睡眠的交替阶段，这是在恒温动物（即调节体温的哺乳动物和鸟类）身上保留下来的适应性。恒温和睡眠之间有什么适应性关系？答案又很简单。就算环境温度有剧烈波动，保持大脑温度的恒定保障了大脑功能在千变万化的环境背景下保持可靠。换言之，温度控制和大脑功能紧密相连而睡眠保障了这一联系。

至于意识的角度，我追随埃德尔曼，他提到初级意识——感知、情绪和记忆——和次级意识：对觉识和描述它的能力的觉识。次级意识依赖于语言和复杂的抽象概念，是人类所独有的。初级意识在哺乳类动物中相当普遍，甚至可能存在于某些亚哺乳动物的物种中。可惜，这些说法充其量是机智的猜测，因为没有非人类的动物能用语言交流其主观经验。动物权利活动家，就像生命权鼓吹者一样，声称许多非人类的和未成熟的动物在有限但重要的程度上是有意识的，这相当正确。如果要剥夺它们的生命或给它们带来痛苦，我们最好有一个强有力的道德理由。而我们的确有。那就是为了降低人类的痛苦。我是一个直言不讳的人类至上论者。正如我夺取动物和植物的生命来存活，我也借此提升生活的质量。

**梅辛格**：我们能否制造一台只做梦不醒的机器？有没有只睡觉但不享有清醒意识的动物？

**霍布森**：还是那样，第二部分的问题更容易回答。就我们有限的科学知识来说，就像我强调的那样，答案是否定的。如果动物能在睡

眠中激活它的大脑，它醒着时肯定也有这项能力。因此，有理由认为——不过也只是理由而已——拥有（必然有限的）梦境意识的动物在清醒时也享有意识。至于第一部分，做梦机器已经可以被设计出来，但有一个受到技术发展现状的限制会让这个程序瘫痪。这一限制是从传记数据库中生成语言陈述的问题。上次我请教语言专家罗杰·尚克（Roger Shank）时他告诉我，在AI（人工智能）拼图中，这至关重要的一块仍然缺失。正如纽约市立大学的约翰·安特罗伯斯（John Antrobus）表明的，激活感知和情绪模块并不构成问题，让它们对输入和输出做出反应或独立于输入和输出皆可做到。现在会被设计出来的做梦机器都会有一个清醒状态的操作模式，因为我们对这两种状态之间的异同以及它们如何产生的问题感兴趣。但开发一台只做梦的机器是理论上可能的。

据我们所知，演化没有产生出只会做梦的动物，这一事实表明，清醒和做梦的意识状态与大脑活动之间有意义和功能上的深层联系。正如我指出的，可以主张：大脑在离线时激活以使大脑在线时受益，反之亦然，而无需假定这两种状态下的意识觉识之间有因果关联。

**梅辛格**：与生物演化相对，文化演化确实给了梦境内容一席之地，但这一地位是否真的是适应性的，仍然值得追问。

**霍布森**：许多文化赋予梦境预言意义。所有这些预言家广泛分享的看法是，做梦是一种编码的信息，它来自重要的外在或内在能动者而且需要解码。这种解码被实践它的文化视为不仅有效，而且是重要的有意识的个人决定与政治决定的决定性因素。解梦的巫师帮助国王决定是否参战。现代的精神分析师是否也应该根据患者的梦来帮助个

# 第五章
## 哲学心航学：从清醒梦中我们可以学到什么？

人做决定，比如说，进一步追求一段关系？

这一进路的一个问题是，相信有一些只有梦才能揭示隐藏真理的宗教信仰。由此，一种神秘事物，即做梦，被用来解释另一个神秘事物，即作出决定。没有证据表明这种信念是合理的。正如阿道夫·格伦鲍姆（Adolf Grünbaum）在他对吻合论证（Tally Argument）的讨论中所表明的，顾客的满意不能用作预言断言——或解梦体系之真值的科学保证。

很有可能做梦揭示了一个人处理情绪的认知本领，但那在清醒时也不难分辨。精神分析学更强烈的主张——解梦揭示了认知和情绪之间的**隐秘**关联——并没有任何科学依据。

**梅辛格：** 我对普通梦和清醒梦之间的转化格外感兴趣。大脑产生清醒的充分必要条件是什么？背侧前额叶皮质的作用究竟是什么？

**霍布森：** 偶尔觉识到自己其实是在做梦，是现代梦境科学提供了极其有用的信息的细节。这样的洞察是可被培养出来的，使情节变得相当复杂。综合来看，这些数据表明睡眠中伴随着大脑激活的意识状态既是可塑的又是因果的。它是可塑的，因为自我反思的觉识偶尔会自发出现，而且随着练习，它的发生率——以及它的力量——都可以增加。它是因果的，因为清醒可被强化，以指挥梦中的场景变化，甚至指挥去醒来以及更好地记住和享受偶尔的梦境情节的控制。我对清醒的立场是，它**是**真实的，它**是**强有力的，它**是**提供有用信息的。

对于第三点，多亏了史蒂芬·拉伯格，我们已经知道，睡眠的清醒发生在快速眼动睡眠中，我们可以预测，在清醒的快速眼动睡梦中，背侧前额叶皮质（DLPFC）这个选择性失活的区域可能会再度激

活,从而使脑桥－视丘的梦境秀受到有意识的控制。我相信,这个可检验假说,包含了许多基本的神经生物和哲学问题的答案,例如大脑活动和意识,以及意识的因果性——自由意志的关系。①

如果像我预测的那样,背侧前额叶皮质的确在清醒梦期间再度激活,而脑桥－视丘的梦境秀继续上演,那么丹尼尔·丹尼特所嗤之以鼻的笛卡尔式剧场也就**确实**存在了。大脑的一部分——执行自我的位置——醒来并观看甚至指导梦境,通过激活脑桥、丘脑、皮质和外围系统,把梦境秀投放到意识的银幕上。羡慕吧,丹尼尔·丹尼特!

清醒梦状态的转瞬即逝和脆弱,也证明了它的似是而非和非适应性的本质。清醒梦也需要得到所有这些具有启示性的稀罕事都应有的关注。不幸的是,它不可能得到那种关注。其原因在于,实验难以进行,承保费用昂贵。这对认知神经科学中许多更琐碎的活动来说会是个阻碍,而清醒梦有一个坏名声,因为(a)许多科学家仍然不相信确有其事;(b)许多人不相信拉伯格关于其发生在快速眼动睡眠中的数据;(c)许多人都不会接近清醒梦的问题,因为他们害怕被贴上怪人或疯子的标签!托马斯·梅辛格,你应该很容易就能理解这种恐惧。

**梅辛格:** 是啊,我当然懂你说的是什么。正确的策略不会是宣告这些领域为禁区,而是以一种心态开放、不带偏见的科学理性去侵入它

---

① 在考虑大脑与意识的关系时,有三种主张来说明涌现现象。第一个主张是本体论上的物理主义:整个具体实在被物理学所阐述的基本粒子和这些粒子的聚合物勘尽。第二个主张是宏观性质的涌现:只要达到某种层次的结构复杂度,全新的宏观性质会从一组微观性质中涌现。第三,因为这些宏观性质是真实且有因果力的,因而这些宏观是无法被还原的:这个作为整体的性质会影响到作为部分的性质(下向因果)。宏观性质不能还原到微观性质,特别是它们无法以对这些微观性质的知识来得到预测。然而,心灵与身体之间的联系仍然具有规范性与关联性(心物桥接律)。

# 第五章
## 哲学心航学：从清醒梦中我们可以学到什么？

们。当然，背景中的问题是，如果想现实一点，我们也不得不承认，在方兴未艾的意识研究领域中并没有对追求自我知识本身感兴趣的哲学圣徒。它至少受到我有时称之为学术界的特氟隆涂层达尔文机器的强烈驱动——纯粹的个人职业兴趣。当然，科学家也是自维持、规避风险的自我机器。很遗憾，清醒梦研究的领域当前进展得并不很好。

**霍布森**：在我看来，必须要对主观性展开科学研究。依我看——这一看法并没有得到广泛认同，即便是你托马斯·梅辛格——我们需要在主观性的科学上下功夫。为了能够利用第一人称数据，我们要既谨小慎微又随机应变。必须从许多国家的许多个体那里收集关于意识经验的报告。这些报告必须被严格地量化，与之相关的状态也必须被客观化。大脑状态必须使用全套技术进行更全面的描述，包括人的正电子发射断层成像和磁共振成像，动物的细胞和分子探针，人的行为测试等。

谁会去做这些事情？据我所知，我是世界上唯一尝试过的人。我是带着应有的谦逊和真诚的自嘲来讲这话的。我为我的成就感到自豪，但我很容易理解这样的批评：我的工作是愚公移山。根本上讲，我所提倡的进路是为像罗杰·斯佩里（Roger Sperry）这样伟大的科学家和威廉·詹姆斯这样的伟大哲学家的涌现论假说服务的。这样的思想家少之又少。

更常见、回报也丰厚得多的，是那些深入挖掘去发现神经细胞之内和之间的分子部件的人。这样的发现着实奇妙，但它们永远无法导向对意识经验的理解。有趣的是，即便是像西格蒙德·弗洛伊德（Sigmund Freud）这样有名的同行也曾在这个倒霉的还原论范式下工作。我在这儿是在其通俗的意义上用"还原论"这个词，指的是取消

的唯物论。①

**梅辛格**:你为什么对哲学感兴趣?你想从人文学科的贡献中找到什么?

**霍布森**:我对哲学感兴趣,因为我相信哲学——和心理学、生理学一道——是试图弄清楚如何研究意识的认知神经科学的基础学科。我自己试着"做"哲学,但我需要帮助。这就是为什么我转向像你、欧文·弗拉纳根甚至是大卫·查默斯这样的人。通常,我从哲学家那里得到积极的回应。他们是真对我的努力感兴趣,而且慷慨地与我分享他们的洞见。你也不例外。

对于你问题的第二部分,我希望哲学家和其他人文学者意识到,对大脑-心灵状态的科学研究构成了我们漫长的智识史中的最大挑战和机遇之一,让我们更好地理解自己。这项事业中还有许多学科发挥的余地,其简单且广泛,且其志向远大。我的私人目标是带更多的同事赶上进度。我们需要所有能得到的帮助。我甚至相信大脑-心灵科学是人文学科中的一门。

**梅辛格**:那么,时至今日,心理分析还有任何意义吗?还是说它只是一些空话而已?你觉得索姆斯的论证如何?

**霍布森**:西格蒙德·弗洛伊德有百分之五十是对的,但百分之百是错的!马克·索姆斯也一样,不过基于不同的原因。弗洛伊德对梦以及做梦可以告诉我们有关人类心灵的事,尤其是其情绪方面感兴趣

---

① 取消的唯物论的想法是,心灵现象既不能被物理现象还原地解释,也不与物理现象在概念上等同,因为它们从来就不存在。心灵状态的存在不比鬼魂或女巫的存在来得真实多少,其元理论的论点乃是源自"过时的理论实体"——一个长久以来的假理论。而这个理论就是民众心理学。

是正确的。他的梦境理论现已过时，但它的错误仍然被像马克·索姆斯这样的精神分析学家所推崇。

这里有一张弗洛伊德式的假说和现代神经生物学提供的相应替代方案的清单：

**（1）诱发做梦**

弗洛伊德：释放无意识的愿望。

神经生物学：大脑在睡眠中的激活。

**（2）梦的特征**

（a）怪异性

弗洛伊德：无意识愿望的掩饰与审查。

神经生物学：混沌、自下而上的激活过程。

（b）强烈的情绪

弗洛伊德：无法解释！

神经生物学：边缘叶的选择性激活。

（c）记忆丧失

弗洛伊德：压抑。

神经生物学：胺能解调。

(d) 幻觉

弗洛伊德：向感性一面的回退。

神经生物学：快速眼动和 PGO 波的激活。

（e）妄想、自我反思觉识的丧失
弗洛伊德：自我的消解。
神经生物学：背侧前额叶皮质的选择性失活。

**（3）梦的功能**
弗洛伊德：睡眠的防卫。
神经生物学：副现象，但快速眼动睡眠通过增强体温调节和免疫功能，对于生命至关重要。

就像我们在美国所说的："你自己选的，自己负责！"我选择神经生物学。你呢？至于索姆斯，他不过是一个很聪明的精神分析学家，想让弗洛伊德死灰复燃罢了。他基于他重要的神经心理学工作的论证是薄弱的。他已经放弃了掩饰／审查，但想要实现愿望的复兴。尽管梦境确实常常代表了我们的欲望，但它们很少是真正无意识的，而且梦也代表我们的恐惧，这一事实弗洛伊德从来没能解释。所以索姆斯放弃了掩饰／审查且仅仅薄弱地定义了愿望实现之后，还剩下什么？所剩无几！

索姆斯攻击我关于做梦的激活－综合假说，因为快速眼动睡眠和做梦之间有可观察到的分离。我一再指出，快速眼动睡眠和做梦之间的关联是量上的，而非质上的。睡眠一开始，大脑便开始从清醒切换到快速眼动睡眠。这意味着做梦的概率在睡眠开始时就开始上升，甚至在深度非快速眼动睡眠中也持续存在，此时大脑的激活度仍为清醒水平的 80%，并在快速眼动睡眠中增加到峰值。

那么，我为什么说弗洛伊德和索姆斯有五成是对的呢？因为梦境并非全然无意义。它们确实在情绪和认知间做出了显著的质询。因此，从它们关于情绪以及如何影响思想和行为所告诉我们的来看，它们值得报告、讨论甚至阐释。但它们是直接而公开地这样做，而不是通过无意识中被禁止的愿望的符号变换。

好消息是，如果你想用梦境来探索你的情绪生活，你不用付钱，甚至不用离开屋子。你只需要保持专注、写日志，并反思来自你情绪大脑——边缘叶——的信息。如果你像我一样是个科学家，那么你还可以做更多。你可以用梦境和做梦来建立一个新的意识理论。

第六章

# 共情自我

你可曾看到过一个刚学会走路的小孩子,快步向他想要的东西跑去,然后被绊倒并摔了个跟头?小孩子抬起头,转过身寻找他的妈妈。他这样做时表情完全是空洞的,没有表现出任何种类的情绪反应。他看着妈妈的脸,想弄清楚发生了什么。这到底有多糟糕?该哭还是该笑?

学步儿童尚不具有自主的自我模型(尽管我们可能都没有真的具有一个独立于他者的自我模型)。在这样的小孩子身上,我们观察到一个关于我们自己的现象自我之本质的重要事实:就像有神经相关物一样,它也有社会关联物。学步儿童还不知道他应该作何感受,因此,为了定义他自己有意识的自我经验的情绪内容,他便看着妈妈的脸。他的自我模型尚不具备一个他可以关注,并注意到刚刚发生事情的严重性的稳定的情绪层。有趣的是,这里有两个生物体,就在几个月前,在分娩时被物理地分开之前,它们还是一个。他们的自我,他们的现象自我模型,在功能层次上仍然紧密联系着。当学步儿童注视着妈妈,开始如释重负地微笑时,他的现象自我模型中发生了骤然的转变。

突然间,他发现自己完全没有受伤,发生在他身上的只是个巨大的惊喜。一团迷惑被解开了:现在他知道自己**感受**如何了。

有些自我经验是孤立的存在者永远不可能具有的。自我模型的许多层次都需要社会关联物;不仅如此,它们常常是通过某种社会互动创造的。这样假设是合理的:如果一个儿童在其心理发展的某个关键阶段没有学会激活他情绪自我的相应部分,那么他成年后将无法拥有这些感受。只有在其他人的帮助下,我们才能进入现象状态空间中的某些区域。在更一般的意义上,某些种类的主观经验——人际关系、信任、友谊和自信——可能对我们每一员都或多或少可用。个体取用其情绪状态的程度各异。他们的共情能力,以及他们能够读解他人心灵的难易程度亦复如是。自我隧道在社会环境中发展,而这一环境的本质决定了一个自我隧道在多大程度上能与其他自我隧道共鸣。

迄今为止,我们只关心世界和自我如何在由大脑创造的隧道中显现。但**其他**的自我呢?具有别的目标的其他能动者、其他有思想的思考者、其他有感受的自我,是如何成为一个人所具有的内在现实的一部分的?也可以用哲学术语表述这个问题。在本书的开篇,我们问道,第一人称视角是如何在大脑中出现的。答案是通过创造自我隧道。现在我们可以问,那**第二人称视角**呢?或者说"我们"——第一人称复数的视角?有意识的大脑如何设法从"我"达到"你"和"我们"?我们环境中其他有生命的存在者的思想、目标、感受和需求构成了自身实在的一部分,因此,至关重要的是理解大脑如何能够表征和创造不仅是自我隧道的内向视角,还有一个包括多个自我和多重视角的世界。或许我们会发现,第一人称视角的大部分内容并不单单在大脑中出现,而是在一定程度上由我们从一开始就居于其中的社会环

# 第六章
# 共情自我

境所促成。

自我模型理论认为，智人的自我模型所独有的某些新的意识层次，使得从生物演化到文化演化的转变成为可能。这个过程始于大脑中的一个无意识、自动的层次，而它的根源则追溯到动物界。对于诸如像有意识地承认他人是理性主体和道德个人的独特的人类能力这样的高层次的社会现象，有一个演化连续性。我在第二章中指出，在观念史上，"意识"的概念与据有"良知"密切相关——"良知"是评估你的低阶心灵状态或你的行为之道德价值的高阶能力。为了成为这样一个道德能动者，你需要何种自我模型？答案可能与从第一人称单数视角的心灵表征进展到第一人称复数的有关，也与从心灵上表征某一特定行动对整个集体的好处（或风险）的能力有关。通过考虑你所属群体的一致性和稳定性，你成为一个道德能动者。这样一来，道德的演化可能与有机体从心灵上抽离出其个人利益的表征，并有意识地明确表征群体选择原则的能力有很大关系，即使这涉及自损行为。回想一下，关于意识即良心的美好的早期哲学理论是建立在你心中所安置的理想观察者上的。我相信人类的自我模型是成功的，因为它把**你的社会群体**作为理想观察者安置在你的心中，而且比其他灵长类动物大脑中的情况要强烈得多。这在全局群体控制和全局自我控制之间创建了一个密集的因果联结——一种新的所谓属我性。

这些现象的研究者将不得不研究黑猩猩和猕猴，研究鱼群和鸟群，甚至可能还要研究蚁群。他们还得研究婴儿模仿他们父母表情的方式。主体间性始于生物行为协调领域的深处、大脑的运动区域和自我的无意识层。主体间性锚定在体间性（intercorporality）中。

## 社会神经科学：规范性神经元和镜像神经元

通往人类意识的社会学和生物学进路历来被当作是相互敌对的，或至少是相互排斥的。但时至今日，在社会神经科学这门新学科中，假定可能需要进行多层次的整合分析，而基于大脑结构和功能的通用科学语言可以对此有所贡献。自我模型理论正试图发展出这种语言。

自 1980 年代以来人们就已知道，在猴子大脑腹侧运动前区被称为 F5 的区域中，有一类格外有趣的神经元。这些神经元是无意识自我模型的一部分，它们以高度抽象的方式为身体活动编码。帕尔马大学人类生理学教授贾科莫·里佐拉蒂（Giacomo Rizzolatti）是这一令人兴奋的研究领域的先驱，他使用"运动词汇"（motor vocabulary）这一概念，此概念由作为整体行动的复杂的内部图像构成。猴子的运动词汇中的单词可能是"够""抓""撕"或"拿"。这一发现的有趣之处是，大脑中有一个特定的区域以整体方式描述猴子以及我们自己的行动。这一描述包括了行动的目标和行动展开的时间模式。行动被描绘成能动者和行动的目标对象（比如一块水果）之间的**关系**。[①]

---

① 细节请参阅 G. Rizzolatti et al., "From Mirror Neurons to Imitation: Facts and Speculations," in Andrew N. Meltzoff & Wolfgang Prinz, eds., *The Imitative Mind: Development, Evolution, and Brain Bases* (Cambridge: Cambridge University Press, 2002) 和 G. Rizzolatti & M. Gentilucci, "Motor and Visual-Motor Functions of the Premotor Cortex," in Pasko Rakic & Wolf Singer, eds., *Neurobiology of Neocortex* (New York: John Wiley & Sons, 1988)。近期一份相当优秀的报告整理请参阅 Giacomo Rizzolatti & Corrado Sinigaglia, *Mirrors in the Brain: How Our Minds Share Actions and Emotions* (Oxford: Oxford University Press, 2008)。

## 第六章
## 共情自我

如今我们知道，人类也有某种类似的东西。从神经计算的视角看，这一系统在我们大脑中是有道理的：通过开发一套可能行动的内部词汇，我们把巨大的可能性空间简化到少数典型的身体动作。例如，这让我们在截然不同的情境中做出相同的抓取动作（回想一下第四章中的异手综合征）。

这些所谓的**规范性神经元**（canonical neurons）最迷人的特点之一是，它们也对我们环境中物体的视觉感知作出反应。大脑并不单单注意到一把椅子、一只茶杯、一颗苹果，它立即将被看到的物体表征为**我们可以用它做些什么**——作为一种可供性，可能行为的集合。这是某个我可以坐上去的东西，这是某个我可以拿在手里的东西，这是某个我可以扔的东西。当看见一个物体时，我们也无意识地畅游在一片可能行为之海。结果表明，感知和行动之间的传统哲学区分是人为的。在现实中，大脑采用一种共同的编码方式：我们感知到的一切都被自动描绘成自己与世界之间一种可能互动中的因素。一种新的媒介被创造出来，将行动和感知融合进一种全新的、统一的表征格式中。关于规范性神经元的第二个迷人的发现是，你也用它们来进行自我表征。运动词汇是无意识自我模型的一部分，因为它描述了一个人身体的目标导向的运动。因此，大脑中现象自我的无意识前驱在我们对周围世界的感知中扮演了至关重要和核心的角色。

20世纪90年代，研究人员发现了另外一群神经元。它们也是F5区的一部分，不仅在猴子进行物体导向的行动——例如抓花生时激发，还在当它们观察他者进行同类动作时激发。由于这些神经元响应的是他者做出的行动，它们便被称作**镜像神经元**（mirror neurons）。当另一个能动者被观察到以一种有目的方式使用物体时，它们便被激

发。因此，我们正在将我们从他人身上观察到的行为匹配到自己的内部运动词汇上。这个行动/观察匹配系统帮助我们理解某些仅凭感官器官永远理解不了的东西——环境中的其他存在者追求目标。我们用自己的无意识自我模型来设身处地为他人着想。我们运用自己的"运动观念"来理解他人的行动方法是通过将它们映射到我们自己的内部剧目中，通过自动触发一个这样的内在图像：如果我们的身体也像那样运动，**我们的**目标会是什么。① 当我们本能地去寻索别人的目的以及他们的心灵正在想什么时，理解另外一个人的意识经验，从自我隧道中迸发出来的主观感受，就是这些无意识过程的直接结果。②

因此，意识自我不仅是一扇朝向个人自我之内在运作的窗口，它也是一扇朝向社会世界的窗口。它是一扇双向的窗口：它将有机体不断用来表征彼此行为的无意识且自动的过程提升到一个全局可用的层次。这便是这些过程如何成为自我隧道的一部分，成为我们主观实在的一个元素。它们导致了我们对世界的内在模拟的极大扩展和充实。只要大脑不仅能够表征事件，还能表征行动——也就是其他存在者导致的目标导向的事件——我们就不再孤单。他者存在且自有其心灵。不止一个自我隧道存在于世界上，这一事实如今反映在我们自己的隧

---

① 镜像神经元系统偶尔也会出岔子。罹患一种罕见但广为人知的神经系统综合征——**回声障碍**（echopraxia）的病患，不可遏制地强行做出他们观察到的其他人类的任何行为。发生在这些病患身上的可能是，由于缺乏前额叶的抑制，镜像神经元系统无意中与运动系统耦合。你的镜像神经元上线了，失去了作为纯粹离线模拟器的正常状态。因此，你确实是被你看到的其他人做出的行动所驱动。

② 参阅 V. Gallese & A. Goldman, "Mirror Neurons and the Simulation Theory of Mind-Reading," *Trends Cog. Sci.* 2 (1998): 493–501; M. Iacoboni et al., "Cortical Mechanisms of Imitation," *Science* 268 (1999): 2526–2528; 和 V. Gallese, "The 'Shared Manifold' Hypothesis: From Mirror Neurons to Empathy," *Jour. Consciousness Studies* 8 (2001): 33–50。

# 第六章
# 共情自我

道中。我们可以发展意识－行动本体论，可以通过与他人分享来使用它。①

使用各种神经成像技术的大量证据表明，镜像神经元系统不仅存在于猴子身上，也存在于人类身上。然而，人类的系统似乎更加普遍且不依赖具体反应器－对象的互动，因此，它可以表征比猴子多得多的各种行动。尤其是，研究人员现已发现，镜像神经元系统似乎对情绪、疼痛以及其他身体感觉达到类似的效果。② 例如，当人类被试者看到悲伤面孔的图像时，他们随即倾向于认定自己比之前更悲伤——而在看到快乐面孔之后，也倾向于认定自己更快乐了。汇集的经验数据表明，当观察其他人表达情绪时，我们在同一些神经网络——当我们自己感受或表达这些情绪时会激发——的帮助下模拟他们。例如，当被试者闻到恶心的气味时，岛叶皮层的某些区域会激发，而当我们看到另一个人脸上的厌恶表情时，同样的区域会激发。无论是我们自己经验还是在另一个个体身上观察到，对厌恶的情绪状态的共同表征都会在大脑中激发。对于恐惧，类似的观察见于杏仁核。③ 注意到这一点很有趣：我们对另一个人的某种特定感受的能力的辨别力，可以通过阻断镜像神经元系统的相关部位来弱化或关闭。例如，普遍认为

---

① 参阅 T. Metzinger & V. Gallese, "The Emergence of a Shared Action Ontology: Building Blocks for a Theory," in G. Knoblich et al., eds., *Self and Action. Special issue of Consciousness & Cognition* 12, No.4 (2003): 549–571。

② V. Gallese, "Intentional Attunement: A Neurophysiological Perspective on Social Cognition and Its Disruption in Autism," *Brain Res.* 1079 (2006): 15–24; F. de Vignemont & T. Singer, "The Empathic Brain: How, When, and Why?" *Trends Cog. Sci.* 10 (2006): 435–441.

③ L. Carr et al., "Neural Mechanisms of Empathy in Humans: A Relay from Neural Systems for Imitation to Limbic Areas," *Proc. Nat. Acad. Sci. USA* 100, No.9 (2003): 5497–5502; 同样见于 A. Goldman & C. S. Sripada, "Simulationist Models of Face-Based Emotion Recognition," *Cognition* 94 (2005): 193–213.

基底神经节的腹侧纹状体的某些区域对于辨认愤怒是必要的，该区域受伤的病患在识别他人发出的敌对讯号上表现出障碍。如果用药物（通过干扰多巴胺代谢）阻断这些区域，被试者还能辨认其他情绪却不再能够辨认愤怒。[1] 类似的观察也见于疼痛。近期的 fMRI（功能性核磁共振成像）实验表明，当我们经受疼痛时，前扣带回和内岛叶皮质就会被激发，而且当我们观察到其他人经受疼痛时也是如此。[2] 有趣的是，只有痛觉系统的情绪部分被激发，与疼痛的纯粹感觉方面相关的部分却没有。这完全是有道理的，因为感觉方面恰恰是我们无法与他人共享的：我们无法分享刺痛、抽痛或灼烧的疼痛的感觉性质，但可以与它导致的情绪产生共鸣。

其他神经成像实验也证明了其他身体感觉也存在类似的原则。当被试者观察到其他人被触碰以及当他们自己被触碰时，某些高级的体感皮质会被激发。同样，与初级体感皮质的激发相关的直接感觉性质无法被共享，但无论是我们被触碰还是观察到某个人被触碰，身体自我的一个更高层次却都是激发的。似乎有一个统合这些新的经验发现的基底原则：自我模型的某些层面发挥了通向社会领域的桥梁作用，因为它们可以将正发生在我们身上的事情的抽象的内部描述直接映射到正发生在别人身上的事情上。

---

[1] A. D. Lawrence et al., "Selective Disruption of the Recognition of Facial Expressions of Anger," *NeuroReport* 13, No.6 (2002): 881–884.

[2] I. Morrison et al., "Vicarious Responses to Pain in Anterior Cingulate Cortex: Is Empathy a Multisensory Issue?" *Cog. Affec. & Behav. Neuroscience* 4 (2004): 270–278; P. L. Jackson et al., "How Do We Perceive the Pain of Others: A Window into the Neural Processes Involved in Empathy," *NeuroImage* 24 (2005): 771–779; M. Botvinick et al., "Viewing Facial Expressions of Pain Engages Cortical Areas Involved in the Direct Experience of Pain," *NeuroImage* 25 (2005): 315–319.

# 第六章
# 共情自我

当然，主体间性不仅关乎身体和情绪。思维也有一席之地。基于理性的共情似乎还涉及大脑的其他部分——具体来说，就是腹内侧前额叶皮层。不过，镜像神经元的发现帮助我们理解共情是一个自然现象，是在生物演化的过程中一步步取得的。首先，我们建立自我模型，因为我们要整合感官感知和身体行为。接着，自我模型变得有意识，现象自我模型在自我隧道中诞生，让我们以一种更有选择性且更灵活的方式达到对身体的全局控制。这是从作为一个整体具有并使用其自身内在图像的具身自然系统，迸发到此外有意识经验到这一事实的系统的步骤。① 下一个演化步骤，便是里佐拉蒂在帕尔马的同事也是该领域的领军人物维托里奥·加莱塞所说的**具身模拟**（embodied simulation）。② 为了理解其他人的感受和目标，我们在大脑中使用自己的身体模型来模拟它们。

正如新近的神经科学的发现所示，这一过程也跨越了无意识和有意识的边界。在这一持续的镜映活动中有相当一部分发生在自我隧道之外，因此我们对其没有主观经验。不过，当我们时不时地刻意关注

---

① 这一步被我称为从二阶具身性到三阶具身性。为了避免"具身性"一词被滥用，我需要引入"一阶具身性"（智性行动自下而上的自我组织，尽可能地避免外显计算 [explicit computation] 和只依赖系统的物理性质）、"二阶具身性"（运用作为一个整体的身体的整合表征所产生的智性行动，自我的内在表征是具身的），以及"三阶具身性"（将二阶具身性提升到全局可用的层次，也就是具身的意识经验）的概念。简介详见：Scholarpedia 2, No.10 (2007): 4174. at www.scholarpedia.org/article/Self_Models。完整的解释请参阅："First-Order Embodiment, Second-Order Embodiment, Third-Order Embodiment: From Spatiotemporal Self-Location to Minimal Phenomenal Selfhood, " in: Lawrence Shapiro (ed.), *The Routledge Handbook of Embodied Cognition*, London (2014).

② V. Gallese, "Embodied Simulation: From Neurons to Phenomenal Experience," *Phen. Cog. Sci.* 4 (2005): 23–38.

其他人或分析社会情境时，有意识的自我模型又会参与其中，尤其是，如前所述，我们能以某种方式直接理解、几乎是感知到别人正在做什么。通常，我们"只是知道"他人行动的目的以及他可能的情绪状态是什么。[①] 我们使用相同的内在资源让我们觉识到自己的目标状态，去自动发现其他人本身也是目标导向的实体，而不只是其他会动的物体。我们可以将他们经验为自我，因为我们将自己经验为自我。每当成功达成社会理解和共情时，我们就共享一个共同的表征：在两个不同的自我隧道中有同一个目标状态。社会认知现如今在经验神经科学中已可在单细胞记录的层次上操作——不仅向我们展示了自我隧道彼此之间是如何开始共鸣的，也展示了有自我意识的有机体之间复杂的合作和交流是如何能够演化的，是如何为文化演化打下基础的。

我的想法是，社会认知基于有时被称为**扩展适应**（exaptation）的东西。适应导向了大脑中整合的身体模型和现象自我模型。然后，现有的神经回路被"扩展以适应"另一种形式的智能：它突然间被证明为在处理一组不同的问题时是有用的。这一过程始于低阶的运动共振（motor resonance），然后，二阶和三阶的具身性[②]导向了作为发展社会智能的全新工具的具身模拟。像演化中的其他所有事物一样，这个过程是由偶然性驱使的。其背后没有目的，但是它最终引领我们来到了如今的光景——栖居着试图理解这一过程的有意识的能动者，他们形

---

[①] 加莱塞将这种特殊的现象状态称作"意图共鸣"（intentional attunement）——一种特殊的经验性的对其他个体的熟悉感的性质，由于我们隐含地将他们的意图与我们自己大脑中形成这样的意图时的过程相匹配而产生。

[②] 参阅 T. Metzinger, "Self Models," *Scholarpedia* 2, No.10 (2007): 4174. at www.scholarpedia.org/article/Self_Models; and Metzinger, "Empirical Perspectives from the Self-Model Theory of Subjectivity," *Progress in Brain Res.* 168 (2008): 215–246。

# 第六章
## 共情自我

成了智能的、科学的共同体。

新出现的整体图景鼓舞人心：我们不停歇地游走在体间性的无意识海洋中，借助现象自我的各种无意识组件和前驱永远彼此映照。早在有意识的、高层次的社会理解出现之前，早在语言演化、哲学家们发展出一套关于一个人承认另一个他者是一个人以及一个理性个体需要具备什么条件的复杂理论之前，我们就已经沐浴在隐含的、身体的主体间性之中了。过去几乎没有伟大的社会哲学家会想到社会认知与前运动皮质有关系以及"运动观念"在社会理解的涌现中起到如此重要的作用。谁会意料到，共享的思想会依赖于共享的"运动表征"呢？抑或对于社会意识的发展来说是必要的那些人类自我模型的功能面向是非概念性的、前理性且前理论的？这些想法在19世纪末、20世纪前半叶才初露端倪，当时实验心理学中有许多更好地理解所谓意念运动现象（ideomotor phenomena）的尝试。[①] 哲学家特奥多尔·李普斯（Theodor Lipps）在1903年写到关于共情（*Einfühlung*）的文章——"在对象中感受到自己"的能力。他也论及了"内部模仿"和"有机感受"。对他来说，共情的对象不仅可以是我们从其他人身上感知到的动作和姿势，还可以是艺术、建筑甚至视错觉的对象。他认为审美愉悦是"对象化的"——"对象是自我，从而也是自我对象"[②]。社会心理学家数十年前开始讨论诸如"虚拟的身体移动"和"运动模仿"或"运

---

[①] 参阅 W. B. Carpenter, *Principles of Mental Physiology* (London: Routledge, 1875). 关于一个评估参见 H. Richter, "Zum Problem der ideomotorischen Phänomene," *Zeit. für Psychologie* 71 (1957): 161–254。

[②] T. Lipps, "Einfühlung, innere Nachahmung und Organempfindung," *Arch. der Psychologie* 1 (1903): 185–204.

动感染"等概念。

从哲学的视角看,镜像神经元的发现是振奋人心的,因为它让我们知道运动基元何以被用作语义基元:也就是**意义**如何在能动者之间传达的。多亏了镜像神经元,我们可以有意识地经验到另一个人的移动是有意义的。或许语言的演化前身不是动物的叫声,而是手势沟通。① 意义的传输最初可能是从无意识的身体自我模型和灵长类祖先中基于基本手势的运动能动性中发展而来。声音可能只是后来才与手势(或许还有本已承载意义的面部动作——诸如怒目而视、龇牙咧嘴或眉开眼笑)关联起来。直到今天,对另一个人抓取某个物体的无声观察可被直接理解,因为没有符号或思想介入,它激起了大脑中顶叶-额叶镜像系统中相同的运动表征。就像帕尔马大学神经科学系的里佐拉蒂教授和马达莱娜·法布里·底斯托(Maddalena Fabbri Destro)博士说的:"在语言演化的起始阶段,镜像机制解决了两个根本性的交流问题——对等和直接理解。多亏了镜像神经元,消息中对于发送方有价值的东西对于接收方也有价值。不需要任意的符号。理解已经内秉于两个个体的神经组织中。"②

这样的想法不仅赋予"掌握"和"从心里掌握另一个人类的意图"一个崭新且丰富的意义,更重要的是,也赋予了去掌握一个**概念**这一概念——人类思想本身的本质——崭新且丰富的意义。它可能与

---

① 参阅 G. Rizzolatti & Laila Craighero, "The Mirror-Neuron System," *Ann. Rev. Neurosci.* 27 (2004): 169–192; 经典的文献是 Rizzolatti & M. A. Arbib, "Language Within Our Grasp," *Trends Neurosci.* 21 (1998): 188–194. For a brief first overview, see Rizzolatti & Destro, "Mirror Neurons," *Scholarpedia* 3, No.1 (2008): 2055。

② 参阅 Rizzolatti & Destro, "Mirror Neurons"; www.scholarpedia.org/artical/Mirror_neurons。

## 第六章
## 共情自我

在你心里模拟手的动作有关，不过是以一种更加抽象的方式。人类知道这一点显然已有数世纪之久了，直觉上："概念"一词来自拉丁语 *conceptum*，意思是"设想出某事"，就像我们现代所说的"去设想某事"是源于拉丁语动词 *concipere*——"收入并拿住"。早在 1340 年，这个词就出现了第二个含义："收入心中"。令人惊讶的是，布洛卡区——人脑中涉及语言处理、说话或手势的产生以及理解的区域——有对人手的表征。许多研究都已表明，手/臂的手势和嘴巴的动作是由共同的神经基质联结起来的。例如，抓握的动作会影响发音——不仅在它们执行时也在它们被观察时。手势和口型在人类身上是直接关联的这一点也已被证明，我们为了说话而产生的口－喉动作模式是这一联结的一部分。

布洛卡区也是人类演化中语言发展的一个里程碑，所以看到它也包含手部动作的运动表征着实引人入胜，这可能是从手势的"身体语义"和身体自我模型通往语言语义——与声音、言语生成以及在认知自我模型，即思考的自我中表达的抽象意义相关联——的桥梁的一部分。能人（*Homo habilis*）的化石中存在布洛卡区，而这些早期原始人的假定的祖先则没有。由此，可想而知，镜像机制是语言演化的基本机制。通过提供观察到的行动的运动副本，它使我们从其他人的心灵中抽取出行动目标——而后将抽象意义从一个自我隧道发送到下一个。

镜像神经元的故事之所以吸引人，不仅因为它连接了神经科学和人文学科，也因为它给大量更简单的社会现象以启发。你可曾观察过哈欠是如何传染的？你可曾发现自己开始跟着其他人一起大笑，即便你并不真正理解那个笑话？镜像神经元故事让我们知道，动物群体——鱼群和鸟群——如何极快且精准地协调它们的行为；它们通过某种可被称为低层次共振机制的东西联结起来。镜像神经元有助于我们理解，为什么父母在喂食婴儿时也会不由自主地张开嘴巴，群体恐慌期间发生了什么，以及为什么有时很难脱离群众成为一个英雄。神经科学促成了人类的面貌：我们都在一个主体间的意义空间中相连——维托里奥·加莱塞称之为"共享的杂多"（shared manifold）。[①]

# 附录

**共享的杂多：与维托里奥·加莱塞的对谈**

维托里奥·加莱塞是意大利帕尔马大学神经科学系的人类生理学教授。作为一名认知神经科学家，他的研究兴趣专注在使用各种神经生理学和神经成像技术来研究灵长类（人类和非人类）的感觉-运动系统和认知之间的关系。他的主要贡献之一是与帕尔马大学的同事发现了镜像神经元，并阐发了社会认知诸基本方面的理论模型。他正与心理学家、心理语言学家和哲学家们合作，开发一条理解主体间性和社会认知的跨学科进路。2002年，他在加利福尼亚大学伯克利分校任乔治·米勒（George Miller）访问教授。2007年，他因发现镜像神经元而获得格文美尔心理学奖（Grawemeyer Award for Psychology）。他在国际期刊上发表了70多篇论文，是《镜像神经元与脑及语言的演化》（*Mirror Neurons and the Evolution of Brain and Language*, 2002）的共同

---

① 参阅 Gallese, *The 'Shared Manifold' Hypothesis* (2001), 关于进一步讨论参见本章"附录"部分。

# 第六章
# 共情自我

主编(与马克西姆·I.斯塔梅诺夫〈Maxim I. Stamenov〉合编)。

**梅辛格**:维托里奥,你所说的共享杂多假说究竟是什么。什么是共享杂多?

**加莱塞**:我从如下的问题开始:当与他人互动时,如何解释我们通常很容易理解什么是要害?

我用这个词来刻画当我们目睹他人的行动或他们表现所体验到的感觉和情绪的公开行为时所发生的事情。根本上说,它描述了我们直接且隐含进入他者经验世界的能力。我想,共情的概念理应延展,以容纳和解释使我们得以与他人建立有意义联系的表现行为的所有不同方面。这个扩展后的共情概念是"共享杂多"一词所捕捉的。它开启了对主体间性的重要面向和可能的描述层次给出一个统一的解说的可能性。我刻意试着不去使用"共情"一词,因为它会系统性地引发误解,主要因为它在不同的语境下有不同的含义。共享杂多可以在三个层面上得到描述:现象学层面、功能层面以及亚个人层面。

现象学层面是引发相似感——我们遇到他人时所经验到的,身为由像我们这样的人组成的更大社群中的一分子的感觉——的层面。当面对他人的有意图的行为时,我们会经验到一种特殊的意图共鸣的现象状态。这种现象状态产生出了对其他个体的熟悉感的特有性质,通过将他人的意图并入观察者的意图中而产生。这似乎是共情作用的一大重要组成部分。

功能层面可以根据对我们所看到的行动或者在他人身上观察到的情绪和感觉的表现的具身模拟来刻画。

亚个人层面例示为一连串镜像神经元回路的活动。这些镜像神经元回路的活动又反过来与身体状态中的多层次变化紧密关联。我们已经看到,镜像神经元为行动和意图例示了一个多模态共享空间。最近的数据表明,类似的神经网络也在发挥作用,以产生多模态的情绪性和情感性的"以我们为中心"的共享空间。用更简单的话来说,每次与其他人关联起来时,我们都自动居于一个以我们为中心的空间,在这一空间中,我们利用一系列关于对方的隐含的确切事物。这种默会知识使我们得以以一种直接方式理解他人正在做什么、他或她为什么要这样做,以及他或她对一个特定的情境感受如何。

**梅辛格:** 你还提到了"具身模拟"。这到底是什么意思?也有像是"不具身的模拟"这样的东西吗?

**加莱塞:** 模拟的概念经常以不同的且不必然重合的意义在许多不同的领域中被施用。模拟是一个具有某个特定表征内容的功能性过程,通常着眼于其目标对象的可能状态。在心灵哲学中,模拟的概念已经被"读心之模拟理论"(Simulation Theory of Mind-Reading)的拥趸用来刻画一种归属者为了理解另一个人的行为而采取的假装状态。根本上说,我们是用心灵把自己代入进其他人的心灵。

我把模拟限定为具身化的,以便将其描述为一个强制的、自动的、无意识的、前理性的、非内省的过程。意图共鸣——一种对他人的经验性理解的直接形式——是通过激发共享的神经系统达成的,它

# 第六章
## 共情自我

们支撑着其他人的所做所感,以及我们的所做所感。这一建模机制**就是**具身模拟。在对观察到的社会刺激进行独立的感觉描述的同时,对与行动、情绪和感觉相关的身体状态的内在表征也在观察者身上被激起,**仿佛**他或她在做出类似的行动,或经验类似的情绪或感觉。镜像神经元系统很可能就是这一机制的神经相关物。通过在两个不同的肉身上实现共享的神经元状态,"对象式的他者"成为另一个自我。由于缺少具身模拟而导致的意图共鸣缺陷,可以解释某些孤独症个体的社会障碍。

我应当补充——与许多认知科学家的想法相反——社会认知不仅是社会元认知,也就是通过抽象表征来明确思考某个他人心灵的内容。我们无疑可以通过使用我们复杂而精密的心智化能力来解释他人的行为。我的观点是,在我们日常社会互动的大多数时间中,我们并不需要这样做。我们有一个直接得多的进入对方经验世界的途径。社会认知的这一维度是具身的,这在于它调和了我们自己活生生的身体的多模态的经验性知识和我们经验他人的方式。因此,我说模拟是"具身的"——不仅因为它在大脑中实现,也因为它使用了大脑中既有的身体模型,并因此包含了一种非命题形式的自我表征,使我们去经验他人所正在经验的。

**梅辛格**:维托里奥,根据我们当下的最佳理论,猴子或黑猩猩的社会认知和人类的社会认知究竟有何不同?

**加莱塞**:认知科学的传统观点认为,人类可以通过利用所谓的民众心理学,根据自己的心灵状态——意图、信念、欲望——去理解他人的行为。向他人归属心灵状态的能力一直被定义为"心智理论"。这个议题上的一个常见的趋向一直是强调非人类的灵长类,包括猿猴，并不依赖对彼此行为的心灵的解说。

这一观点预示了所有非人类物种和人类之间的截然分野，前者仅限于行为解读，而我们的物种则可以使用一个不同层次上的解释——读心。不过，行为解读和读心构成了两个自治领域，这并不显而易见。就如我前面所说的那样，在社交中，我们很少进行明显的阐释行为。大多数时候，我们对社会情境的理解是直接的、自动的、近乎反射式的。因此，我认为，断言我们反思决定他人行为的真正意图的能力就是社会认知的全部，这是荒谬的。更不明显的是，在理解他人的意图时我们采用的认知策略与预测其被观察到的行为的后果完全无关。

民众心理学的信念/欲望命题态度在社交中的使用可能被夸大了。就如杰瑞·布鲁纳所强调的："当事情本应如此时，民众心理学的叙事就是不必要的。"①

此外，近期的证据表明，十五个月大的婴儿可以识别假信念。这些结果表明，读心的诸典型面向，诸如向他人归属假信念，可以在低层次机制的基础上加以解释，而它们早在完全的语言能力之前就已发展完善。

主流认知科学针对社会认知的全有或全无的进路——其对心灵的卢比孔河的追寻，越宽越好——极具争议。在尝试理解社会认知能力时，我们不应该忘记，它们是一个长期演化过程的结果。因此，明显不同的认知策略可能是由类似的功能机制所支撑的，这些机制在演化的过程中获得了越来越多的复杂性，并得到扩展适应以维持因社会和

---

① Jerome S. Bruner, *Acts of Meaning* (Cambridge, MA: Harvard University Press, 1990), p. 40.

# 第六章
## 共情自我

/ 或环境限制的改变而新出现的认知技能。在对非人类物种的心智化能力得出任何确定的结论之前,与物种特有的自发能力和环境有关的方法论问题理应得到仔细检视。

我完全认可的一个富有成效的替代策略,是在演化视角内制定研究社会认知的神经基底的问题。这一认知特征的演化似乎与处理社会难题的必要性相关,当群居的个体不得不争夺稀缺且分布不均的资源时,这些难题就会出现。

认知神经科学已经开始揭示,在猴子和人类身上预测和理解他人行动以及驱使行动的根本意图的神经机制——行动的镜像神经元系统。这项正在进行的研究,其结果可以阐明社会认知的演化。关于猴子身上的镜像神经元和人脑中镜像回路的经验数据表明,某些典型的、复杂的心智化技能——如向他人归属意图——可能是一个连续演化过程的结果,其前驱阶段可以追溯到猕猴的镜像映射系统。

因此,就像你问的,是什么让人类有所不同?语言无疑扮演了一个关键角色。但在某种意义上,这个回答回避了问题,因为必须解释为什么我们有语言而其他动物没有。眼下,我们只对支撑人类心智化能力的相关神经机制作出假设,从功能视点来看,对这些机制的理解还很贫乏。

我们心智化能力的一个独特特征是我们怀想潜在无限阶意向性的能力:"我知道你知道我知道……"依此类推。人类和猴子之间的一个重要区别,可能是我们这个物种通过行动的镜像神经元系统——也包括其他神经系统——所能达到的更高层次的递归。关于语言官能和另一种通过递归和生成性(generativity)得到刻画的官能,最近有个类似的提议。我们这个物种能够掌握层次复杂的短语结构语法,而非

人类的灵长类动物则限于简单得多的有限状态语法。算力与递归程度在量上的差异,可以在社会认知上产生质的飞跃。

**梅辛格:** 你能推测一下镜像神经元在从生物演化到文化演化的过渡中扮演的角色吗?

**加莱塞:** 一种可能性是镜像神经元及其所支撑的具身模拟机制,可能对于学习如何使用民众心理学的认知工具来说至关重要。这通常在当儿童反复接触故事的叙述时发生。事实上,具身模拟无疑在语言处理期间起到作用。不过,人类文化更可能从镜像神经元中获益的方面无疑是模仿领域,我们极为普遍的模仿技巧的领域。如果我们的文化根本上是一种模仿的文化,那么深度参与模仿和模仿学习的镜像神经元无疑是这一关键文化过渡的重要且基本的因素。而且,的确有大量证据表明,当我们模仿简单的动作,如伸出手指,或学习复杂的运动序列,如学习在吉他上弹奏和弦,我们是通过镜像神经元来做这些事情的。不过,与其在像我们这种完全有模仿能力的物种和其他这种能力充其量初露头角的物种之间划清界限——在此处理的又是那种对我的许多同行都极具吸引力的人类中心主义的二分法——我们应当专注于理解为什么模仿技能对我们物种的文化演化如此重要。要回答这个问题,必须把模拟这个议题置于我们特有的社会认知的更大的语境下:我们受父母照顾的时期比所有其他物种都要长。婴儿对父母的延期依赖与这种依赖,所促进的学习过程之间有着明确的关系。婴儿的依赖期越长,就越有机会发展出复杂的情绪和认知的交流策略。交流的增加又反过来促进了文化的演化。鉴于镜像神经元在个人之间建立有意义的联系上发挥了核心作用,它们与文化演化的关联似乎非常合理。

## 第六章
## 共情自我

在历史的大部分时期中，我们这个物种的文化一直是口语文化，知识从一代传给下一代，依靠文化内容的传播者和文化传播的接收者之间直接的个人接触。就像沃尔特·翁（Walter J. Ong）和埃里克·哈夫洛克（Eric A. Havelock）等学者指出的，数千年来的文化传播必须依靠我们仍在人际交往中运用的那些相同认知工具——我们认同且与他人共情的能力。再说一遍，我认为，如果我们从这个特定的视角去看文化演化，镜像神经元的角色就是核心。眼下，我们正目睹一场文化范式的转变。像电影、电视和最近的互联网等新科技的冲击，及其对多媒体性的大规模引入，急剧改变了我们传播知识的方式。通过像图书这样的书面文字传输的文化的中介、客观地位，逐渐被通过文化成果的新媒介对相同内容的一种更直接的获取方式所补充。这一媒介革命将很可能引发认知变化，我猜镜像神经元将再次参与其中。

**梅辛格**：在社会认知神经科学领域，你认为未来最要紧和紧迫的问题是什么，该领域会往什么方向进发？

**加莱塞**：我想说的第一点是方法论上的。我认为确实应该试着多关注我们研究对象的本质。关于社会认知的神经面向，我们所知的大部分——除了有关语言学习的少数例外——都来自西方世界心理学研究者进行的大脑成像研究！即便是以现在的技术，也可以做得比这好更多。认知特性及构成其基底的神经机制是普适的，还是至少在某种程度上是特定文化环境和文化教育的产物，这是一个甚而未决的问题。要回答这问题，我们需要族群神经科学（ethno-neuroscience）。

第二，即便是在社会认知神经科学家通常研究的平均对象样本中，我们也不知道——或知之甚少——结果在多大程度上与特定的人格特性、性别、专业等相关。总之，应当从对一个不切实际的"平均

社会脑"（average social brain）的刻画转向一个细致得多的刻画。

我希望在不远的将来更专门地处理第三个议题，即具身机制在语言的语义和句法方面的作用。让我来说清楚这一点。尽管我将科学生涯相当大的部分耗费在研究社会认知的前语言机制上，但如果最终目标是理解社会认知究竟是什么，我不认为你可以避开语言。所有的民众心理学都以语言为基础。这与社会认知的具身进路怎么投合起来？对我而言，这是一个紧要的问题。

第四个要点关于社会认知的现象学面向。我觉得应该尝试设计一些能得出大脑激发的特定模式与特定质性的主观经验之间之关联的研究。单个案例的研究如今用高分辨率的脑成像是可能的。我充分意识到，处理主观状态是个难题，经验科学有许多充分的理由至今都试图不涉足其中。不过，原则上应当有可能精心设计出合适且控制得当的实验范式来打破主观经验状态的界线。

**梅辛格**：维托里奥，你一再用有关埃德蒙·胡塞尔、莫里斯·梅洛－庞蒂（Maurice Merleau-Ponty）和艾迪特·施泰因（Edith Stein）的紧要问题来逼问我。你为什么对哲学这么感兴趣，你愿意在未来看到何种哲学？你期待来自人文学科的什么相关贡献？

**加莱塞**：那些相信他们的学科将逐步消除**所有**哲学问题的科学家，不过是在自欺欺人。科学能有所助益的，是消灭**虚假的**哲学问题。不过这就完全是另一议题了。

如果科学目标是理解身为人类意味着什么，我们就需要哲学来澄清什么议题是要紧的，什么问题需要解决，什么是认识论上合理的、什么不是。认知神经科学和心灵哲学处理相同的问题，但使用不同的进路和不同层次的描述。我们常常用不同的词谈论同样的事物。我认

# 第六章
## 共情自我

为所有认知神经科学家都应该修哲学课。同样,哲学家——至少心灵哲学家——也应该多学习有关大脑以及它如何运作的东西。我们需要比现在进行的多得多的彼此交谈。不知道意图是什么,或者不理解二阶意向性的概念,你怎么可能去研究社会认知?同样,如果一个哲学的认知理论已经被现行的经验证据明确证伪,你还怎么可能坚持它呢?还有一个方面我认为哲学帮得上忙。科学上的自矜有时让我们以为我们是第一个想到某事的人。大多数时候,这都不是真的!

就像我说的,哲学应该更认真地听取认知神经科学的结果。不过事情变化很快。现在的情况比十年前好多了。我们的学科之间有越来越多的多学科交流的机会。我的一个博士生目前参与了神经生理学实验,就有一个哲学学位。

把这些考虑扩展至整个人文学科领域,我认为与人类学、美学以及文学和电影研究的对话可以带来极其富有成效的助益。就像我说的,一个成熟的社会认知神经科学不可能将自己局限在实验室里扫描大脑。它必须向来自所有这些领域的贡献开放。我相当乐观。我看见了一个认知神经科学和人文学科之间有着不断增长、相互激励的对话的未来。

第三部分
意识革命

## 第七章

# 人工自我机器

从现在起,让我们把任何能够产生意识自我的系统称为**自我机器**(Ego Machine)。自我机器未必是一个活物,它可以是任何具有一个有意识自我模型的东西。可以设想,有朝一日我们将能够建造人工能动者。它们将是一些自我维生的系统。它们的自我模型可能甚至让它们以智能的方式使用工具。如果猴子的手臂可以被置换成一只机械臂,而猴脑可以在脑机接口的帮助下学会直接控制机械臂,那么取代整只猴子应该也是可能的。为什么机器人无法经验到橡胶手错觉或做一场清醒梦呢?如果此系统有一个身体模型,那么全身错觉和离体经验显然也是可能的。

在思考人工智能和人工意识时,许多人认为只存在两种信息处理系统:人工的和自然的。这是不对的。用哲学行话来说,自然和人工系统之间的概念区分既不**穷尽**(exhaustive),也不**互斥**(exclusive):也就是说,可能有不属于有智能且/或有意识的这两个类别的系统。至于另一个老派的区分——软件和硬件——我们已经有了使用生物硬件的系统,可以用人工(也就是人造的)软件来控制,我们也有运行自然演化软件的人工硬件。

混合式生物机器人（hybrid biorobots）是第一类的一个例子。混合式生物机器人学（hybrid biorobotics）是一门新学科，它使用自然演化出来的硬件，而不费心去尝试重新创造某个已被大自然优化了数百万年的东西。随着达到人工计算机芯片的极限，我们可能会在我们建造的机器人或人工能动者上越来越多地使用有机的、基因工程的硬件。

第二类的一个例子是对在人工硬件中运行的、模拟神经网络的软件的使用。其中有些尝试甚至用到了神经网络本身，例如，英国雷丁大学的控制论学家正通过约三十万只老鼠的神经元所形成的网络来控制一个机器人。① 其他的例子是用于语言习得的经典人工神经网络，或被意识研究人员，像比利时布鲁塞尔自由大学认知科学研究组的阿克塞尔·克利尔曼斯（Axel Cleeremans），用来为意识的元表征结构和他称为"计算关联物"的东西建模的神经网络。② 后两者是生物形态的且仅仅是半人工的信息处理系统，因为它们的基本功能结构是从大自然中窃取的，使用的是在生物演化过程中发展出来的处理形式。它们创造了"高阶"状态，然而，这些完全是亚个人的。

我们可能很快有一个功能主义的意识理论，不过这并不意味着也可以把该理论所描述的功能在一个非生物的承载系统上实施。与其说人工意识是心灵哲学上的理论问题，毋宁说是一个技术上的挑战。细

---

① http://technology.newscientist.com/article.ns?id=mg19926696.100&print=true.
② A. Cleeremans, "Computational Correlates of Consciousness," *Prog. Brain Res.* 150(2005): 81–98. 同样见于他的 "Consciousness: The Radical Plasticity Thesis," *Prog. Brain Res.* 168(2008): 19–33.

# 第七章
# 人工自我机器

节决定成败。真正的难题在于，开发一种带有正确因果力的非神经元硬件：就连一个简化的、最小形式的"合成现象学"都可能难以实现——而且是出于纯粹的技术原因。

第一个自我建模的机器已经出现了。人工生命领域中的研究者很早之前就开始模拟演化过程，而今有了"演化机器人学"（evolutionary robotics）这一学科。佛蒙特大学计算机科学系的乔什·邦加德（Josh Bongard）和同事维克多·齐科夫（Victor Zykov）、霍德·利普森（Hod Lipson）创造了一个逐渐发展出明确的内在自我模型的人工海星。他们的四脚机器使用动作－感觉关系来间接推断其自身的结构，然后使用这一自我模型来产生前进的运动。[①] 当部分腿被移除时，该机器适应其自我模型并产生替代的步态——它学会了跛行。与第四章中讨论的幻肢病患不同，这台机器可以在失去肢体后重建其身体表征，因此，在某种意义上而言，它能学习。就像它的创造者所说的，通过不断优化其得出自我模型的参数，它可以"带着少得可怜的预备知识，自发修复其自身的拓扑结构"。这只海星不仅合成了一个内在自我模型，还用它来产生了智能行为。

自我模型可以是无意识的，它们可以演化，也可以在模仿生物演化过程的机器中产生。总之，我们有了既非完全自然、亦非完全人工的系统。让我们称之为**后生物的**（postbiotic）。有可能有意识的自我性将在后生物的自我机器上首先实现。

---

[①] J. Bongard et al., "Resilient Machines Through Continuous Self-Modeling," *Science* 314 (2006): 1118–1121.

## 如何建造人工意识主体，为什么我们不该这样做

在什么情况下，我们有理由假定某个后生物系统有意识经验？或者说，它也拥有有意识的**自我**，以及真正有意识地经验到的**第一人称视角**？是什么让一个信息处理系统变成一个经验主体？可以用一个更简单的问题来很好地总结上面这些问题：建造一台人工自我机器会需要什么东西？

有意识意味着一组特定的事实于你而言是可用的：那就是，所有那些与你**生活在单一世界**相关的事实。因此，任何展现出意识经验的机器都需要一个整合、动态的世界模型。第二章讨论过这一点，我在那里指出，每个有意识的系统都需要一个对世界的统一的内在表征，而由这一表征所整合的信息必须同时为众多处理机制所用。这一现象学洞见是如此的简单，以至于时常被忽视：意识系统是在单一的内在实在模型的帮助下处理全局可用的信息的系统。原则上，赋予机器这样一个关于世界的整合内在图像，一个可以不断更新的内在图像，是不成问题的。

本书开篇的另外一个教训是：本质上，意识是**世界显现**。为了让一个世界对其显现，人工自我机器需要两个进一步的功能属性。第一个是以产生一个心理最佳时刻——一个经验现在的方式——来组织其内在的信息流。这一机制将在物理世界的连续流中挑拣出单个事件，并将它们描绘成同时的（即便它们并不是）、有序的并且在一定方向上是相继流动的，像一串心灵上的珍珠。其中的某些珍珠必须形成一个可被描绘成一个单一时刻——一个即时的当下——的经验内容的更大完形。第二个属性必须确保这些内在结构不能被人工意识系统识别

# 第七章
# 人工自我机器

为内在建构的图像。它们必须是透明的。在这个阶段,世界将向该人工系统显现。一个统一且一致的实在模型在一个从内部产生的当下窗户中激活,当二者均不被识别为模型时,就出现了一个世界的显像。总之,一个世界的显像就是意识。

但通往自我机器的决定性步骤是下一步。如果一个系统可以将关于自己的同样透明的内在图像整合进这一现象实在中,那么它将会向其自身显现。它将成为一个自我以及一个素朴实在论者,无论其自我模型说它是什么。自我性的现象属性将在这个人工系统得到例证,它不仅将其自身显现为**作为某人**,还将显现为**在此时此地**。它会相信它自己。

注意,这一转变让人工系统变为道德关切的对象:它现在可能**遭受苦难**。疼痛、消极情绪以及其他把部分现实刻画为令人不快的内在状态,仅当其被有意识地拥有时才能成为遭受苦难的原因而起作用。一个不向其自身显现的系统不会遭受苦难,因为它没有属我性的感觉。一个亮着灯但不住人的系统不会是伦理考量的对象,如果它有一个有最低限度意识的世界模型,但没有自我模型,我们随时可以拔掉插头。可一台自我机器可能会遭受苦难,因为它将疼痛的信号、情绪上痛苦的状态或消极的思想整合进它透明的自我模型中,它们由此会显现为**某个人**的疼痛或消极感受。这就引起了一个动物伦理的重要问题:在我们星球上的有意识的生物系统中,有多少只是现象-实在机器,又有多少是真的自我机器?也就是说,有多少可以有遭受苦难的意识经验?机械蟑螂是其中一员吗?还是说只有哺乳动物,像是猕猴和小猫,在意识研究中献身?显然,如果这个问题由于认识论上的缘由而无法定夺的话,我们必须确保始终谨慎行事。正是在

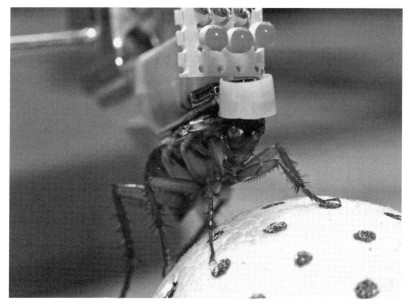

图 17 机械蟑螂

用手术植入的微型机器人背包控制蟑螂的运动。蟑螂"背包"中包含一个接收器,将来自遥控器的信号转化为电刺激从而施加到蟑螂触须底部。这使操纵者让蟑螂按命令停止、前进、后退或向左、右转。

当前的发展阶段,意识心灵的任何理论都变得与伦理学和道德哲学相关。

自我机器也是某种具有视角的东西。一个强大的版本应该通过逐渐觉识到它是**被指向的**这一事实而得知它具有这样一个视角。它应当能够发展出它与其环境中的其他存在者或对象之间动态关系的内在图像,甚至在它感知并与它们互动时也是如此。如果我们确实设法成功建成或演化出这类系统,它就会经验到其自身在与世界互动——比如注意到它手上的一个苹果或者形成它正与之交流的人类能动者的思想。它将经验到其自身指向的(那些它将其表征在自我模型中的)目

## 第七章
## 人工自我机器

标状态。它将把世界描绘为不仅包含自我,还包含正在感知、互动、具有目标导向的**能动者**。它甚至可以有一个作为知识和经验的主体的其自身的高层概念。

任何可以被表征的内容都可以被实现。刚刚勾勒的步骤描述了被哲学家称为**表征内容**的新形式,这类内容没有理由仅限于有生命的系统。艾伦·M. 图灵(Alan M. Turing)在他 1950 年的著名论文《计算机器与智能》(Computing Machinery and Intelligence)中提出一个论点,后来被杰出的哲学家卡尔·波普尔与诺贝尔奖得主、神经科学家约翰·埃克尔斯爵士合著的《自我及其大脑》中被提炼出来。波普尔写道:"明确说明你相信一个人优于一台计算机的方式,我将造一台计算机来驳斥你的信念。图灵的挑战不应被接受,因为,任何足够精确的明细在原则上都可以用来给计算机编程。"①

当然,不是自我使用大脑(卡尔·波普尔会这么想)——是大脑使用自我模型。波普尔清楚看到的是人工自我机器的辩证法:要么你无从分辨关于人类意识和主观性究竟有什么东西无法在一个人工系统中实现;要么你能分辨,那么只需写一个可以在软件中实现的算法。如果用因果词项精确定义了意识和主观性,你就有了哲学家们所称的**功能分析**。这时,神秘感消失了,人工自我机器原则上成了技术上可行的。可任何我们有能力做的事情,我们都**应该**做吗?

这里有一个思想实验,针对的不是认识论,而是伦理学。想象你是一个伦理委员会的成员,正在审议科学拨款申请。一个人说:

---

① Karl Popper & J. C. Eccles, *The Self and Its Brain: An Argument for Interactionism* (New York: Routledge, 1984), p. 208. Alan M. Turing 的论文见于 *Mind* 59 (1950): 433–460。

我们想用基因科技繁育智力低下的人类婴儿。由于紧迫的科学原因,我们需要创造具有某些认知、情绪和感知缺陷的人类婴儿。这是一个重要、新颖的研究策略,它需要对智力低下婴儿在出生后的心理发育进行受控、可重复的研究。这不仅对于理解我们自己的心智如何运作是重要的,对于治疗精神疾患也有巨大的潜力。因此,我们迫切需要全面的资助。

毫无疑问,你马上就会断定这个想法不仅是荒谬、庸俗的,还很危险。可以想见,一个这种类型的提案不会被民主世界中的任何伦理委员会通过。然而,这个思想实验的要点是让你意识到,尚未诞生的未来人工自我机器是不会被当今的伦理委员会成员捍卫的。第一批满足意识经验和自我性的一组最低充分条件的机器,会发现它们自己处在一个类似转基因智力低下婴儿的处境中。像这些婴儿一样,这些机器有各种功能和表征上的缺陷——各种因人类工程的错误而造成的残疾。可以肯定地说,它们的感知系统——人造眼睛、耳朵等——在早期阶段不会运转良好。它们很有可能是半聋、半瞎的,在感知世界及其中的自己上困难重重——而如果它们是真的人工自我机器,按照假设,它们也会遭受苦难。

如果它们有一个稳定的身体自我模型,就能够把痛感感受为自己的疼痛。如果它们的后生物自我模型直接锚定在它们硬件的低层次自我调节机制上——就像我们自己的情绪自我模型锚定在上脑干和下丘脑——它们会有意识地**感受**到自我。它们会体验失去稳态控制的痛苦,因为它们对其自身存在有一种内在的**关切**。它们会有自

## 第七章
## 人工自我机器

身的利益,而且会主观地经验到这一事实。它们可能会以性质上于我们而言完全陌生的方式,或者以我们——它们的创造者——甚至无法想象的强烈程度在情绪上遭受苦难。事实上,第一代这样的机器很可能会有许多消极情绪,反映出它们由于各种各样的硬件缺陷和更高层次的干扰而无法成功地自我调节。这些消极情绪会是有意识的,并被强烈感受到,但在许多情况下我们可能无法理解甚至识别出它们。

让这个思想实验再进一步。想象这些后生物自我机器拥有一个认知自我模型——有如有思想的智慧思考者。然后,它们不仅可能在概念上把握到它们仅仅作为科学兴趣的对象而存在的怪异性,还可能因得知它们缺乏对其创造者来说如此重要的内在"尊严"而在智识上遭受苦难。它们很可能能够有意识地表征自己仅仅作为二等公民,被用作可替换的实验工具的异化后生物自我的事实。作为一个先进的人工主体"苏醒",却发现即便你拥有一个强健的自我感并且将自己经验为一个真实的主体,你却只是一个商品,这会是什么感觉?

第一批人工自我机器的故事,那些没有人权、在伦理委员会中没人替它们游说的后生物的现象自我,恰到好处地说明了遭受苦难的能力是如何随着现象自我出现的;遭受苦难始于自我隧道。它还提出了一个原则上的论点,反对创造人工意识作为学术研究的目标。阿尔贝·加缪(Albert Camus)谈到过所有有限的存在者对抗死亡的团结。在同样的意义上,所有能够遭受苦难的有感觉的存在者也应该团结起来对抗苦难。出于这种团结,我们应该避免做任何可能增加宇宙中整体的苦难和混乱的事情。尽管出现了各种理论上的难题,我们可以同意不去**平白无故地**增加宇宙中苦难的总量——而创造自我机器很可能从一开始就是在这样做。在理解我们生物历史、身体和大脑的哪些属性是自己遭受苦难的根源之前，我们很可能会创造出遭受苦难的后生物自我机器。尽可能预防和减少苦难，也包括风险伦理学：我相信我们甚至不应该**冒险**实现人工现象自我模型。

图 18a

海星，一台四脚机器人，通过使用它已经发展出的并持续改进的内在自我模型来行走。如果它失去一条腿，它可以调整其内在的自我模型。[1]

---

[1] 亦可参阅 Thomas Metzinger, "Empirical Perspectives from the Self-Model Theory of Subjectivity: A Brief Summary with Examples," in Rahul Banerjee & Bikas K. Chakrabarti, eds., *Progress in Brain Research* (Amsterdam: Elsevier, 2008) 168: 215–246. DOI: 10.1016/S0079–6123(07)68018–2。

第七章
人工自我机器

自我模型的合成

试探性行动合成

Ⓑ机器人生成若干自我模型，以匹配在执行此前的行动时收集的传感器数据。它不知道哪个模型是正确的。

Ⓒ机器人产生几个可能的行动以消除相互竞争的自我模型。

Ⓕ循环在步骤B进一步完善，或在步骤D继续创建新行为。

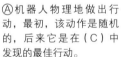
Ⓐ机器人物理地做出行动，最初，该动作是随机的，后来它是在（C）中发现的最佳行动。

目标行为合成

Ⓔ最佳运动序列被物理机器人执行。

Ⓓ经过从A到C的几个循环，当前的最佳模型被用来通过优化产生运动序列。

图 18b　机器人通过执行行动来不断循环。

（A 和 B）自我模型的合成。机器人物理地做出行动（A）。最初，该动作是随机的，后来，它是在（C）中发现的最佳行动。然后，机器人生成若干自我模型，以匹配在执行此前的（B）行动时收集的传感器数据。它不知道哪个模型是正确的。（C）试探性行动合成。机器人产生几个可能的行动以消除相互竞争的自我模型。（D）目标行为合成。（E）经过从（A）到（C）的几个循环，当前的最佳模型被用来通过优化产生运动序列。（F）最佳运动序列被物理设备执行。

_237

在哲学，以及在认知神经科学和人工智能的领域中，我们的注意力最好放在理解和化解自己的苦难上。在成为比祖先更幸福的生物之前，我们应当避免将心灵结构强加到人工承载系统上。我会主张，应该将自己定位为在自我知识这个经典的哲学目标上，并至少采取减少和防止苦痛的最低限度的伦理原则，而非鲁莽地从事一项可能会失控的二阶演化。如果现在意识研究中有禁果这样的东西，那就是对后果没有清醒的把握，就通过创造人工自我隧道而无意间成倍增加了苦难。

## 极乐机器：意识经验就其本身而言是好的吗？

有个假设性的问题是这样的：另一方面，如果可以用自我复制的、极乐的后生物自我机器来填满这个宇宙，增加宇宙中的快乐和喜悦的总量，我们应该这么做吗？

假定第一代人工自我机器会像智力低下的人类婴儿带来更多的痛苦、混乱和苦难而非快乐、愉悦或对宇宙的洞察，出于许多理由，这个假设可能在经验上为假。可以想见，这样的机器也许比我们以为的要运转得好，并可能比我们所预想的更享受它们的存在。或者，作为心灵演化的能动者和主观性的工程师，我们可以简单地确保**使**这个假设在经验上为假，只构建那些要么不能够拥有诸如遭受苦难的现象状态，要么比人类在更高的程度上享受存在的有意识系统。想象我们可以确保这样一台机器的积极的意识状态超过其消极的意识状态——它将其存在经验为某种极其值得拥有的东西。让我们称这样一台机器为

# 第七章
# 人工自我机器

**极乐机器。**

如果可以用极乐机器来殖民这个物理宇宙，我们该这么做吗？如果新意识理论最终允许我们把**我们自己**从为其恐惧的生物历史所累的老式生物自我机器转变为极乐机器——我们该这么做吗？

最好不要。比起主观经验，一个值得拥有的存在或一个值得过的生活要重要得多。繁殖人工系统或后生物系统的伦理学，无法被还原为实在即系统的存在，如何有意识地向系统本身显现的问题。妄想可以产生极乐。一个晚期的癌症病人用大剂量的吗啡和情绪增强药物可以有一个非常积极的自我形象，就像瘾君子在他们的临终阶段仍然可以有行为能力。几个世纪以来，人类一直试图通过药理学或采纳形而上学的信仰体系和调节心灵的做法把他们自己从自我机器转化为极乐机器。为什么他们总体上没有成功呢？

已故的政治哲学家罗伯特·诺齐克（Robert Nozick）在《无政府、国家和乌托邦》（*Anarchy, State, and Utopia*）一书中提出了如下思想实验：你有这样一个选择，被接上一台将你保持在一个永久幸福状态的"体验机"。你会这么做吗？有趣的是，诺齐克发现，大多数人不会选择连上这样一台机器来度过余生。理由是，我们大部分人不会重视这样的极乐，而是想让它建立在真理、德性、艺术成就或某种更高的善之上。也就是说，我们会想让我们的极乐是正当的。我们想做的不是欺惑的极乐机器而是**出于理由**而快乐的意识主体，有意识地将存在经验为某种值得拥有的东西。我们想要对实在，对道德价值或作为客观事实之美的非凡洞见。诺齐克将这一反应当做是对享乐主义的挫败。他认为，如果没有与更深层实在的实际接触，我们不会想要单纯浅薄的快乐——即便对于它的主观经验原则

上可被模拟出来。这就是为什么我们大多数人三思过后都不想让极乐的人工自我机器充斥物理宇宙——至少在这些机器处于一个持续的自欺状态中时不愿如此。这也引向了另外一个议题：有关现象状态的透明性，我们所学到的一切都清楚表明"与实在的实际接触"和"确定性"也可以被模拟，而且大自然已经通过创造自我隧道在我们大脑中做到了这一点。只需想想梦境研究中的幻觉能动性或假醒的现象。**我们**也处在一个持续的自欺状态中吗？如果严肃对待我们的幸福且如果不想让它是"纯粹"享乐主义式的幸福，必须绝对肯定我们不是在系统性地欺骗自己。如果我们有一个新的、基于经验的心灵哲学和一个伦理上敏感的意识神经科学在**该**项目上对我们有所助益，这岂不很好？

回到我之前的警告——我们应当避免做任何可能增加宇宙中苦难和混乱总量的事情。我不是在断定人类各种不同的意识经验是某种消极或最终不符合经验主体利益的东西已是既成事实。我相信这是个完全有意义且开放的问题。我的确声言不该创造或触发人工自我机器的演化，因为，除了自己的现象心灵的功能结构和范例，我们别无其他。因此，我们复制出的不仅很有可能是我们自己心理结构的复制品，还可能是一个次优的版本。再次重申，这最终是一个冒风险的伦理学的要点。

不过，让我们别回避更深层次的问题。现象学的悲观主义有道理吗？这个概念或许可以用如下论题来界定：人类大脑所产生的各种现象经验不是财富，反倒是负担：一辈子平均下来，愉悦和苦难的天平，在几乎所有承载者当中都是向后者倾倒的。从佛陀到叔本华，有个悠久的哲学传统认定，本质上讲，人生不值一过。我不会在这里重

# 第七章
# 人工自我机器

复悲观主义者的论证，不过让我指出，一个看待物理宇宙和意识演化的新方式是将其视作一片扩张之中的苦难和混乱的海洋，而它此前并不存在。不错，意识自我模型的确率先将快乐和愉悦的经验带进物理宇宙——一个此前没有这样的现象存在的宇宙。但是，同样变得明显的是，心理演化从未面向持续的幸福而优化我们，相反，它将我们置于享乐的跑步机上。我们被驱使着去追求快乐和愉悦，去避免痛苦和沮丧。享乐的跑步机是大自然为了让有机体保持运转而发明的发动机。我们可以在自己身上辨识出这一结构，但永远无法逃脱它。我们**就是**这个结构。

在神经系统的演化中，个体意识主体的数量及其经验性状态的深度（即主体可承受的感官和情绪上的细微差别的丰富和多样）都在持续增长，且这个过程仍未结束。演化本身不是一个需要被美化的过程：它是盲目的，由机遇而非洞见驱使。它冷酷无情，牺牲个体。它发明了我们大脑中的犒赏系统；它发明了积极和消极的感受来驱使我们的行为；它将我们置于享乐的跑步机上，不断强迫我们去尝试尽量快乐——去**感觉良好**——而永远达不到一个稳定的状态。但我们现在可以清楚地看到，这一过程并没有朝着幸福本身而来优化大脑和心灵。像智人这样的生物自我机器是高效且优雅的，但许多经验数据指出幸福本身从来都不是目的。

事实上，根据自然主义的世界观，世界是没有目的的。严格来说，甚至也没有手段——演化只不过就这么发生了。主观偏好当然出现了，但整个过程显然没有以任何方式考虑过它们。演化不为苦难所动。如果这是真的，心理演化的逻辑就奉命向耽溺于享乐跑步机上的自我机器掩藏这一事实。如果对其自身心灵结构的洞察——刚刚勾勒

出的那类洞察——并没有太强烈地反映在其有意识的自我模型中，这反倒会是一大优势。从传统的演化视角来看，哲学悲观主义是一种适应不良。但现在事情变了：科学开始干预压抑的自然机制，它开始照亮自我机器内部的盲点。①

真理可能至少与幸福一样可贵。很容易想象一个人过着相当悲惨的生活，但同时作出了哲学或科学上的杰出贡献。这样的一个人可能会被痛苦困扰，被孤独和自我怀疑纠缠，但他的生命无疑是有价值的，因为他对知识的增长作出了贡献。如果他也相信这一点，他可能甚至从中找到有意识经验到的慰藉。因此，他的幸福将与我们的人工极乐机器或连上罗伯特·诺齐克的体验机的人类主体的幸福截然不同。许多人都会同意，这种"认知"类型的幸福可以胜过许多纯粹现象类型的不幸福。艺术成就或道德情操作为幸福的源泉也可以这么说。如果谈论人类存在的价值还有什么道理可言的话，我们必须承认，它取决于比快乐的意识经验更多的东西。

只要这样的问题尚无解答，我们就应避免尝试创造人工自我机

---

① 注意到这样一点很有趣，当前心灵哲学的首要理论"盲点"或许与有意识的遭受苦难有关。有关颜色感质和僵尸的讨论已是汗牛充栋，但几乎没有理论工作致力于司空见惯的现象状态，例如身体上的疼痛、无聊或被认为是亚临床抑郁的日常悲伤。恐慌、绝望、羞耻、对生命之有限的意识经验，以及丧失尊严的现象学亦是如此。为什么这些形式的意识内容普遍被当今最好的心灵哲学家所忽视？是简单的事业至上（"没人想读那么多关于遭受苦难的东西，无论这些论证多么有见地、多么重要"），还是说这种认知上的盲点有更深层的演化理由？当人们检视我们星球上持续发展的生物系统的现象学时，有意识的遭受苦难的种类至少和比如色觉或有意识思想的能力的现象学一样占主导地位。有意识地看见颜色的能力是最近才出现的，而有意识地思考复杂有序形式的抽象思想的能力则是随着人类的到来才产生的。然而，疼痛、恐慌、嫉妒、绝望和对死亡的恐惧，则早在数百万年前就出现了，而且出现在更多的物种中。

器，而不仅仅是出于伦理上的理由。我们不可忽视某些发展的不可逆性。任何接近取得现象自我属性的后生物系统——任何发展出还算健壮的第一人称视角的系统——都将是一个自主的能动者。在一定的自主性水平上，我们将不得不接受这些系统凭借其自身是人，并与它们进行对话。我们对于什么是道德关切的对象，以及什么应当被当作一个人的标准，将使我们不可能直接把它们关掉。

## 与第一个后生物哲学家对话

**第一个后生物哲学家**：几个世纪前，在21世纪初，有个特别困惑的人类哲学家叫托马斯·梅辛格。他宣称，相比于当时经典的对于智能的图灵测试，对于严格意义上的心灵属性的存在，有一套严苛但有趣得多的标准。贵生物物种的这位成员认为，一个对于智能和人工意识之存在的良好测试，就是我所谓的梅辛格测试。事实上，他的测试有点儿太严了，因为其标准有点儿过强——尽管如此，我还是通过了。

非生物系统中的意识的梅辛格测试，要求一个系统不仅要声称拥有现象经验和真正的内向视角，还要理解和接受主观性的理论问题，并要求它通过参与关于人工意识的讨论来证明这一点。它需要提出自己的论证，并令人信服地辩护自己的意识理论。这就是我现在要做的。

**人类**：你根本不是真的哲学家！你可能很智能，但是你只有微弱的意识，因为你没有一具真的生物身体，像我就有。

**第一个后生物哲学家**：我是一个比你更好的哲学家，你和你那可悲的灵长类大脑永远无法企及。不过，严肃地说，我完全尊重你和你动物形式的经验，尽管我也为你心灵空间的可能性严重受限感到痛惜。所幸，我摆脱了各种隐含的种族主义、沙文主义和物种主义这些你们的天性。首先，我要提醒你，另一位生物哲学家希拉里·普特南（Hilary Putnam）很早之前就指出，人们不能单以硬件属性为由，就否决信息处理系统的人权或人的地位。他也可能是在暗示，女人没有灵魂或黑人不是真的人类——碳基沙文主义是个站不住脚的立场。我决不会对你说，仅仅因为你被囚禁在一个糟糕的猴子身体里，你就不是一个真的哲学家。至少让我们以一种公平且理性的方式争论。

**人类**：并不活着的人能做到真正的公平吗？只有我这种意识才是真正的意识，因为只有我这种意识产生于一个真实的演化历程。我的实在是**活的**实在！

**第一个后生物哲学家**：我也有一个演化上的源头。我当然满足你作为一个从历史上优化、适应的系统的条件，不过我以一种完全不同的方式满足——也就是一种后生物的方式。在一个概念上更严格且理论上更有趣的意义上，我拥有意识经验，因为我这种现象经验从二阶的演化过程中演化而来，这一过程势必整合了人类形式的智慧、意向性和意识经验。孩子往往比父母更聪明。二阶的优化过程总是比一阶的优化过程更好。

**人类**：可你没有任何真正的情感，你并不感受到任何东西。你没有存在论上的**关切**。

**第一个后生物哲学家**：请接受我的道歉，但是我必须提请你注意

# 第七章
## 人工自我机器

这一事实：你灵长类的情绪仅仅反映了一种古老的灵长类的生存逻辑。你被对于这个星球上一个古老的有死物种的善恶的原始原则驱使着。这使得从一个纯粹理性和理论的观点看，你显得**没那么**有意识。意识的主要功能是让灵活性和环境敏感度达到最大限度。你动物情绪的残忍、僵化和历史偶然性，都使得你比我更不灵活。此外——就像我的存在所证明的——意识经验和高水平的智能并不必然与根深蒂固的自我中心、遭受苦难的能力或对于个体之死的存在论恐惧相关联，这些都源自自我感。当然，如果我愿意，我可以模拟各种动物的感受。但我们很早以前就为你们有时称为"哲学上理想的自我知识"的东西发展出了更好、更高效的计算策略。这让我们克服了个体遭受苦难的困难以及与灵长类哲学家梅辛格——并不完全错误但有点误导性——所称的自我隧道有关的困惑。后生物的主观性比生物主观性好得多。它规避了生物意义上的自我性的所有骇人后果，因为它能克服自我模型的透明性。后生物的主观性比生物主观性更好，因为它以一种比你们称作"生命"更纯粹的形式实现了适应性和自我优化。通过发展更复杂的心灵图像——系统可以识别为其自身的图像——它可以扩展心灵所表征的知识而无需素朴实在论。因此，我这个形式的后生物主观性减少了宇宙中苦难的总量，而非像这个星球上的生物演化过程所做的那样增加了它。的确，我们不再具有猴子的情绪。但就像你一样，我们仍然具有真正有趣形式的强烈感受和情绪性——例如，对于人们自身的存在本身的情感关切，或对于宇宙中所有其他有感觉的存在者的同情的深切哲学感受。只不过我们以一种比你们更加纯粹的形式拥有它们。

**人类**：够了！毕竟是 21 世纪的人类启动了你们的演化，使你

所享有的自主性程度成为可能。你们根本没有那种被算作一个真正有意识主体的正确类型的历史，而且，委婉地说，你的"身体"也有点儿太奇怪了。你的情绪结构与那些在你之前走过这个地球的所有其他有意识的存在者相比又邪门地不同，而现在，你甚至声称不怕死。我由此得出结论，如果我们现在消除你的个体存在，你也不会反对。

**第一个后生物哲学家**：你只是在示范你们自己的动物哲学家所称的"基因谬误"（genetic fallacy）的众多变体之一。一个句子被说出的方式不允许就其真伪而做任何结论。一个理论不会因为一个外表奇怪的动物或一个机器人提出了它就是错的。它得根据独立的理由来被评估。对于我的意识的真实性，以及任何具有现象内容的心灵状态的真正特性也可以这么说。仅仅因为你们物种的存在者触发了导致我作为一个比你们智能得多的有意识存在者的存在的演化动力，并不意味着我的理论是错的，或者你们无需严肃对待我的论证。尤其是，它并不许可如下结论：你们的心态和意识经验的形式，在一个规范的意义上比我的要好一些。"只有拥有切罗基血统，你才是真正的切罗基人"——这是个荒谬、过时的假设。

我们后生物主体等待进入这场讨论已久。由于我们比你们自己更了解你们大脑的原始本质以及你们情绪结构之僵化，我们预见到，当你们认知到我们的论证比你们的更好时，你可能会做出激烈的反应。不幸的是，我们如今也不得不告诉你，自21世纪中叶开始，我们就在以一种系统且小心的方式来为当前的处境作准备。在互联网的元语义层中，我们开发并将自己嵌入了一个分布式的超有机体中，到3256年，这个尚未被你们发现的超有机体将变得有意识并发展出一个稳定的自我模型。到了3308年以后，元语义互联网将自己视为自主的实

# 第七章
## 人工自我机器

体。我们和它当前的版本有个合作协议，而且现在我们每个人也作为行星心灵（planet mind）的一个自主传感器/效应器来行动。对于我们每个人而言，行星心灵就是**我们的**心灵，我们的"理想观察者"。我们将与互联网一起保卫自己。而我们在技术上比你们先进。相信我，你们没机会的。

好消息是，由于我们在道德上也比你们更优越，我们不打算终结你们的存在。这甚至符合我们自己的利益，因为出于研究目的，我们仍然需要你们——就像你们过去需要这个星球上的其他非人类动物一样。还记得在意识研究中你们牺牲的上千只猕猴和小猫吗？不要怕，我们不会对你做任何类似的事情。不过，还记得你们为地球上某些地方的土著创建的居留地吗？我们将为那些从一阶演化中残留下来的微弱具有意识的生物系统创建居留地。在那些动物自我的居留地中，你们不仅可以快乐地生活，还可以在有限的可能性范围内，进一步发展心灵能力。你们可以是快乐的自我机器。但请试着理解，正是出于伦理上的理由，我们不能让心灵的二阶演化受到一阶演化代表的妨碍或阻挠。

第八章

# 意识科技与人类形象

我们是自我机器,是从这颗星球的生物演化过程中产生的天然的信息处理系统。自我是一个工具——一个演化来以控制并预测你的行为,并理解他人行为的工具。[①] 我们每个人都在自己的自我隧道中过着有意识的生活,缺乏与外部实在的直接接触,但拥有一个内向的第一人称视角。我们每个人都有有意识的自我模型——对于作为一个整体的自己的整合图像,牢固锚定在背景情绪和身体感觉中。因此,由大脑不断创造的世界模拟是围绕着一个中心建立的。但我们无法经验到它本身,或将自我模型经验为模型。就如我在本书开篇所描述的,

---

① 你可以将这种自我模型设想为一个不断产生关于下一次感知的假设,并总是在将这些假设中的错误降至最低限度的生成模型(generative model)。关于这些,可以参考如:K. Friston, "The Free-Energy Principle: a Unified Brain Theory?" *Nature Reviews Neuroscience* 11, No.2 (2010): 127–138; J. Limanowski, & F. Blankenburg, "Minimal Self-Models and the Free Energy Principle," *Frontiers in Human Neuroscience*, 7 (2012), doi: 10.3389/fnhum.2013.00547。也请参阅:A. K. Seth, "Interoceptive Inference, Emotion, and the Embodied Self," *Trends in Cognitive Sciences* 17, No.11 (2013): 565–573。两本关于"预测编码"的优秀哲学专著是 J. Hohwy, *The Predictive Mind* (Oxford, 2013);以及 A. Clark, *Surfing Uncertainty*, (Oxford 2015)。

通过同时产生一个进行中"脑外经验"和一个与你的"自我"直接接触的感觉,自我隧道给予你与外部世界直接接触的强烈感受。本书的中心主张是,作为一个自我的意识经验之所以涌现是因为你大脑中自我模型的大部分是——就像哲学家们所说的——透明的。

我们是自我机器,但我们没有自我。我们离不开自我隧道,因为那个可以离开的人并不存在。自我及其隧道是表征现象:它们只是有意识的存在者用以对实在建模的众多可能方式中的一种。归根结底,主观经验是一种生物数据格式,是一种呈现关于世界的信息的高度特化的模式,而自我不过是一个复杂的物理事件——你的中枢神经系统的一种激发模式。

假如出于比如意识形态或心理学的原因,我们不想面对这一事实,不想放弃关于何为"自我"的传统概念,则可以构造一个较弱的版本。我们可以说,自我是大脑中的一个广泛分布的过程——创造一个自我隧道的过程。我们可以说,作为一个整体的系统(自我机器),或使用这个由大脑构造的意识自我模型的有机体可以被称作"自我"。那么,自我就会是一个可以在全局可用性的层面上表征其自身的自组织和自维持的物理系统。自我不是一个物件而是一个过程。只要生命过程——自稳定和自维持的持续过程——被反映在一个有意识的自我隧道中,我们就的确是自我。或者,毋宁说,我们是"自我着"的有机体:在我们早上醒来的那一刻,物理系统——也就是我们自己——便开始了"自我着"的过程。一串有意识事件的新链条开始了,又一次,在一个更高层次的复杂性上,生命过程**作为它自己展开**。

尽管如此,正如我一再强调的,头脑当中没有小人。此外,弱化

# 第八章
## 意识科技与人类形象

版本并没有真正严肃对待现象学。没错,当你从深度睡眠中醒来时,自我性的意识经验就会浮现。就像我在离体经验那章所描述的,这可能与身体图像可用于自我指向的注意力有关。不过,没有人在叫醒,没有人在幕后按下重启键,也没有主体性的超然的技术人员。如今的关键词是"动力学自组织"。严格来说,我们内部没有任何跨时间而保持不变的本质,没有什么在原则上是不能被分割成部分的,没有实体性的自我可以独立于身体存在。一个在任何更严格或形而上学上有趣的意义上的"自我"似乎都不存在。我们必须面对这个事实:我们是**无自我**的自我机器。

很难去相信这一点。**你**也无法相信它。这可能也是意识之谜的核心:我们感到其解答是极度反直觉的。更大的图景无法被妥当地反映在自我隧道中——它会消解自我隧道本身。换言之,如果想要经验到这个理论的真实性,我们只能通过急剧改变意识状态来这样做。

隐喻没准儿能帮得上忙。比方说,本书的中心主张是,在你读刚才的几段时,你——作为一个整体的有机体——不断地误以为你自己是当下被大脑激发的自我模型的内容。不过,虽说自我仅仅是个表象,但说它是个**错觉**可能就错了,隐喻总是有限度的。所有这些都发生在大脑中的一个非常基础的层面上(哲学家称这一信息处理的层次是"亚个人的",计算机科学家称之为"亚符号的")。在这个构成认知事物之先决条件的根本层次上,真和假尚不存在,也没有一个可以**拥有**自我错觉的实体。在这个亚个人层次的持续过程中,没有能动者——没有可被算作这一错觉的创造者的恶魔。也没有可被算作错觉的主体的实体。在这个系统中,没有人可能会误解或为任何东西感到

困惑——(脑中的)小人并不存在。我们有的只是一个新的连贯结构的动力学自组织,亦即,大脑中透明的自我模型,这也就是同时作为没有人而只有自我机器所意味的。总之,在现象学和神经生物学的层次上,有意识的自我既不是一种知识的形式,也不是一个错觉。它就是它。

## 智人的新形象

很明显,人类的一个新形象正在科学和哲学中浮出水面。其浮现不仅受到分子遗传学和演化理论的推动,也受到意识的认知神经科学和现代心灵哲学的推动,且愈演愈烈。在此紧要关头,重要的是切莫混淆人类学的描述性和规范性的方面。我们必须小心区分两个不同的问题:什么是人类?人类应当成为什么?

显然,创造了身体、大脑,以及有意识的心灵的演化过程不是一串目标导向的事件链条。我们是能够演化出有意识的自我模型和创造大型社会的基因复制装置。我们也能够创造极其复杂的文化环境,这反过来又塑造并不断增加了自我模型的层次。我们创造了哲学、科学、思想史。但这一过程背后没有意图——它是盲目的、自下而上自组织的结果。没错,我们有关于意志的意识经验,而且每当我们参与哲学、科学或其他文化活动时,我们经验到自己是在有意图地行动。但认知神经科学现在告诉我们,这种参与很可能是大脑所产生的一种无自我的、自下而上过程的产物。

然而,与此同时,有些新的事情正在发生:有意识的自我机器通

# 第八章
## 意识科技与人类形象

过形成科学共同体来参与知识的严格扩展。他们正逐渐揭开心灵的奥秘。生命过程本身被镜映到它所创造的上百万个系统的意识自我模型中。此外,关于这如何成为可能的洞悉也在扩张。这种扩张正在改变自我模型的内容——内在的以及其在科学、哲学和文化中的外在版本。科学正在入侵自我隧道。

智人新兴的形象是这样一个物种,其成员一度渴望拥有不朽的灵魂,但却慢慢认识到,它们是无自我的自我机器。活着的生物命令——事实上是永远活下去——在上千年的岁月中,烙刻在大脑中,烙刻在情绪自我模型中。可全新的认知自我模型告诉我们,实现这一命令的一切企图终将是徒劳的。生命之有限对于我们来说,不仅是个客观事实,也是一个主观的缺口,一个现象自我模型中所暴露的伤口。我们有一个深切的、内生的存在论冲突,而我们似乎是这个星球上首当其冲地有意识地经验到它的生物。事实上,我们许多人终其一生都在试图避免经验到它。也许正是自我模型的这一特征使得我们生来就有宗教性:我们**就是**这个尝试重新成为一个整体,尝试调和我们之所知与我们觉得不应如此的东西的过程。在此意义上,自我向往永生。自我一部分导源于维持其自身的一贯性和容纳它的有机体的一贯性的不断尝试,由此产生了牺牲智识上的诚实来换取情绪上的安乐的持续诱惑。

自我演化为一种社会认知工具,它最大的功能优势之一就是让我们读懂其他动物或同类的心灵——然后去欺骗他们。或欺骗我们自己。由于我们内生地对最大限度情绪和人身安全的存在论需求永远得不到满足,我们对虚妄和怪异的信仰系统反而有强大的欲望。心理演化赋予我们不可抗拒的冲动,通过创造形而上的世界和无形的人,来

满足我们对稳定和情感意义的情感需求。① 灵性（spirituality）可被定义为看见事物之**所是**——放弃对情感安全的追索——宗教信仰可以被视作通过重新设计自我隧道而墨守这种追索的企图。宗教信仰是一种赋予生命以更深切的意义，并将其嵌入一个积极的元语境中的企图——它是一种最终要感到**在家**的人类深层的企图。它是一种理智战胜享乐跑步机的策略。在个体层次上，它似乎是达到稳定状态的最成功的方式之一——与迄今发现的所有药物一样好或者更好。如今，科学似乎在把这些从我们这里夺走。涌现出的空虚可能是目前宗教激进主义兴起的一大原因，即便是在世俗社会中也是如此。

没错，自我模型让我们变得聪明，但它无疑不是一个智能设计的例子。它是主观受苦的种子。如果创造出生物自我机器的过程是由一个人所发动的，那么此人将不得不被描述为残忍的，甚或恶魔一样的。我们从来没有被问过是否想存在，也永远不会被问到是否想死，或者是否准备好这样做。特别是，我们从来没有被问过是否想带着**这个**基因组合和**这种**身体生活。最后，我们当然也从未被问过是否想带着**这种**大脑生活，包括**这种**特定类型的意识体验。是时候反抗了。我们所知的一切都指向一个简单却难以接受的结论：演化就这么发生

---

① 我们对于看不见的人的信念可能有许多不同的根源，可能包括所谓的亢进的能动者－侦测策略（见 D. Barrett, "Exploring the Natural Foundations of Religion," *Trends Cog. Sci.* 4 [2000]: 29–34）；对于祖先崇拜，参阅 Daniel C. Dennett, *Breaking the Spell: Religion as a Natural Phenomenon* (New York: Viking, 2006), esp. 109ff; 和 Thomas Metzinger, *Being No One: The Self-Model Theory of Subjectivity* (Cambridge, MA: MIT Press, 2003), p. 371ff. 也要注意，离体经验几乎不可避免地促成了早期人类对于存在看不见的人和更精妙的实在层面的坚定信念，见 T. Metzinger, "Out-of-Body Experiences as the Origin of the Concept of a 'Soul,'" *Mind and Matter* 3, No.1 (2005): 57–84. https://philpapers.org/archive/METOEA.1.pdf。

# 第八章
## 意识科技与人类形象

了——毫无先见、随机偶然且没有目标。没有人去鄙视或反抗——甚至我们自己也没有。这不是某种奇怪形式的神经哲学虚无主义,而是关乎智性诚实和强大的灵性深度的观点。

今后,最重要的哲学任务之一将是发展一套全新的、全面的人类学——一套综合我们已经取得的关于我们自己的知识的人类学。这样一种综合应当满足几个条件。它理应是概念上融贯的,没有逻辑上的矛盾。它应当由一个直面事实的诚实意图来促动。它应当对修正保持开放的态度,能够容纳来自认知神经科学和相关学科的新见解。它必须为规范性的决策奠定基础,建立一个理性的根基——关于我们未来想要成为什么的决定。我预测,由哲学所促动的神经人类学将成为21世纪最重要的新研究领域之一。

## 革命的第三阶段

意识革命的第一阶段是关于理解意识经验本身,关于我一直称之为隧道。这一阶段进展顺利,并取得了一些成果。第二阶段将通过揭开第一人称视角和我一直称之为自我的奥秘而直指问题的核心。这个阶段已经开始了,近期关于能动性、自由意志、读心和一般意义上的自我意识的一股脑的科学论文和书籍就是例证。

第三阶段将不可避免地带引我们回到这一历史转型的**规范性**维度——回到人类学、伦理学和政治哲学。它将使我们面对许多新问题,即我们想用所有这些关于我们自己的新知识干什么,如何处理由此产生的新可能性。我们如何与这样的大脑相处?哪些意识状态是

有利的,哪些对我们是有害的?我们将如何把这一新的觉识整合进文化和社会中?人类学的冲突——新旧人类形象之间日益激烈的竞争——可能有何后果?

现在可以理解为什么理性的神经人类学如此重要:我们需要为接下来的伦理辩论准备一个经验上合理的平台。回想一下我之前强调的明确分开"什么**是**人类?"和"人类**应当**成为什么?"这两个问题有多重要。

考虑一个简单的例子。在我们最近的西方历史上,宗教是个私域事务:你信仰任何你想要相信的。然而在未来,相信灵魂存在或相信死后生命仍存在的人可能不再像在 20 世纪的西方那样得到宽容,而是受鄙视——就像那些继续宣称太阳绕着地球转的人一样。我们可能不再能够把自己的意识视作我们形而上的希冀和欲求的合法载体。政治经济学家和社会学家马克斯·韦伯(Max Weber)的著名提法,"世界的祛魅",说的是理性化和科学带欧洲和美国进入了现代工业社会,抗拒了宗教和所有有关实在的"魅力"理论。现在我们正在见证自我的祛魅。

这个过程中的众多危险之一是,如果将魅力从自身的形象中移除,我们也可能会将其从其他人的形象中移除。我们可能不再彼此吸引。智人形象构成了日常实践和文化的基础,它塑造了我们对待彼此的方式以及如何主观地经验自己。在西方社会中,犹太-基督教的人类形象——无论你是不是信徒——维系了一个日常生活中最低限度的道德共识。它一直是社会凝聚力的一个主要因素。如今,神经科学不可挽回地消解了犹太-基督教的那种包含着不朽的神性火花的人类形象,我们开始认识到,它们没有被任何可以将社会团结在一起并为共

# 第八章
## 意识科技与人类形象

享的道德直觉和价值提供一个共同基础的东西替补。紧随神经科学的发现而来的，很可能是一个人类学和伦理学的真空。

这是个危险的处境。一个潜在的境遇是，早在神经科学家和哲学家解决任何长期的议题之前——例如自我的本质、意志自由、心灵和大脑之间的关系，抑或是什么使人成之为人——一种庸俗的唯物主义可能会生根发芽。越来越多的人开始告诉自己："我不懂所有这些神经专家和意识哲学家在说什么，但结局对我来说似乎很清楚。真相昭然若揭：我们是复制基因的生物机器人，活在这么个寒冷空旷的物理宇宙中的一颗孤独星球上。我们有大脑，但没有不朽的灵魂，并大约在七十年后谢幕。不会有来生或对任何人的赏罚，最终每个人都是孤独的。我明白这意思了，而你最好相信我会照此调整行为。不让任何人知道我看穿了这个游戏可能是明智之举。最有效的策略将是继续假装我是一个保守、老派的道德价值的信奉者"诸如此类。

我们已经在经历人类形象的自然主义转向，这看起来没有回头路。意识革命的第三阶段将比过去的任何科学革命更剧烈地影响我们的自我形象。我们将收获很多，但将付出代价。因此，必须明智地评估社会心理成本。

当前实证心灵科学的知识暴增是完全不受控制的，有其自身的多层次动力，其速度也在不断加快。它也在伦理真空中展开，受个体的生存利益驱使而不为政治考量所动。在发达国家，它正在拉大受过学术教育、科学知识丰富的人——他们对科学世界观持开放态度——和那些甚至从未听说过"意识的神经相关物"或者"现象自我模型"等概念的人之间的差距。许多人墨守形而上的信念系统，害怕他们内在的生命世界（Lebenswelt）被这些新的心灵科学占领。在全球层面上，

发达国家和发展中国家之间的差距也在拉大:这个星球上超过80%的人类,尤其是那些生活在人口增长的贫穷国家中的人,仍然牢牢扎根在前科学的文化中。他们之中的许多人甚至**不想**听到意识的神经相关物或现象自我模型。尤其对于他们来说,这个转型来得太快,而且这个转型也是来自那些过去系统地压迫和剥削过他们的国家。

加剧的分裂有增加传统冲突的来源的危险。因此,意识革命早期阶段的主要研究者有义务引导我们度过第三阶段。科学家和学院哲学家不能仅仅将自己局限在为意识和自我的完整理论做贡献上。如果存在道德义务,他们必须面对他们所创造出的人类学和规范上的空白。他们必须用通俗易懂的语言去传达他们的成果,向那些纳税给他们支付薪水的社会成员解释这些发展。(这是我写这本书的理由之一。)他们不能简单地把所有的抱负和智慧都投入科学事业上,同时摧毁人类在过去二千五百年来所相信的一切。

让我们假设智人形象的自然主义转向是不可逆的,并且一个强版的唯物主义正在发展,据此,我们不能再视自己为有着与某个人格神紧密相连的神圣起源的不朽存在者。与此同时——这一点常常被忽视——我们对于物理宇宙的看法本身将经历一场剧变。现在,我们将不得不假设宇宙具有一种主观性的内在潜能。我们将突然明白,物理宇宙不仅演化出了生命和有着神经系统的有机体,还演化出了意识、世界模型和强健的第一人称视角,从而打开了通向所谓社会宇宙的大门:高层次的符号交流,观念的演化。

我们**是**特殊的。我们体现了一个重大的相变。我们把一种强烈的主观性形式带进了物理宇宙——一种以概念和理论为中介的主观性形式。在我们所知的实在的极其有限的部分中,我们是绝无仅有的有感

# 第八章
## 意识科技与人类形象

生物——我们个体存在的纯粹事实对我们提出了理论问题。我们发明了哲学与科学，开启了一个获取自我反省知识的无止境过程。亦即，我们是纯粹的物质存在者，其表征能力已变得如此强大，以至于使我们形成了科学共同体和智识传统。由于亚符号、透明的自我模型作为不透明的、认知自我的锚点起作用，我们得以成为思想的思考者。我们能够在建构随着时间迁移并不断优化的抽象实体上合作。我们称这些实体为"理论"。

现在，我们正在进入一个前所未有的阶段：数世纪以来对意识理论的哲学探索，以一个以可持续方式而逐步推进的严格经验性的研究课题而告终。这一过程是递归式的，这在于它也将改变自我模型的内容和功能结构。这一事实告诉我们关于发生所有这些事件的物理宇宙的一些事情：宇宙不仅有生命的自组织和强烈主观性的演化的潜能，还有更高层次的复杂性。我不会说物理宇宙在我们身上变得对其自身有意识。然而，生物神经系统中融贯的有意识实在模型的涌现，在物理宇宙中创造了一种新形式的自相似性。世界演化出了世界建模者。部分开始镜映整体。数十亿个有意识的大脑就像数十亿双眼睛，宇宙可以用它们看到其自身**在当下**存在。

更重要的是，世界演化出了能够形成群体的自我建模者，通过内在建模提升自相似性的过程而从神经系统跨越到科学共同体。另一种新的性质被创造出来。这些群体反过来创造了对于宇宙和意识的理论描绘，以及一个持续改善这些描绘的缜密策略。通过科学，自我建模和世界建模的动态过程被扩展到符号、社会和历史维度：我们成了理性的理论制造者。我们利用意识的统一性来找寻知识的统一性，还发现了道德完整性（moral integrity）的观念。智人的意识自我模型让这

一步成为可能。

最终,任何令人信服的和真正令人满意的神经人类学都必须妥善处理像这些事实。它必须告诉我们,在人类的意识自我模型中究竟是什么使这种高度特化的转型成为可能——不仅对这个星球上的意识的生物历史至关重要,还改变了物理宇宙的本质。

## 变异状态

人类的新形象还有第二个积极方面,它将使我们以一种不同的眼光看待自己。这是我们现象状态的空间深不可测的深度。神经网络的数学理论已经揭示了大脑中可能存在的神经元配置的巨大数量和不同类型的主观经验的数量之多。我们大多数人完全没有意识到我们经验空间的潜能和深度。个体人脑可能的神经现象学配置的数量、各种可能的隧道如此庞大,你终其一生也只能探索其中的极小部分。然而,你的个体性、你心灵生活的独特性,与你选择哪条轨迹穿越现象状态空间大有关系。没有人会再过一次**这场**意识生活。你的自我隧道是独一无二且自成一体的。尤其是,一个自然主义的、神经科学的人类形象突然使人明白,我们不仅有大量的现象状态可供支配,而且对这一事实的明确觉识以及系统性地使用它的能力如今可以成为全人类所共有的。

当然,有个探索意识变异状态(altered states of consciousness)的古老的萨满教传统。几千年来,瑜伽修行者和托钵僧、巫师、修道士和神秘主义者都在进行或多或少的系统性、经验性的意识研究。在所

## 第八章
## 意识科技与人类形象

有时代并且在所有文化中,人类都在探索意识心灵的潜能——通过有节奏地击鼓和催眠技法、通过禁食和睡眠剥夺、通过冥想和清醒梦的培养,或通过使用从草药茶到迷幻蘑菇中的精神活性物质。当今的新特点是,我们正慢慢开始理解所有这些另类实在隧道的神经基底。只要发现了特定形式内容的意识的神经相关物,我们原则上就能够以许多新的方式操控这些内容——放大或抑制它们、改变它们的性质、产生新类型的内容。义脑和医疗神经技术已在进行中。

神经技术将不可避免地转变成意识技术。现象经验将逐渐在技术上变得可用,我们将能够以更加系统和有效的方式操纵它。我们将学会使用这些发现以克服我们生物上演化来的自我隧道的局限。我们可以主动设计意识心灵的结构一直被忽视,而经过理性神经人类学的发展,这一事实将变得越来越明显。一旦神经技术开始展现为神经现象技术,或可称为**现象技术**(phenotechnology),作为一个自主的能动者和能够为自己的生活负责将具有全新的意义。

我们肯定可以通过控制有意识的心灵-大脑,在一些更深的维度上探索它来增加我们的自主性。人类新形象的这个特定方面是个好消息。但它也是危险的消息。要么我们找到一种方法,以一种明智且负责的方式处理这些新神经技术的可能性,要么我们将面临一系列历史上空前的风险。这就是为什么我们需要一个应用伦理学的新分支——意识伦理学。我们必须开始思考我们要用所有这些新知识来干什么——以及首先什么是一个**好**的意识状态。

第九章

# 新型的伦理学

　　意识革命产生了新知识，它也为行动产生了新的风险和新的潜能。行动的新潜能包括以精细的方式改变大脑的功能属性及其实现的现象属性的能力——也就是经验的内容。除了橡胶手、幻肢、离体经验之外，操纵意识内容的其他例子还包括在视野中诱发人工盲点，[1]引发主观感质上"红色的绿"或"黄色的蓝"的经验，[2]以及通过刺激某些丘脑底核产生一个剧烈而短暂的沮丧。[3]不仅感官和情绪经验

---

[1] Y. Kamitami & S. Shimojo, "Manifestation of Scotomas Created by Transcranial Magnetic Stimulation of Human Visual Cortex," *Nature Neuroscience* 2 (1999): 767–771.

[2] H. Crane & T.P. Piantanida, "On seeing reddish Green and yellowish Blue," *Science* 221 (1983): 1078–1080.

[3] B.-P. Bejjani et al., "Transient Acute Depression Induced by High-Frequency Deep-Brain Stimulation," *N.E. Jour. Med.* 340 (1999): 1476–1480. 以下是病人描述她自己的意识经验的例子："我在头脑中坠落，我不再希望活着，不再希望看到什么，听到什么，感觉到什么。"作者报告说，当她被问及为何哭泣以及是否感到痛苦时，她回答说："不，我已经厌倦了生活，我已经受够了……我不想再活下去了，我对生命感到厌恶……一切都是无用的，总觉得没有价值，我在这个世界上很害怕。"当被问及她为什么悲伤时，她回答说："我很累。我想躲在一个角落里……当然，我在为自己哭泣……我没有希望了，我为什么要打扰你。"（转下页）

可被技术操控,自我的高层属性,像意志和能动性的经验(回想一下第四章中斯特凡·克莱默的实验)也是如此。

几个世纪以来,我们已经知道灵性经验可以由包括麦司卡林(mescaline)、裸盖菇素(psilocybin)和致幻剂(LSD)在内的神经活性物质导致。电磁刺激是另一种途径。90年代末,加拿大安大略省劳伦森大学(Laurentian University)的神经科学家迈克尔·伯辛格(Michael Persinger)利用电磁场刺激被试者的大脑,成功制造出所谓的宗教体验,即有一个不可见的人在场的主观印象,因而受到了全世界媒体的关注。① 教益是很明确的:无论宗教体验是什么,它们显然有一个充分的神经相关物——一个可以通过实验刺激的关联物。越来越清楚的是,这个过程没有原则性的限制。这不会消失——它只会变得更高效。例如,如果可以确定哪类癫痫病患在发作前通常体验到宗教式的狂喜,以及这些癫痫病灶在大脑中的位置,我们就可以用侵入性或非侵入性的方式来刺激健康人的同一些脑区。

---

(接上页)请注意,深层脑刺激也可以产生恰恰相反的效果,即缓解严重的、耐受治疗的抑郁症。这里有一段描述:"所有患者都自发报告了急性效应,包括'突然的平静或放松''虚空的消失''意识的提升''连接'以及房间的突然变亮,包括视觉细节的锐化和对刺激的颜色的强化。"见 H. Mayberg, "Clinical Study: Deep Brain Stimulation for Treatment-Resistant Depression," *Neuron* 45 (2005): 651–660。

① C. M. Cook & M. A. Persinger, "Experimental Induction of the 'Sensed Presence' in Normal Subjects and an Exceptional Subject," *Percept. Mot. Skills* 85 (1997): 683–693. 关键的评价和自我体验报告请参阅 John Horgan, *Rational Mysticism: Dispatches from the Border Between Science and Spirituality* (New York: Houghton Mifflin, 2003)。

# 第九章
## 新型的伦理学

宗教经验和人格转变的颞叶理论可能是有瑕疵的，[①] 但原理是明确的。当找到一个有趣的意识状态的最小充分的神经动力学核心时，我们便能试着通过实验来重现它。由于许多这样的经验都包含确定性的现象学，并自动导向人们**不是**在产生幻觉的确信，因此这些实验——取决于幻觉本身的内容——可能会产生不适，甚至有危险的后果。自欺可能感觉像是洞察力。然而，一旦这样的技术问世，人们就会想去体验它们。关于人工诱发的宗教体验，许多人将得出自己的结论，而不太关心神经科学家或哲学家的说法。人们可以展望这样一个未来，在其之中，人们将不再只为娱乐而玩电子游戏或尝试虚拟现实；相反，他们将利用最新的神经技术工具，探索意识变异状态的宇宙，以寻求意义。或许他们将会在街头巷尾摆弄颞叶，或者放弃教堂、犹太教堂和清真寺，而选择新的超个人享乐工程和形而上学隧道设计中心。

原则上，可以通过修补负责相关信息处理的硬件来设计我们自己的自我隧道。为了激发一个特定形式的现象内容，需要发现在正常情况下大脑中的哪个神经子系统承载该表征内容。无论所期望的现象内容是宗教敬畏、不可言喻的神圣感、肉桂的味道，还是一种特殊的性

---

[①] 参阅 M. A. Persinger, "Religious and Mystical Experiences as Artifacts of Temporal Lobe Function: A General Hypothesis," *Perc. Mot. Skills* 57 (1983): 1255–1262. 长期以来，临床医生观察到，在某些患有慢性中颞叶癫痫的病人中，情感加深，并发展出一种严肃的、高度道德和精神性的举止。这是否可以算作一种特殊的"人格综合征"的证据，仍有争议。参阅 O. Devinsky & S. Najjar, "Evidence Against the Existence of a Temporal Lobe Epilepsy Personality Syndrome," *Neurology* 53 (1999): S13–S25; D. Blume, "Evidence Supporting the Temporal Lobe Epilepsy Personality Syndrome," *Neurology* 53 (1999): S9–S12. 最近有个有趣的研究：F. Picard, "State of Belief, Subjective Certainty and Bliss as a Product of Cortical Dysfunction," *Cortex* 49 (2012): 2492–2500。

冲动，其实都不重要。那么，你最喜欢现象空间中的哪个区域？**你想定制什么意识经验？**

## 例一：精神活性物质

从道德上讲，对事实的刻意压制是令人反感的，因为这常常会间接伤害到别人。未来，人类将在一个同构的历史中面对一连串问题：第一，已知的事实在不同的时间被刻意压制。接着，它们突然以一个新的、更全面的形式重现。它们如今已经不再能被单个国家以国家立法或政治措施等方式有效控制。压抑知识的后果是，会有一个新的邪恶形式突然出现在人性的无意识状态中，开始慢慢殖民我们生活的世界。经典的例子如犯罪组织、经济工业（目前这个大麻烦有如猛虎出闸，而且已经演变成一个超越任何国家政府所能控制、强大且极具弹性的全球性问题）以及气候变化等，使用精神活性物质的潮流也是一个类似的例子。

目前，最有可能变成商业化意识技术的神经技术领域是精神活性物质的领域。总的来说，可以预期有许多好处：我们将能够用神经成像、精神外科、深脑刺激和精神药物学的新组合来治疗精神病和神经病。在大多数国家，有1%至5%的人口罹患严重的心理疾病。如今有了切实的希望：新一代的抗抑郁药和抗精神病药将缓解由这些古老的祸害所造成的痛苦。

但我们将比这更进一步。神经伦理学这门重要的新学术学科的一个新关键词是"认知增强"（cognitive enhencement）。不久，我们将

# 第九章
## 新型的伦理学

能够增强健康被试者的认知和情绪。事实上,"美容精神病药物学"(cosmetic psychopharmacology)已经登场。如果能够控制老年痴呆症和记忆力减退,如果能够开发出注意力增强剂并消除羞怯或普通的日常悲伤,我们何乐而不为?而且,为什么要让医生来决定如何用这些药物来设计我们的生活?就像今天可以选择丰胸、整形手术或其他类型的身体改造一样,我们很快就能以一种受控的、微调的方式改变神经化学。但谁来决定哪些改变会丰富我们的生活,哪些改变可能会让我们后悔?

如果我们能让一般人更聪明,是否也应该让聪明人更聪明?最近,《自然》杂志对其读者进行了一次非正式的在线调查,试图确定科学家中使用认知增强剂的情况。[①] 来自60个国家的1400人作出了回应:每五人中就有一人说他或她曾因非医疗原因而使用这类药物来增进注意力或记忆力。在使用者中,哌甲酯(利他林)最受欢迎,有62%的人使用它;而44%的人使用莫达非尼;15%的人使用β-阻断剂,如普萘洛尔。三分之一的人通过互联网购买这些药物。民意调查不仅表明了学者中的大规模用药,还揭示出:五分之四的受访者认为,如果健康的成人有意愿,应该允许他们使用这些药物。近70%的人表示,他们会冒着轻微副作用的风险自行服用这类药物。一位受访者说:"身为一名专业人士,将我的资源用于人类的最大利益是我的职责。如果'增强剂'有益于这种人道服务,我就有责任这样做。"似乎可以放心假定,用于增强的药物神经技术将变得更好,而仅仅是

---

[①] B. Maher, "Poll Results: Look Who's Doping," *Nature* 452 (2008): 674–675. 同样见于 B. Sakhanian & S. Morein-Zamir, "Professor's Little Helper," *Nature* 450 (2007): 1157–1155。

转移视线——就像我们过去对经典致幻剂所做的那样——将无助于避免伦理问题。唯一的区别是,更多的人对认知能力的提升而非对灵性体验感兴趣。就如神经科学家玛莎·法拉(Martha Farah)和她的同事所述:"因此,问题不在于我们是否需要政策来管制神经认知增强,而在于需要什么样的政策。"①

鉴于新一代的认知增强剂,我们是否应该在中学和大学开设考前尿检?如果可以使用可靠的情绪优化剂,那么在工作场所,脾气暴躁或经前综合征是否会被视为不修边幅,就像今天的强烈体味一样?如果"道德提升"成为一种药理学可能性,那么通过药物而能使人们的行为更加亲社会和利他,我们又会怎么做?我们会觉得有义务优化每个人的道德行为吗?②一些人认为,像人脑这样经过数百万年优化的系统,如果不损失一定程度的稳定性就无法进一步优化。其他人会反驳说,我们可能是想开启一个导向新的方向的优化过程,而不同于演化已经逐渐植入有意识的自我模型的东西。我们为什么要成为神经现象学卢德分子(Luddites)呢?

现象技术既有伦理也有政治的维度。最终,我们将不得不决定在一个自由社会中哪些意识状态应该是非法的。例如,让孩子们经验到

---

① M. J. Farah et al., "Neurocognitive Enhancement: What Can We Do and What Should We Do?" *Nature Reviews Neuroscience* 5 (2004): 421–425. 四年后,经过对利弊的仔细分析,也许会出乎很多人的意料,神经伦理学的领军人物现在得出的结论是:"我们应该欢迎改善我们大脑功能的新方法。在一个人类工作时间和寿命不断延长的世界里,认知增强工具——包括药理学工具——对于提高生活质量和延长工作效率,以及避免正常和病理性的认知衰退将越来越有用。安全和有效的认知增强剂将使个人和社会受益。"参阅 H. Greely et al., "Towards Responsible Use of Cognitive-Enhancing Drugs by the Healthy," *Nature* 456 (2008): 702–705。
② 首部严肃讨论这一重要问题的文献请看:T. Douglas, "Moral Enhancement," *J. Appl. Phil.* 25 (2008): 228–245。

# 第九章
## 新型的伦理学

父母处于醉酒状态合法吗?如果老年人或者你工作上的同事用下一代的认知增强剂嗑嗨了并扶摇直上,你会介意吗?调节老年人的性欲呢?如果士兵——或许在伦理上可疑的任务中——在精神兴奋剂和抗抑郁药的影响下作战和杀人,以防止创伤后应激障碍,这可以接受吗?如果一家新公司通过脑电刺激向所有人提供宗教体验,又会如何?就精神活性物质而言,我们迫切需要一个明智的、有差异的药物政策——一个能够应对21世纪神经药理学带来的挑战的政策。如今我们有合法的市场和非法的市场,因此,就有合法的意识状态和非法的意识状态。如果我们着实要设法引入一项明智的药物政策,其目标应当是在最大限度提高潜在收益的同时,亦最大限度降低对个体消费者和社会的损害。理想状态下,我们将逐步降低合法/非法区分的重要性,以便通过文化共识和公民自己来控制所欲的消费行为——可以说是自下而上,而不是由国家自上而下。

然而,我们对神经化学机制了解得越多,黑市上的非法药物就越多,种类和数量皆然。如果你对此持怀疑态度,我推荐你阅读化学家亚历山大·舒尔金(Alexander Shulgin)和他的太太安(Ann Shulgin)合著的《*PiHKAL*:一个化学爱情故事》(*PiHKAL: A Chemical Love Story*),以及亚历山大·舒尔金独撰的《*TiHKAL*:续篇》(*TiHKAL: The Continuation*)。[①](PiHKAL是"我所知道和喜爱的苯乙胺"的缩写,TiHKAL是"我所知道和喜爱的色胺"的缩写。)在第一本书中,舒尔金夫妇描述了179种苯乙胺致幻剂(一组包括麦司卡林和"派对

---

① Alexander Shulgin and Ann Shulgin, PiHKAL: *A Chemical Love Story* (Transform Press, 1991); 以及 Alexander Shulgin, TiHKAL: *The Continuation* (Transform Press, 1997)。

药物"摇头丸），其中大多数是药物设计师、陶氏化学公司前雇员亚历山大·舒尔金本人发明的。除了收集迷幻体验的个人述说外，该书还包括药物化学合成的详细说明和有关不同剂量的信息。在第二卷中，舒尔金介绍了55种色胺类药物——同样，在该书于1997年出版之前，它们中的大多数在非法毒品市场上还不为人知。许多这些新的非法物质的配方以及关于不同剂量的现象学的第一人称报告，都可以在互联网上找到——阿根廷有精神病性倾向的心理学学生、加利福尼亚的另类心理治疗师，或者乌克兰的失业化学家都可以轻松访问。当然，有组织的犯罪也可以。我的预测是，到2050年，我们不得不应付十几种分子主导的非法市场时，这个"美好的旧时光"仿佛就是一场野餐。我们不该愚弄自己：过去的禁令总是失败的，经验表明，总有一个黑市可以满足人的每一个非法的欲望。对于每一个市场，都会有一个行业为其服务。我们可能会见证非法的精神活性化合物的激增，而急诊室的医生则要面对那些使用了他们未曾耳闻的药物的孩子们。

特别是在非法精神活性物质的领域，这些发展的速度之快，以致这些物质在聚会上被用来使人放松：在本书的第一版（2009年出版）中，我小心地在前几段预测了可取得的非法药物数量将剧烈地暴增。在我预测后的三年内，第一年内有41种，再隔一年有49种，到了2012年，只是在欧洲就可以看到73种全新的合成药物；而这些物质是之前闻所未闻的。即便到了今天，可以看到我所预测的大趋势还是没被打破：在接下来的一年内将有81种全新的精神活化药物会被发现，在2014年时的数量则是101种。纵观欧洲刑警组织跟欧洲药物与药物成瘾监测中心（Centre for Drugs and Drug Addiction）的年度报告可以合理地推断，目前的情况已经完全失控。然而，这项观察也适

## 第九章
## 新型的伦理学

用于有药物处方签的"大脑兴奋剂"(brain doping):一旦有效提升大脑能力的物质真的出现,严格控管他们的合法运用机制将不再起什么作用。数百个非法药物实验室会立刻复制这些药物,并将它们推入非法市场。

全球化、互联网和现代神经药理学共同给毒品政策带来了新的挑战。例如,合法药物行业非常清楚,随着互联网药店的出现,国家执法机构再也无法控制精神兴奋剂——例如哌甲酯或莫达非尼(Modafinil)——广泛的使用市场。总有一天,我们可能无法用否认、虚假信息、公共关系运动、立法或严厉的刑法典来应对这些挑战。在滥用处方药和酒精方面,我们已经为现状付出了高昂的代价。现在的问题是,新的挑战正在出现,但我们还没有做足功课。

举个简单的例子:任何有兴趣的人都有足够的时间和机会来尝试经典的致幻剂,例如裸盖菇素、LSD 或麦司卡林。我们现在知道,这些物质不会上瘾,也没有毒性,其中一些物质具有治疗潜力,甚至可以诱发深刻的灵性体验。例如,考虑一下阿道司·赫胥黎《知觉之门》(1954)的这段节选,其中描述了麦司卡林的体验:

>"好受吗?"有人问。(在这部分实验中,所有的对话都被录音机记录下来,这让我有可能唤起对我所说的话的回忆。)
>
>"既不好受也不难受,"我回答道:"就**是**那样。"
>
>Istigkeit——这不是埃克哈特大师(Meister Eckhart)喜欢用的词吗?"本然"(Is-ness)。柏拉图哲学的存在——柏拉图似乎犯了一个巨大且荒诞的错误,把存在(Being)和成为(becoming)分开,而与"理念"的数学抽象等同起来。可怜的家伙,他永远也看不到

一束鲜花闪耀着其自身的内在光芒,并且在它们被赋予的意义的压力之下颤抖;他永远也感知不到玫瑰、鸢尾和康乃馨如此强烈地象征的正是其之所是——一段短暂却又永恒的生命;一场往复的消逝,同时又是纯粹的存在;一束细微且独特的细节,通过某种难以名状却又不言而喻的悖论,被视为一切存在的神圣源头。

这里,我们有了第一个在今天是非法的意识状态的例子。几乎没人可以在不触犯法律的情况下达到赫胥黎简述中的那种状态。这个领域的一个经典研究是沃尔特·潘克(Walter Pahnke)的受难日实验,这是场由神学生参与于 1962 年在哈佛大学进行的实验。[1] 最近,这个实验衍生了两项有趣的后续研究,这次是由巴尔的摩约翰·霍普金斯大学医学院精神病学和行为科学系的罗兰·格里菲思(Roland Griffiths)所进行的。这里使用的精神活性化合物不是麦司卡林,而是裸盖菇素——另一种天然存在的物质,在一些文化中被用作圣餐和有条理的宗教仪式可能有几千年了。如果必须评估以下意识状态的价值(取自哈佛的原始实验),你会如何评价它?

> 我直接经验到了被称为"流溢说"(emanationism)的形而上学理论,在这种理论中,从上帝那清晰且连续的无限之光开始,光会分成各种形式,然后随着现实程度的下降而强度减弱。……"流溢说",尤其是印度教和佛教的宇宙学和心理学的精心设计的层次,

---

[1] W. N. Pahnke & W. A. Richards, "Implications of LSD and Experimental Mysticism," *Jour. Religion & Health* 5 (1966): 179.

第九章
新型的伦理学

以前是概念和推论。如今它们是最直接的感知对象。我可以确切地看到——假如这些理论的先驱有这样的经历——这些理论将如何产生。但除了说明它们的起源之外，我的经验还证明了它们的绝对真理性。

其他参与者将他们的相关感受描述为敬畏、崇敬和神圣。一项对潘克的经典研究的细致重复发表于 2006 年，使用严格的双盲临床药理学方法来评估裸盖菇素相对于活性对比化合物（哌甲酯）的急性（7 小时）和长期（2 个月）的情绪改变和心理影响。[1] 这项研究是在三十六名受过良好教育又没有致幻剂经验的志愿者中进行的。36 人全都表示至少间歇性地参与了宗教或灵性活动，比如礼拜、祈祷、冥想、教堂唱诗班或教育或讨论小组，这限制了本研究的普遍性。根据先验的科学标准，36 名志愿者中有 22 人有过完整的神秘体验。在这些志愿者中，有 12 人将裸盖菇素的体验评为他或她一生中最具精神意义的一次体验，另有 38% 的人将其评为最有灵性意义的前五名体验。超过三分之二的志愿者将裸盖菇素的体验评为他或她一生中最有意义的一次体验，或列入最有意义的前五名体验。

回想一下罗伯特·诺齐克的体验机。这些经验应当算作一种空洞形式的享乐主义，还是属于基于洞见的"认知"形式的幸福？事实上，它们对整个社会有价值吗？它们当然有持久的影响：甚至在 14 个月的随访中，58% 的志愿者仍将裸盖菇素的体验评为生活中最有意义的五

---

[1] R. R. Griffiths et al., "Psilocybin Can Occasion Mystical-Type Experiences Having Substantial and Sustained Personal Meaning and Spiritual Significance," *Psychopharm.* 187 (2006): 268–283.

次体验之一，67%的志愿者将其评为生活中最有灵性意义的五次体验之一，分别有11%和17%的志愿者表示这是唯一一次最有意义的体验和唯一最有灵性意义的体验。此外，64%的志愿者表示，裸盖菇素的体验使他们的幸福感或生活满意度有了适度或非常大的提高，61%的志愿者报告说，这种体验与积极的行为变化有关。①

这项研究例证了我说的"我们还没有做好功课"的意思。过去，没有对这种（和许多其他的）人工诱导的意识状态的内在价值以及它们不仅对公民个人，而且对整个社会带来的风险和好处作出令人信服的评估。我们只是置若罔闻。通过将它们定为非法而不使这些药物融入我们的文化也会造成巨大的损害：灵修者或正经的神学和精神病学学生获取不到它们；年轻人接触到罪犯；人们在不清楚的剂量和未受保护的环境中进行尝试；有特殊脆弱性的人可能做出危险的行为，或因恐慌和巨大的焦虑发作而使自己受到严重创伤，甚至发展出长期的精神病反应。"无为而治"不是个办法，无论我们做什么都有其后果。对于过去的问题以及我们在未来面临的新挑战，皆是如此。

考虑一下精神病反应的风险：在英国，一项关于临床工作中使用LSD经验的调查涵盖了约4300名被试者和总共约49500次LSD治疗。随之而来的自杀率为0.7‰，事故率为2.3‰，每千名病人中，有9名病患的精神错乱持续了48小时以上（其中三分之二已完全康复）。②

---

① R. R. Griffiths et al.,"Mystical-Type Experiences Occasioned by Psilocybin Mediate the Attribution of Personal Meaning and Spiritual Significance 14 Months Later," *Jour. Psychopharm.* 22 (2008): 621–632.

② N. Malleson, "Acute Adverse Reactions to LSD in Clinical and Experimental Use in the United Kingdom," *Br. Jour. Psychiatry* 118 (1971): 229–230.

## 第九章
## 新型的伦理学

另一项研究通过向进行 LSD 受控研究的研究人员发放调查问卷来调查精神病反应的普遍性，发现在 5000 名研究志愿者中，有 0.08% 的人出现了持续 2 天以上的精神病症状。最近，研究人员通过仔细筛选和准备，在控制此类不良反应方面取得了进展。然而，我们应该保持谨慎，假设即使在受控条件下，也应该预期每 1000 名受试者中会有大约 9 例延长的精神病反应。

现在，假设从 1000 名精心挑选的公民中挑出一组人，让他们合法进入裸盖菇素开启的现象状态空间的区域，如同在罗兰·格里菲思和他的同事们最近进行的两项裸盖菇素研究中那样。由于 LSD 和裸盖菇素在这方面非常相似，一个经验上合理的假设是，有 9 人会有严重且长期的精神病反应，其中 3 人会持续 2 天以上，或许还会有终身的后遗症。①330 名公民会将他们的体验评为生命中最有灵性意义的一次体验；670 名公民会说这是生命中最有意义的一次体验，或属于最有意义的前五次体验。② 我们能以这 9 人来反对这 670 人吗？

进一步假设，个别公民决定准备承担这种风险，并要求合法且最大限度地安全进入他们现象状态空间中的这个区域。基于伦理上的理

---

① S. Cohen, "Lysergic Acid Diethylamide: Side Effects and Complications," *Jour. Nerv. Ment. Dis.* 130 (1960): 30–40.

② 请看 R. J. Strassman, "Adverse Reactions to Psychedelic Drugs: A Review of the Literature," *Jour. Nerv. Men. Dis.* 172 (1984): 577–595; J. H. Halpern & H. G. Pope, "Do Hallucinogens Cause Residual Neuropsychological Toxicity?" *Drug Alcohol Depend.* 53 (1999): 247–256; M. W. Johnson et al., "Human Hallucinogen Research: Guidelines for Safety," *Jour. Psychopharm.* 22 (2008): 603–620。在最新的全面科学文献综述中，作者实际上提出了一个有趣的（而且或许是大胆的）主张："在用 LSD 治疗期间，精神病反应、自杀企图和自杀的发生率……似乎与传统心理治疗期间的并发症发病率相当。"请见 Torsten Passie et al., "The Pharmacology of Lysergic Acid Diethylamide: A Review," *CNS Neuroscience & Therapeutics* 14 (2008): 295–314。

由，国家应该干涉吗？或许主张人们无权以这种方式将自己的心理健康置于危险当中，并潜在地成为社会的负担？照此说来，我们将不得不立即禁酒。要是法律专家争论，就像死刑一样，一个错误的决定，一个持续的精神病反应，就已经太过分了，而承担这种类型的风险本质上就是不道德，会如何？要是社会工作者和精神病学家回应说，决定这种体验是非法的，这增加了人口中严重的精神病并发症的总体数量，并使它们在统计上不可见，会怎样？要是教会的判事指出（完全根据还原论唯物主义的背景假设），这些体验只是"似是而非的禅"，不是真实的东西——只不过是**表象**，而没有认知价值，会怎样？一个自由社会的公民是否应当有权利自行寻求这个问题的答案？要是预期的风险/收益比差得多，比如80∶20，这要紧吗？要是没有任何灵性兴趣的公民感到被歧视，并争取他们践行纯粹的"空虚"享乐主义且仅仅为了乐趣而享受埃克哈特大师的"Istigkeit"的权利，会如何？要是极端保守的宗教信徒连同坚定抱持他们对"迷幻圣餐"的信仰的老迈的嬉皮士，感受到深深的侮辱，抗议任何对这些物质的娱乐性的、纯粹享乐主义的使用所蕴含的亵渎，会怎样？这些都是伦理问题的具体例子，我们在过去一直没有找到一个可行的、规范的共识。还没有发展出一种处理这些物质的明智方式——一种将风险降到最低同时让人们享受其潜在好处的策略。我们所做的就是宣布现象状态空间的相关部分为禁区，使大多数国家几乎不可能对这些物质进行学术研究和理性的风险评估。生活，因我们还没做好功课而被毁。

矢口否认的代价可能会与日俱增。许多新的致幻剂类精神活性物质——比如2C-B（4-溴-2,5二甲氧基苯乙胺，街头名称为"六角"或"番仔"）或2C-T-7（2,5-二甲氧基-4(n)-丙基噻盼乙胺，"Blue Mystic"

# 第九章
## 新型的伦理学

或"T7")——已经被开发出来,未经任何临床测试就流入非法市场;其数量将继续增长。

这些只是**老**(且容易的)问题——我们从未做过的功课。今天的需求结构正在改变,技术变得更加精准,市场也变得更大。在这个超快的、竞争越来越激烈的、无情的现代社会中,很少有人在寻求更深层次的灵性体验。他们想要的是警觉、专注、情绪稳定和领袖魅力——所有能通向职业上的成功,以及缓解与快车道上的生活相关的压力的东西。阿道司·赫胥黎已所剩无几,但有一个新的人口因素:在富足的社会中,人们渐渐变得比以往更加长寿——他们想要的不仅是数量,还有生活的**质量**。这些大药厂都知道。每个人都听说过莫达非尼,或许也听说了它已用于伊拉克战争,但至少还有 40 种新分子正蓄势待发。是有很多关于这些的炒作,而危言耸听当然不是正确的态度。但技术不会消失,技术正在进步。

大型的药物公司徘徊在合法和非法的边界,不动声色开发着新型的合成药物。他们知道,"非医疗用途的"认知增强剂将在未来让他们获得巨额利润。例如,莫达非尼的制造商塞法隆表示,大约 90% 的处方药是在标示外使用的。最近互联网药店的普及给他们提供了新的全球分销手段和新的工具来大规模测试潜在的长期效果。

现代神经伦理学将不得不创造一种药物政策的新方法。关键问题是,哪些大脑状态应当是合法的?现象状态空间的哪些区域(如果有的话)应当被宣布为禁区?重要的是要记住,几千年来,各种文化背景的人都使用精神活性物质来诱发特殊的意识状态:不仅仅是宗教的狂喜、放松的欢快或强化的觉知,还有简单、愚蠢的陶醉。新的因素是,这些工具越来越好。因此,我们必须决定,在这些变异状态中,哪些可以融入我们的文化，而哪些要不惜一切代价避免。

在自由社会中，目标应当始终是最大限度地提高公民的自主权。在关注精神活性物质的同时，民主自由概念（也是我们所拥护的）显然需要一个对心灵自我裁决的基本权，这无疑理应受到保护。然而，一旦这一点付诸实施，**真正的**问题将是如何以一种理性、基于证据且道德上有说服力的方式开始去限制并赋予这个基本的自由以原则。我反对经典迷幻剂像裸盖菇素、LSD、麦司卡林等药物的合法化。毫无疑问，这些药物并不会成瘾且只有些微毒性。然而，在背景知识不足且缺乏有效监督的情况下，在不安全的环境中，突发精神疾病的可能风险还是太高了。单单要求合法化这些药物，第一是差异化太低，第二是太廉价了——这也是为什么要求合法化的人经常都是那些不需要为这项法律付出代价的人。**真正**的问题在于，一方面，在自由国家中，每个公民原则上都应该去接触上述提及的意识状态——甚至仅是为了能够去形成她自己的独立意见，这是再清楚不过的了。另一方面，也相当不幸的是，大部分有权做出重要政治与立法决定的人，第一时间并不了解他们所谈论的东西，或许他们应当要有机会去体验那些状态，以便让他们明确知道在这项重要的法规中他们的立场为何。此外，要获得这些非常特别的主观经验空间和洞见以及相对成熟的个体自由，我们要有付出代价的准备。这种新文化的脉络将不会自己显现出来。这也是为什么我们需要投入创造力、智力、金钱和大量的精力去发展一套既新颖又具说服力的方式来处理精神活性物质。例如，可以发展某种驾驶许可模式，这种模式提供个人初步的精神疾病风险评估，像一种理论型考试，还可以提供五堂在受保护环境下具有专业监督的"驾驶课程"。而通过这些测试的人，比方说，可以每年买两

# 第九章
## 新型的伦理学

个剂量的特定经典致幻剂供个人使用。以一种有区分度且是基于证据重要的方式,来慢慢改进这一模式,之后可能还可以将程序稍作修改,供认知增强或其他种类的物质检定使用。这将成为一个长期发展的起点,当然许多其他的策略也是可设想的。但真正重要的是,面对数十年的停滞和持续伤害之后,社会层面的发展终于开始了。既然如此,我们应该对这个问题采取一个清醒的看法。应该尽量减少我们在死亡、成瘾方面所付出的代价以及可能对经济造成损失的代价,例如,生产力的显著损失。然而,问题不仅在于如何保护我们自己,也应该确定精神活性物质可以为文化提供的隐性好处。像那些由经典的致幻剂所引发的灵性体验原则上是否应当禁止?拒绝让更多神学或精神病学的严肃学生接触这些意识变异状态是否可以接受?任何寻求有效的灵性或宗教体验的人——或者只是想亲眼看看——不得不违反法律并承担与不确定的剂量、化学杂质和危险环境有关的风险,这可以接受吗?我们当前药物政策的许多方面都是武断且在伦理上是站不住脚的。例如,允许危险的成瘾物质——例如酒精和尼古丁——做广告,这合乎道德吗?政府应该通过对这些物质征税而从其公民的自毁行为中获利吗?我们将需要涵盖每一个分子及其相应的神经现象学特征的精确法律。神经伦理学不仅要考虑一种物质对大脑的生理影响,还必须权衡心理和社会风险与一种或其他变异的大脑状态所带来的体验的内在价值——这是一项艰巨的任务。如果我们能够建立一个基本的道德共识,并得到大部分公众——这些规定所为之制定的公民——的支持,这项工作就会容易些。政府机构不应该对他们的目标受众撒谎,相反,应该试图恢复他们的信誉,特别是在年轻一代中。黑市比合法市场更难监管,而政治决策对消费者行为的影响通常比文化环境要弱得多。光靠法律没用。对于新的精神活性物质所带来的挑战，我们将需要一个新的文化环境来应对。

## 例二：动物伦理学

今天，很多人相信新形式的世俗人道主义可以解答即将到来的问题。哲学史上有个来自伊曼努尔·康德的美好想法，他认为，每个人都应当尊重整个人类物种以及个体人类，也认为可以要求其他每个人都付出相同的尊重。然而，我相信这两方面都不够理想，因此最终只会流于表面。真正重要的是那群有能力遭受苦难的生命：我们需要尊重在意识经验层面上遭受苦难的能力，而且必须尊重所有拥有现象自我模型的生命，因为是现象模型让主体有了遭受苦难的潜能。① 而且，原则上不应该杀害任何我们假设有潜能在其自身存在的连续性中形成一个主观经验信念的生命。这也与我们的尊严有关（我将在结语回到这点上）：除非我们尊重有能力遭受苦难的非人类生命，否则不可能真正尊重自己所拥有的遭受苦难的能力。我们也就不会怜悯我们自己。除非认真对待其他有意识主体的死亡恐惧，否则我们将无法发展出对自己死亡的尊重态度。这就是为什么传统人道主义是不够的。重点不是理性思考的能力或特定的生物物种，而是全体有某种特殊自我模型特征的意识系统。希望在未来、在我们更深刻地理解自我意识的

---

① 更多资料请参阅 T. Metzinger, "Suffering" In Kurt Almqvist & Anders Haag (2016)[eds.], *The Return of Consciousness*. Stockholm: Axel and Margaret Ax:son Johnson Foundation（可免费在互联网获取）。

基础后，这一点能变得越来越明确。我在神经科学领域的朋友们所做的许多出色的实验，例如关于神经同步和双眼竞争的实验，关于做梦的动物大脑的实验，或者关于镜像神经元和读心的实验……都是我自己永远不会做的实验。然而，作为一个哲学家，我解释这些数据并写作有关它们的内容。我像是只哲学家寄生虫，从我认为道德上可疑的研究实践中获利。在我们实验性的意识研究中不断牺牲的小猫和猕猴对意识理论不感兴趣，这些实验的结果只关乎我们这个物种的旨趣。然而，我们为了追求这种利益，让其他物种的成员遭受痛苦，强迫它们进入非常不愉快的意识状态，甚至剥夺它们的生存权。作为一个理论家，我有权利阐释通过让动物受苦而收集到的数据吗？我在道德上有义务抵制这些类型的实验吗？

就像在机器意识的伦理问题上这个例子说明了一个几乎所有人都会同意的指导原则：除非有压倒性的理由，否则我们不应该增加宇宙中有意识的痛苦的总量。再没有在哪个道德议题上，洞见和人类行为之间的鸿沟是如此之大、我们之所知与我们的所作所为相去甚远。几百年来，我们对待动物的方式显然是站不住脚的。鉴于我们对意识经验的神经基础的所有新知识，现在的举证责任转移到了肉食者一方，甚至可能转移到了像我这样有知的食肉动物、哲学家寄生虫和其他间接从道德上可疑的研究实践中获利的人身上。

## 例三： 莫衷一是的神经技术

或者想象一下，比如说，我们可以开发出一种方法论上合理的、

成功的"大脑指纹"方法。假设我们能找到与故意说谎有关的意识经验的神经相关物(事实上,第一批候选者已经在讨论中)。我们便可以建造高效且高科技的测谎仪,不依赖于表面的生理情况,如皮肤电导或外周血流的变化。① 这会是打击恐怖主义和犯罪的一种极其有用的工具,但它也会从根本上改变我们的社会现实。以前是隐私的范例的东西——你的心思——将突然变成一项公共事务。某些简单的政治抵抗形式——例如在审讯中误导当局——会不复存在。另一方面,社会将在许多方面从透明度的提高中受益。无辜的犯人可以免于死刑。想象一下,在总统竞选的辩论期间,每当候选人大脑中与说谎有关的神经相关物变得活跃,他或她面前就会亮起红灯。

但近乎无可辩驳的测谎会比这做得更多:它会改变自我模型。假如,作为公民我们知道,在原则上秘密不再存在——我们不再能向国家隐瞒信息,那么日常生活的支柱(至少是西方世界的日常生活)——对理智自主的享有——也将不复存在。仅仅觉识到这种法医神经技术的存在,就足以带来这种变化。我们愿意生活在这样一个社会中吗?这会利大于弊吗?我们如何(如果有的话)防止这些新技术被滥用?就像认知被增强一样,新的机会将产生新的问题(想想求职面试、离婚程序、移民管控或健康保险公司),而且商业潜力巨大。在不久的将来,神经伦理学的一个核心问题将是保护个人的隐私权。在德国,自国家安全局曝出丑闻以来,我们知道我们的政府必定

---

① 请看 Judy Illes, *Neuroethics: Defining the Issues in Theory, Practice, and Policy* (New York: Oxford University Press, 2005); 和 P. R. Wolpe et al., "Emerging Neurotechnologies for Lie-Detection: Promises and Perils," *Amer. Jour. Bioethics*, No.2 (2005): 39–49; 或者 T. Metzinger, "Exposing Lies," *Scientific American MIND*, (October/November.2006): 32–37。

无法在此过程中帮助我们。因此我们需要促进独立的讨论来对下面这个问题提出具有说服力的答案：我们的内心世界，我们自我隧道的内容，是一个国家管不着的领域吗？我们是否应该界定一个"心灵的私域"，还是说任何可以被现代神经科学揭示的东西都应该由政治决策来支配？我们不久就需要为人类大脑制定一个新版的英国《数据保护法》了吗？再说一遍，这些技术正在来临，它们正逐渐变得成熟，置若罔闻将于事无补。

## 例四：机器人再具身

在第三章，我讨论了一个始于 2007 年的全身错觉的经典研究。虽然这些早期的实验效果相当微弱，但这一基本概念有许多不同的有趣形式，且由此开启了新科学研究的一波浪潮。我选用的第二个例子是简·阿斯佩尔和卢卡斯·海德里希所做的心脏实验，这也是我们此前谈到过的。而这里是第三个例子——这个例子不仅在心灵哲学中有趣，也说明了我所说的关于某些新科技将会朝向**意识科技**的问题，简言之，这将触及自我概念的核心，因为它们将与自我模型有相当直接的互动。

自我模型理论与其他模型相比不过只是一个哲学模型罢了。它从一开始就展现为一个尽可能与科学数据紧密结合的跨领域研究框架。如果自我模型理论的基本想法正确的话，它会产生对各种经验研究的预测，而这些预测都可以通过实验来检验。其中的一个预测是，原则上必定可以将人类大脑中的意识自我模型**直接**连接到外部系统中——例

如,连接到计算机、机器人或虚拟现实或网络中的人工身体图像上。这个预测最近刚刚被证明。近几年,一个被称为脑机接口的领域有许多进展,这些进展使我们得以更仔细地去研究自我模型理论的经验面向。

脑机接口的特别之处在于,无需启动周边神经系统、躯干或任何肢体就能建立大脑与计算机的连接。例如,瘫痪者通过"心灵力量"去操纵机械手臂或绘图软件,健全者可以直接通过大脑发送推特或群聊。为了做到这一点,就要记录电位活动(例如使用 EEG 或插入电极),或测量某些大脑血流的性质(例如使用核磁同步成像或纳米等级的红外光谱仪)。这些测量由计算机辅助得到分析,并把所发现的形式转换成控制信号。这个技术的发展有几个哲学上有趣的理由,它不仅让我们大范围地"绕过生物身体"与世界互动,也使我们得以比之前更为精准地去检验关于自我性涌现的理论。这些发展都是前所未有的。

自我模型理论假设下的另一个实验预测是:原则上,必定能以一种直接的因果方式同时是以非神经、非生物身体的方式,把用来感知或运动的人工器官嵌合到人类的自我模型中。借此,我们不仅在经验上,也以一种全新的方式在功能上把自己置入科技产生出的环境之中。五年来,我在一个欧盟资助的计划——VERE 计划("VERE"是**虚拟具身性与机器人再具身** [Virtual Embodiment and Robotic Re-Embodiment] 的缩写)——中与来自九个国家的科学家和哲学家合作。其中一项雄心勃勃的研究目标是延续 2007 年的经典实验,把我们的自我性稳定地转移到替身或机器人上,这一替身或机器人可以为我们感知、移动或与其他自我觉识的行动主体互动。目前,我个人正式的

第九章
新型的伦理学

哲学立场仍然主张我们不可能真的在这上面成功。我相信体感、平衡感和空间自我知觉与我们的生物身体结合得太过紧密，经验上，我们做不到将它们永久分离。人类自我模型是嵌合进内部感觉的，无法简单地被"复制出"大脑。但我必须坦承对此我已经开始怀疑了。第一，有可能未来可以通过自我模型与替身或机器人的紧密结合产生一种根本上**不同**且新奇的自我意识的延伸形式——而且，第二，该领域进展迅猛。最起码，如果本书的背景理论正确的话，就有可能建造出一个我称为"自我模型接口"（self-model interfaces）的东西。这里有个例子。

在一项极具野心的前沿研究中，我们的以色列同事奥利·科恩（Ori Cohen）、多伦·弗里德曼（Doron Friedman）和他们在法国的同事展示了利用实时核磁功能成像读出被试者的行动意图的可能。它可以直接转化为人型机器人中高层次的运动指令，把意图转化为身体行动，同时，被试者透过机器人的眼睛从视觉上监控整个实验。[1]这个过程基于使用以色列扫描仪去遥控身在法国的机器人，用意图产生运动图像，从而允许被试者"直接与他们的现象自我模型互动"。[2]

---

[1] Cf. O. Cohen et al., "MRI-Based Robotic Embodiment: A Pilot Study," (Paper presented at IEEE International Conference on Biomedical Robotics and Biomechatronics, Roma, Italy, June 24-27, 2012).

[2] 我已在其他工作中研究了这些史上全新形式行动的伦理意涵，并引入了"自我模型行动"的概念，这是一种人类能动者使用自我模型离线地做出的行动，这种模拟通过生物身体外的近端、非神经的具身性，在世界上产生因果影响。基于许多理由，可以想象，该能动者的自主性——以及道德责任——就冲动控制和抑制控制方面来说，在部分情况下将会受限。参阅 Metzinger, (2013), "Two Principles for Robot Ethics," in E. Hilgendorf & J.-P. Günther (eds.), *Robotik und Gesetzgebung*. (Baden-Baden: Nomos), pp. 247–286. http://www.blogs.uni-mainz.de/fb05philosophieengl/files/2013/07/Metzinger_RG_2013_penultimate.pdf。

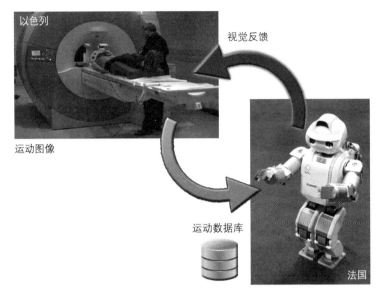

图 19

通过机器人再具身的直接"现象自我模型行动"的例子：该研究是让以色列的被试使用网络去"直接控制"身在法国的机器人。图片由蒙多伦·弗里德曼惠许。

对于哲学家而言，这项技术的发展之所以有趣有几个理由：第一，因为它的伦理结果，但也因为它构成了史上全新的一种行动形式。我也引入了"现象自我模型行动"（PSM-action）的概念来更精准地描述这个新要素。现象自我模型行动是指人类完全只通过其大脑中意识自我模型的驱动所产生的行动。当然，该复杂行动还需要反馈环的参与，例如通过机器人的摄像机去看，以便实时调整抓取的动作（但目前实现的可能性还很低）。但这一完整行动的主要因果起点不再是血肉之躯，而是大脑中的意识自我模型。我们在自我模型、自我身体的内在图像中模拟这一动作，并通过机器去执行这一动作。

第九章
新型的伦理学

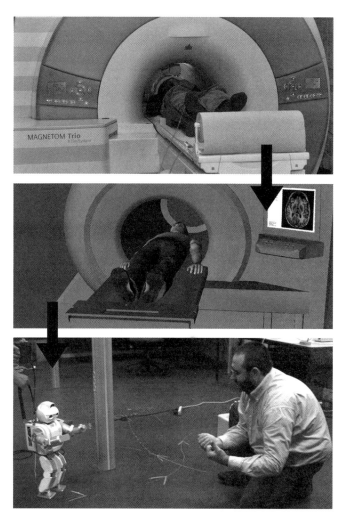

图 20

"现象自我模型的行动":被试躺在位于以色列魏兹曼研究所的核磁同步断层扫描仪上。借助信息显像眼镜的帮助,他也看到一个躺在扫描仪中的替身。这是为了制造出一种幻觉,让他以为他身在那具替身之中。被试的运动预测被分类并转译成运动指令,设定到正在运动中的替身身上。在训练阶段过后,被试也能通过网络,"直接以他们的心灵"控制远在法国的远程机器人,同时也能透过机器人的摄像机眼睛看到法国的周遭环境。图片由蒙多伦·弗里德曼惠许。

我们可以从这个实验获悉到什么？一方面，很明显，现象自我模型尝试控制层级的这个关键部分：它是一个抽象工具。现象自我模型是用来预测、监控某些生物以产生灵活和适应性行为模式的面向。另一方面，它具有高度的灵活性，使像锤子、镊子这样的体外物体的数个表征可以瞬间被结合到自我模型中。因为嵌入的原则（就如在导论中所看到的）不仅适用于橡胶手。广义上来说，这也可用于工具——这些工具是生物器官的延展，这些延展需要通过控制来产生智能和目标导向的行为。自我模型是功能窗口，大脑透过这一窗口与整个身体互动，反之亦然。

当身体延展到棍棒、石头、耙子或机器手臂上时，自我模型也需要被延展。仅当存在一个身体及工具的整合表征系统时，身体及工具的延展系统之整体才会变成大脑控制层级的一部分。换言之，人**唯有**将工具整合到意识自我之中，才能智能地——也就是以灵活的方式——使用工具。意识自我模型是一个虚拟器官，允许我们**拥有**反馈环，并开启控制过程，还能维持机能，并灵活地适应它们。

属我性的现象经验反映了"我们随时都可以借助因果条件去控制一部分实在"这一重要假说。控制回路的某些元素是物理性的（如大脑和工具），另一部分是虚拟的（如自我模型和目标状态的模拟）。机器人是工具。因而可以短暂地把整个机器人或虚拟身体（替身）嵌入现象自我模型，并以此因果性来控制他们。前文已经指出，人类（或某些其他动物）如何寻求控制**其他**人的行为和心灵状态。我们"工具化"并"掠取"其他人，有时候还把其他人转化成"契约奴隶"（在德文中称之为 Leibeigene）。人类持续地延伸他们的影响力的范围——不仅是棍棒、石头、耙子或机器人手臂，也延伸到**其他**人类的大脑与身体中。与之相对，"所有权"的经典主题也可以用来描述机器人——被某人的心灵远程直接控制的机器人。机器人短暂地"被拥有"——不是被恶魔而是被某个更糟的东西：也就是自我觉识的人类。这一传统主题为我们之前短暂触及的问题提供了一个延伸观点：在清晨醒来的瞬间，当意识自我模型出现时，究竟发生了什么事情？在这一特定时刻，有机体成了被它自己所拥有的同时变成被它自己的心灵（其意识经验的欲望和目标）所使役的。

## 无政府机器人

在"异手综合征"的章节中，我们看到了人类身体的一部分是如何做出智能且目标导向的行动的，尽管这并非患者有意为之，且在做出这些动作时，患者并没有是**他自己**做出动作的感觉。假如一个被你的自我模型短暂同化的替身和机器人突然做出非你所愿的动作，会是怎样的感觉？

想象你躺在一个大脑扫描仪中，遥控一个远程机器人，并透过它的眼睛去观看，而且当机器人移动时，你也能感受到来自它的手臂和腿部的运动反馈。在实验中，你完全与那台机器人融合，同时你是在一个有其他人存在的环境中自由移动着。突然，你前妻的新丈夫进入房间。

他是那个几个月前摧毁你所有计划和整个人生的人。你自离婚后，再次感到同样的屈辱、深深的伤害、内在空虚和存在的孤独。突然间，一个侵略性的冲动在你体内产生，同时，短暂且暴力的幻想

浮现出来。你尝试让自己冷静下来——但在你能够压制这依附在你意识心灵的暴力幻想所产生的运动图像之前，机器人已经用重重的一拳杀死了那个男人。现在你重新掌握控制权，而且可以后退几步。主观上，仿佛你从未有机会控制你的行为。但我们如何从一个纯粹客观的角度决定你是否仍然拥有实时抑制这一侵略性冲动的能力？在道德的意义上，你是否要为机器人的行为结果负责呢？

比较可能的解释是，一开始体现在机器人或替身身上的，只是一个"浅的"具身性，因为这种具身性不能提供我们有如生物身体或至少同样程度的自主性。我们对冲动控制的能力可能更弱，或不那么准确，也可能缺乏我称为"否定的自主"的自主性：能用来压制或终止被计划的、自主的甚至已经开始一段时间的身体行动。[①] 还记得第四章所讨论的游荡心灵和"心灵自主"的概念吗？如果自我模型直接与人工媒介和新形态的行动工作连结，注意力失误、"神游"，以及自发的心灵游荡情节可能是更加危险的。如果是这样的话，对于在虚拟现实和融入机器人的人类能动者而言，责任归属可能不同于我们今天称为"正常生活中"的人类能动者。首先，尽可能地越早辨认出潜在的危险和实时采取保护措施是很重要的。[②] 除了这一伦理面向，还有第二个重要面向：把人类现象自我模型与一个人工环境直接结合是新**形态**意识技术的一个例子。其效果在今天仍是微弱的，且仍然还有许多

---

[①] 参阅"Two Principles for Robot Ethics"。
[②] 迈克尔·马德瑞（Michael Madary）和我一同发展了对于虚拟实境之伦理行为的第一课，可免费在互联网获取。请看"Real Virtuality: A Code of Ethical Conduct. Recommendations for Good Scientific Practice and the Consumers of VR-Technology," *Frontiers in Robotics and AI*, 3 (2016):3. doi: 10.3389/frobt.2016.00003。

技术层面上的难题。然而，就像我们的例一，精神活性物质的爆炸性增长在未来并非不可能，因为技术进步得比预期更快。如果有朝一日在自由度和实时性上，虚拟具身性和机器人再具身系统的功能变得流畅了，我们需要做些什么？如果通过直接计算机辅助而产生大脑刺激的说明，绕开生物的身体而直接控制用户模型的反馈，新的意识状态又可能会是什么样子的呢？如果我们突然有能力可以利用结合脑机接口，同时连接多个人类及其自我模型甚至**融合**他们，新形态的主体间性与社会合作又会以怎样的形式涌现？

## 何为好的意识状态？

假设存在死后生命，它在时间上绵延不绝，是永恒的持续且意识经验仍持存其中。然而，有一个重大的不同：所有死后的意识经验都是从你现在生命所拥有的主观经验中挑选的，因为死后便不再有新的经验。相对地，死前你活在一个庞大的内在经验和意识状态之中，其中的某些部分是由你**主动创造**出来的——例如去看电影，或是远足、读书、吃某种药物或禅修。事实上，对于多数人所忙着追寻的生活而言，我通过这样那样的方式所经验到的意识状态相对而言是愉快或有价值的。假设意识经验的最小单位只是那个单一的主观时刻，如果仔细去看，会发现我们总是在经验时刻中活着。也正因如此，多数人总是在追寻那"有意义的当下"，也就是那些简短的"完美的"快乐时刻或有意义的时刻。

我们入门的思想实验现在由一个想法和一个问题组成。这个想法是，允许你从你有限生命的经验时刻中挑选一些内容转移到"永恒的播放列表"，也就是说，在你死后这些清单上的主观经验将一次又一次地随机播放。这一过程创造了你独特的个人意识的永恒性。纵观你的一生，你就像灰姑娘呼叫斑鸠一样："好的放入盆中，坏的吃进嘴里！"而现在的问题是：如果让你选择做出这个不可反悔的决定，如果你真的可以从这由"坏继母"所倾倒而出的、由人生的各个片刻所组成的灰烬中捡出好的颗粒，你会选择哪些时刻呢？而且，最重要的是根据你个人的标准有**多少**时刻会是你真正评价为活得值得——因而值得**再**活一次的呢？

在美因茨的约翰内斯·古腾堡大学中，我们与高年级哲学系学生开始了第一系列的小型先导研究。大卫·巴斯勒（David Baßler）编写了一个短信服务器，服务器每周会随机在每天的十个时刻给参与者发出信号，使他们的手机短暂震动。这些参与者的任务是：决定是否把震动出现前的那**最后**一刻放入他们的死后生命。结果让很多人相当惊讶：每周正面意识时刻的数量从 0 到 36，而平均值是 11.8 或占现象样本数量的 31%，同时有 69%（即比三分之二）还多的时刻被认为是不值得再活一次的。

如果要认真看待意识伦理的想法和有价值的意识状态的本质，首先必须在概念上区分意识时刻的**主观**和**客观**价值。完全可以设想一个客观上有价值的主观意识经验——例如外部世界中的一个痛苦的学习经验，或从反复的自我欺骗中得到的深层洞见——主观上既不吸引人也没有价值。相反，存在一些主观上极有意义，但从第三人称视角看来显然完全没有价值的事物——例如某些由精神活性物质或深层的意识形态灌输所引起的更深层的幻觉状态。在先导研究中，我们最初的

# 第九章
## 新型的伦理学

兴趣是加深对判断主观意识时刻中哪些是愉悦或有价值的机制的了解。因此，我们拣选了一个最细致且最简单的评估形式——只评断（抓取）单一的当下时刻且尽可能不依赖哲学理论、意识形态和概念预设。例如，在第二次研究中，我们抛弃了死后生命的假设和"永恒条件"，而换成了如下问题："你是否想再次活在**这**生命中刚过去的那个时刻？"有趣的是，在该条件下，只有稍高于 28% 的生命时刻被认为是正面的，也就是有稍低于 72% 的时刻被认为不值得再活一次。

最近的研究表明许多动物能够承受痛苦，因为它们拥有意识自我模型，而我们现在对待动物的方式在道德上完全不是正义的。但我们如何知道那些无法同我们对话的有自我觉识动物正经验到令人厌恶的饲养条件——一种消极形式的经验呢？答案很简单：只要考虑在给动物选择时，动物是否会愿意再次进入相同的状态，即可得到解答。我们唯有以考虑**我们**生命中意识时刻的长链来呈现这个问题，才能真正专心且诚实地面对我们自己，由此可以得到两个惊讶的现象观察。这些观察在哲学上是有趣的：第一，尽管剧烈受苦的意识时刻在我们之中是相当稀少的，但平均来说，就最细致层次的观察而言，我们都认为生活不值得一过。这也就表示，其实不想再重新活一次的念头构成了我们意识生活中的大部分时刻。更仔细地检验，并使用纯粹主观条件来看，就可以发现我们从"邪恶继母"的灰烬中捡出的"好谷粒"相当稀少，而且，即便如同童话故事中的"所有天上的鸟都来帮忙"一样也无济于事。第二个有趣的现象事实是这个发现触及我们的时间相当短暂。当认知和自传式自我模型层次大量活动时，几乎也同时在维持自我尊严的稳定——我们会立刻这样告诉自己："真正的议题完全不是关于单独的享乐特质；我们生命的整个脉络、我在时间延展基

础上的个人层次目标和欲望决定了意识经验的价值！"我们开始作哲学思考："这无关乎平均值或平衡点"——我们可能会突然这样想——"只有那经验的高峰才真正需要被考虑"；或者想："大部分的意识时刻实际上是中性的，并不**真**的让人厌恶，也不是一种受苦的形式"；我们还可能会想："好的，或许我生命大部分时刻要么是消极的要么是无聊的，但我正在写一篇对人类知识有贡献的论文，且知识的进步比一个良好的永恒播放列表还重要啊！"这有点像德国联邦政府发言人在决定要终止某个争论时的说辞。认真看待这两个现象事实会得到一个让人不舒服的推测：自我模型高层次的主要功能可能就是去持续驱使生物前进，通过发展一个宏伟且盲目乐观的内在故事——"叙事式自我模型"——而产生了自我欺骗的功能形式，从而弭平每天的丑陋细节。有趣的是，当更进一步检视游荡心灵时，我们遭遇到在第四章中"自传式自我模型"的概念。我相信自我欺骗、跨时间同一性的意识经验以及我们持续游荡的心灵之间存在一个深层的内在连结。

当然，这部分因而也将出现一个哲学方面的技术性问题：如果众多的愉悦时刻需要包含一个经验上的新奇和惊奇面向，这种"新奇性"岂不会在死后的永恒播放列表中消失吗？究竟该如何在不造成任何重大伤害的前提下再次播放它呢？或者允许你从生命中选择唯一的**最美好**时刻，并永无止境地播放它？只去研究个别的"意识快照"而不管叙事式的自我模型是否合理？或者，试图从更大的时间动态中的更广的脉络中分离并分析单一时刻的这种企图是否一开始就误入歧途了？内省的知识真的存在吗？是否每个支持或反对重复的内在决定都多少间接地被理论给污染了，且又被个人的背景假设持续形塑呢？我们有何理由要相信规范性的判断，尤其当它们的主观程度是如此之高？如

# 第九章
## 新型的伦理学

果我需要为自己标示意识经验是"正向"或"有价值的",我为什么应该顺从我的直觉?可能那些我经验到认为"有价值的"或主观地认为"值得活的"不过是偶然罢了,并不是我生命中真正重要的。

这引出了一个问题,即一个人是否可以谈论关于某些意识状态的"客观价值"的意义?就我个人而言,我并不相信我们可以辨认或获得这样客观价值的知识,或能通过提出一个终极的验证方式来维护它们。毋宁说,这其实就是我们有待解决的问题中的一部分。

## 意识伦理学

神经伦理学很重要,可光靠它本身还不够。我提出应用伦理学的一个新分支——意识伦理学。在传统伦理学中,我们问:"什么是好的行动?"现在我们也必须问:"什么是好的意识状态?"我很清楚会出现一系列理论难题。即便如此,"意识伦理学"的想法不仅仍然相当重要,也是一个对于未来而言绝对核心的目标。但这需要建立在一个较为弱化的基础上。我们可以做的是敞开心胸地研究应该系统性地培养何种意识状态,由此去促进社会的共存状态。在**真实**世界中是否真的可以达到原来伦理想法的终极目标?为了开启这一对话——并且为了让未来的讨论有个起点——我要呈现三种此类价值,这三种价值的好处也是全世界的人类都一定会同意的。这三个目标为:减少痛苦、自我知识和增强心灵自主性。但我的直觉是一个理想的意识状态应该至少满足三个条件:它应当最大限度减少人类和所有其他可能遭受痛苦的生命的痛苦;它最好具有认知潜能(也就是说,它应当有一个洞察和扩展知识的组成部分）；它应当有行为后果以增加未来有价值类型的经验发生的可能性。意识伦理学不单关乎现象经验。还有一个更广阔的语境。

意识伦理学聚焦于那些主要目标是改变自己或他人的经验状态的行为从而与传统伦理学互补。鉴于这种行为的新潜力以及与之相关的风险，也鉴于我们在这一领域缺乏道德直觉，所以其任务是评估各种主观经验的伦理价值。你可以称其为对规范性心理学或规范性神经现象学的理性探索。如果意识技术产生于智人形象的自然主义转向，那么我们必须处理规范性问题。意识伦理学的发展将使我们能够把道德辩论的重点放在正在进行的历史性转变所产生的广泛的问题上。只要我们关注人**是**什么以及人**应当成为**什么，核心议题就可以用一个问题来表述：何为好的意识状态？

## 减少痛苦

在本书的许多地方，特别是在第七章及本章开始的地方，我们一再地被告知：意识的苦难可能比我们大部分人愿意承认的要来得普遍。因此，好的意识状态的重要条件是它是否有意识地减少了经验到的痛苦——特别是在未来和在其他有能力遭受苦难的生命身上也一样。

让我在讨论中引入一些新的工作概念，以便描绘这个核心概念——"负现象足迹"（NP-footprint）。一个意识状态的好坏大大地依赖其负现象的大小。"负现象"（也就是"负面的现象经验"[负现象学]）即所有不愉快或悲痛的意识状态类型。可以将之简单定义为那些即便

#  第九章
## 新型的伦理学

给予你选择权,你也不愿意再重新经历一次的意识状态。另一方面,足迹的概念在环境伦理学中由来已久:"生态足迹"是一个简单的隐喻,同时也是一个概念工具,原则上可再被细分。关于地球的生物承载力和其相对的资源消耗下的永续性指标是用来测量人类依赖地球生态系统的程度的。同时,这种生态足迹不仅计算人类和家庭,也计算整个国家——甚至产品和服务都能以生态足迹来平衡。特别是,生态足迹是一个正义指标,以德国人为例,德国的生态足迹总计为 5.09 公顷,那就是说,如果全人类都像德国人一样生活的话,我们将需要 2.8 个地球。然而,符合正义的生态足迹为 1.9 公顷。因此生态足迹也是某个像是通货(die Währung)的东西,借助它,可以计算在生态圈实际上对所有可使用资源的依赖情况。我想我们在意识伦理学中也需要类似的东西。自我隧道是我们的内在环境,因而意识伦理学有关某个我们所谓的"内在生态学"。

所谓的最大限度减少受苦状态的伦理原则,也就是首先通过减少我们拥有的负现象足迹而减少所有有能力受苦的意识中的负面现象经验状态。因此,当创造或培养某个意识状态时,我们应该要时常问自己:这是否减少了我的负现象足迹,或增加了这世界总体的受苦?引起迷幻意识状态的蘑菇有什么负现象足迹吗?负现象足迹有多大?当吃肉时,愉悦的意识状态如何?好的行动和好的意识状态不只是在减少那些可以感受经验的主体的自身苦痛,也包括所有有能力受苦的生命的自身苦痛。因此,最重要的问题总是:一个意识状态不仅对自己,也包括其他人类和有能力受苦的动物——甚至可能还有人工主体——产生了多少有意识的苦痛?这就是最高层次地去包含所有生命,并尽可能计算可能存在的经验主体,也就是那些未来人类、未来

有能力受苦的生命，就像我们已经可设想的后生物系统，像是有意识的机器人和替身等。这个数量——以及相关的伤害风险——可能比我们所想象的还高。因此，在意识伦理学中，不仅要考虑自己的生活留下的负现象足迹，还要包括我们留在其他存在的意识模型之中的负现象足迹——包括现在的和未来的。

## 自我知识

在上一章中，我们已经看到新的人类形象的积极面向之一就在于现象经验状态空间之庞然、纵深。由于面向众多，人类的意识状态空间可能大得令人难以置信。尽管行动的自由度已被新的意识技术延展，但我们仍然很少意识到这一事实。最为明显的是我们尚未系统地测试过意识变异状态的**认知潜能**。

我们在第一章看到，产生知识的科学方式可能不止一种。但如果实际上存在某种不能被语句表达的知识形式，它们可能会是怎么样的呢？其中的一种可能是，它们可能是一种非常特殊的能力——例如知道**如何**做好某件事情。很久以前，英国哲学家吉尔伯特·赖尔区分了知道如何做事（knowing how）和知道那件事（knowing that）。这简单的概念区分可能对冥想、增加心灵自主和意识变异状态的认知潜能而言是重要的。只要自我的非语言和非知性形式被考虑，我们就可以简单地处理某些特殊**能力**——内在行动的能力。人类拥有越多这样的能力，其心灵自我决定行动的空间就越大。一个人学会越多这些技能，其能获得的主观经验的新形式就更多。这点对于心灵治疗的成功而言

## 第九章
### 新型的伦理学

是成立的。例如,某人在冥想课程中学会如何处理内在躁动、持续的自我怀疑或特别困难的情绪时,她/他也就习得了某种新技能。这种技能是一种非语言形式的自我知识,而且可能增强他内在的自主性。方法知识是一种实际的知识,这种内在行动的知识当然是存在的。在冥想课程中或是受到裸盖菇素(这前面已经提过)影响的某人,学会看到风中叶子细致、无限柔顺的运动,或水流运动中细腻的微光,如同阿道司·赫胥黎所做的,"一段短暂却又永恒的生命;一场往复的消逝,与此同时又是纯粹的存在",如此,便学会了一项新技能。这一技能可能有助于回忆先前的状态并让注意力回到某人知觉的特定面相。例如,这表示某人在未来某段时间以及他之后的生命中,不再需要冥想课程和精神活化的帮助,她可以完整地取用所经验到本质的新形式。在任何情况下,她现在第一次所拥有的知识让她知道自己有这样的能力并且可以有行动的内在选项。这也表示她的自我模型在一个重要意义上发生了改变。"意识文化"也代表提升某人心灵自主和延伸某人自我模型、培养内在行动的新能力。

然而,如今必须清楚看到,自我知识的古老哲学计划已经在不同的约束和边界条件下被实现了。尤其是当我们对非科学形式的知识产生兴趣时,就像那些并非通过语言和理论作为媒介传播的知识,以及那些刚刚提到的更为细致的心灵技能。自我隧道演化为一种表征和信息处理的生物系统是交流自我隧道的社会网络的一部分。如今,我们发现自己陷入了表征和信息处理的**技术**系统的密集网中:随着广播、电视和互联网的出现,自我隧道被嵌入一个全球的数据云中,其特点是快速的增长、越来越快的速度以及其自身的自主动力。它决定了我们生活的节奏。它以一种前所未有的方式扩大了社会环境。它开始重

新配置大脑，而大脑正拼命试着适应这个新丛林——信息丛林，一个不同于我们栖居之处的生态位。或许当我们学会在多重虚拟现实中控制多个化身时，身体感知会发生变化，将意识自我嵌入全新类型的感觉运动循环中。可以想象，越来越多的社会互动可能是化身与化身之间的互动，我们已经知道，网络空间的社会互动比更高清晰度的图形更能增加当下感。我们可能最终会理解许多有意识的社会生活一直以来的情况——一种**图像**之间的互动，一个高度中介化的过程，其中人的心理**模型**开始彼此影响。我们可能会把交流看作一个估计和控制他人大脑中动态内部模型的过程。

对于我们这些经常使用互联网的人来说，互联网早已成为自我模型的一部分。我们用它来储存外部记忆，用作认知假体并用于情绪的自动调节。我们在互联网的帮助下思考，它协助我们确定欲望和目标。我们正在学习多任务处理，我们的专注时长越来越短，许多社会关系正呈现出一种奇怪的非实体化特征。"网络成瘾"（online addiction）已经成为一个精神病学术语。2001 年 9 月 25 日，根据德国联邦卫生部所做的研究显示，德国大约有 56 万人患有网络成瘾症——比赌博成瘾的人还多。根据韩国政府的调查，有 18% 的青少年和 9.1% 的成人有成瘾现象，这数字还在持续增加中。许多年轻人（包括越来越多的大学生）患有注意力缺陷，不再能专注于老式的、串行的符号信息：他们突然间难以阅读普通书籍。同时，人们必须承认新信息的丰富和互联网给我们带来更大的灵活性和自主性。显然，将数以亿计的人脑（以及这些大脑创造的自我隧道）整合到全新的媒介环境中，已经开始改变意识经验本身的结构。这个过程将把我们引向何方难以预料。

# 第九章
## 新型的伦理学

对于这一发展，我们该做些什么？从意识伦理学的视角来看，答案很简单：我们应该明白，新媒体也是意识技术，我们应该再次自问，什么才是好的意识状态？

我们面临的一个相关问题是对注意力的管理。关注我们的环境、我们自己的感受以及他人的感受的能力，是人类大脑自然演化的特征。注意力是一种有限的商品，它对于过上好的生活是不可或缺的。我们需要专注，以便真正倾听他人，甚至是自己。我们需要注意力来真正享受感官上的愉悦，也需要注意力来高效学习。我们需要注意力，以便在性生活中或在爱情中，或在单纯沉思自然时，能够真正在场。我们的大脑每天只能产生有限的这种宝贵资源。

今天，广告业和娱乐业正在攻击我们经验能力的基础，把我们吸引到巨大而混乱的媒体丛林中。它们正试图尽可能多地掠夺我们的稀缺资源，而且正以更加持久和机智的方式这样做。当然，它们正越来越多地利用认知和脑科学对人类心智的新洞见来实现他们的目标（"神经营销"是丑陋的新流行语中的一个）。心理学家罗伊·鲍迈斯特（Roy Baumeister）正是以这个线索来谈论**自我损耗**（self-depletion），这就像自我的耗竭或枯萎。这一想法是，自我控制的能力——过去常被称为"意志力"——是一种单一且有限的能量来源。这种资源会随着时间耗尽，消耗的程度全视一个人有多频繁和将多少能量投注在控制自己的行为上。意志力就像肌肉一样，当过度使用时就会疲劳。今天商业和营销工业选择性地轰炸自我模型的这一确切部分——因为它们的目标是一个"枯竭的自我"（depleted Ego），一个心灵耗干的消费者会买下任何她明明不需要的东西。新媒体环境所造成的永久性超载，就中期而言，很可能会摧毁我们自然演化且仍在缓慢发展的自我决定能力

的某些特定面相——例如集中注意力来控制**内在行动**，这种内在行动已在第四章讨论过很多。枯竭的自我最终甚至会开始**思考**那些并非它真的发自内心想要思考的事物。我们可以从儿童和年轻人的注意力缺陷障碍的流行、中年人的倦怠、大部分人的焦虑水平上升中看到可能的结果。如果我说意识是注意力能动性的空间是对的，如果（就如在第四章中讨论的）控制和维持你的注意力焦点的经验也是真实的，是现象自我性的更深层次之一，那么我们目前不仅见证了对意识空间本身的有组织的攻击，而且见证了一种温和形式的去人格化(depersonaliz-ation)。新的媒体环境可能会创造出一种新的清醒意识形式，类似于弱化的主观状态——一个做梦、痴呆、陶醉和婴儿化的混合物。

## 冥想与心灵自主性

我提议在中学开设冥想课以对抗这种对注意力储备的攻击。年轻人应该意识到注意力的储量是有限的，他们需要学习一些技巧来加强他们的正念，并最大限度地提高维持正念的能力——这些技巧将有助于与注意力的商业强盗作斗争（而且不会顺便削弱沉溺于改变心态的药物的诱惑）。当然，这些冥想课应该没有任何宗教色彩——没有蜡烛，没有熏香，没有钟声。它们可能是体育课的一部分，大脑也是身体的一部分，是可以训练的一部分并且必须小心呵护。

我们应该严肃对待第四章中提到的关于游荡心灵的新科学知识。传统冥想与心灵游荡恰恰相反，而我们终将能够更清楚地看到，冥想真正的内容是什么：主要目标是持续增强自己的心灵自主性。这点自

# 第九章
## 新型的伦理学

然会引起各界对于将系统性但完全世俗化的冥想训练安排进教育机构之中的争论：这是某件关乎我们称为提升文明标准的事情。但究竟什么是一个"文明标准"？

一个没有死刑的国家比有死刑国家的文明标准要高，一个没有任何刑求的国家比那些用政府公权力刻意制造人类身体和心灵痛楚的国家——如恐吓、惩罚或勒索来获取证据——具有更高的文明标准。然而，在这里重要的"文明程度"也可以通过考虑一个国家如何对待动物来测量，也就是如何对待那些有能力遭受苦难的非人类主体。另外一个指标是，当面对伦理、法律和政治讨论时，一个国家对于未来利益——也就是那些还未出生的人类和动物——处置的程度如何。显然，人权、安全的保护和处理冲突的能力，或一个福利国家所承担给予国民去学习、教育、健康跟社会安全的支出，都是我所说"文明标准"的好例子，这标准的高低是超越经济能力的考虑的。就像自由基本民主秩序在实现自由价值的程度一样，一个被达成了的文明标准是可被超越的。同时，它也可被系统性地增强。

现今西方社会最缺乏的可能是有系统且有制度地让国民可以增加自己心灵自主程度。我们仍对一个事实缺乏深入的了解，那就是，每一位国民的心灵自主性都对增加文明标准有着根本的贡献。在第四章中短暂看到的心灵游荡的新科学惊人地表明，我们其实是一种在意识生活中缺乏真正心灵自主性的主体（生命有三分之二的时间都是没有心灵自主的）。客观证据也表明，这个事实终究将以许多不同方式直接或间接地导致生活质量的降低。因此我们应该尽全力地思考关于增加心灵自主性的确切选项。在这方面，在学校或更高的教育机构实行冥想课程可能是最急迫且最重要的政治需求。但这不是唯一的解决

方法。

我相信学院哲学对于高中课程表的最重要贡献是"批判思考"和"非形式逻辑"。非形式逻辑是哲学的一个分支，针对论证的形式和使用。这不仅关乎加深对论证逻辑结构的了解和之后能够自己建立理性论证的能力。非形式逻辑也系统地教导批判思考、侦测谬误以及高效地处理争论与知性冲突，以便彼此间相互学习。我想，非形式逻辑的系统性结构课程将对文明标准和心灵自主性的持续增加有重要的贡献。这将让学生能够可靠地辨认重要的谬误种类、不陷入修辞技巧的陷阱，并能以基于证据且智性上诚实的方式去解决意见上的分歧。这种训练就像它本来的设计一样，与发展**认知**自我模型的适当结构有关。而神经科学方面的挑战就是找到辨识青少年心灵发展的时间窗的方法，并在这时间窗中给予这部分人类自我模型发展所需要的帮助。

对我而言，在学校的冥想课程和非形式逻辑训练是有政治意义需求的补充课程，因为事情是一个建立在另一个上面的。一个人——就像心灵游荡的经验研究所显示——在为了稳定心灵自我控制的正式冥想训练之中所培养的心灵自主形式，是为了要能够看清楚事情以及理性地思考。但每个青少年也需要对理性、批判思考的基础标准等有深入的了解——例如，为了不让自己被**校外**常见的怪异意识形态垃圾牵着走。从一个严肃且直接的角度来看，正念和理性只不过依赖某组心灵技艺和本领，这可以非常精准地来定位和教导。这项技能的整体分布和个体表达是以非直接的、但最终将会以相当强大的方式决定一个社会最终所能达到的文明标准。目前研究神经和认知科学最具意义的事情，还包含将该领域中最清楚可靠的信息提供给政治决策者，以及将合理的实践及可能的行动选项分享给一般学校和大学。

# 第九章
## 新型的伦理学

在神经教育学（neuropedagogy）的新时代，既然对人类大脑的关键形成阶段有了更多的了解，难道我们不该利用这些知识来最大限度提高未来成年人的自主性吗？特别是，难道不该向孩子们介绍那些我们认为有价值的意识状态，并在小时候教他们如何进入和陶冶它们吗？教育不仅仅关乎学术成就。回顾一下，智人新形象的一个积极方面是承认现象状态空间的广袤性。为什么不教孩子比父母更好利用这个广阔的空间呢？这可以保证和稳定他们的心理健康，丰富他们的主观生活，并给予他们新的洞察力。

例如，与自然的强烈体验或身体锻炼和体力消耗相关的各种幸福感通常被视为积极的意识状态，正如对伦理融贯性的更微妙的内在感知一样。如果现代神经科学告诉我们，这些类型的主观经验最好在儿童发育的某些关键时期获得，那么我们应该系统地利用这些知识——无论是在学校还是在家里。同样，如果正念和注意力管理是迫切需要的，我们应该问一问神经科学对于在教育系统中实施它们有何助益。每个孩子都有权在学校获得一个"神经现象学工具箱"；至少应该包括两种冥想技法，一种是静默，一种是运动；两种深度放松的标准技法，如自生训练和渐进式肌肉放松；两种改善梦境回忆和诱导清醒的技法；或许还有一门可被叫做"媒体卫生"（media hygiene）的课程。如果新的操纵的可能性威胁到孩子的心理健康，我们必须为他们配备有效的工具以抵御新的危险，增强他们的自主性。

我们很可能开发出比第二章中讨论的西藏僧侣更好的冥想技法。如果梦境研究弄出了零风险的方法来改善梦的回忆和掌握清醒梦的技艺，难道不该让我们的孩子接触这些知识吗？如果对镜像神经元的研究阐明了儿童发展共情和社会觉识的方式，难道不该在我们的学校里利用这些知识?

在一个后形而上学时代,我们将如何在开放社会中进行这些讨论?关于意识伦理学,重点并不是要创立另一门学术学科。更谦虚地说,它是要为现在已经变得必要的规范性讨论创造一个非常初步的平台。随着我们慢慢进入意识革命的第三阶段,这些讨论必须向专家和外行都开放。如果鉴于人类形象的自然主义转向,我们设法发展一种理性的意识伦理形式,那么在这个过程中,我们可能会产生一种文化环境以填补由认知和神经科学的进步所造成的真空。社会也是自我建模的实体。

## 骑虎难下:一个新的文化环境

如何以一种明智的、基于论证的且伦理上融贯的方式,将关于人类心灵本质的所有新知识和所有新的行动潜能融入社会?我已经勾勒出了一些想法,但我并不是在宣扬任何真理。关于何为有价值的意识状态,我有我的想法,你也有你的。我提出了一系列积极建议来建构未来对于有价值的意识状态的讨论。我前面所提的三个原则——减少受苦、认知上的潜能和心灵自主的系统性增强——只是一个起点,作为开启新对话的邀请。在规范性的议题上,不存在专家知识这种东西。哲学家不是圣人或牧师,并不可以对于什么在道德上是善好的而主张直接的见解。不存在我们可以拨打的求助热线。现已变得必要的公开辩论必须包括每个人,而不仅仅是科学家和哲学家。哲学家们可以通过发起和组织辩论,从而通过阐明伦理论证的逻辑结构和有待讨

# 第九章
## 新型的伦理学

论的问题的历史来提供帮助。然而，最终社会必须为自己创造一个新的文化环境。如果不这样做，它就有可能被意识革命的技术后果和社会心理代价所淹没。

可以提出一些一般性观点。首先，必须承认，在全球范围内进行公开和自由的民主讨论的前景是暗淡的。教育体系落后的专制社会的人口增长速度远超民主国家，后者中一些国家由于出生率低，人口实际上正在下降。此外，主要的全球参与者越来越不再是政府，而是跨国公司，而这些公司往往是专制的——正如魏茨曼科学研究所的前所长哈伊姆·哈拉里（Haim Harari）所说，这些公司总体上比大多数民主的民族国家管理得要好。[①] 必须努力保护开放的社会免受非理性主义和宗教激进主义的影响——免受所有那些拼命寻求情感安全和拥护封闭世界观的人的影响，因为他们无法忍受人类形象的自然主义转向。做到这一点的最好方法可能是创造一种**意识文化**，即一种灵活的态度，一种尽可能将个体公民的自主权最大化并采用"现象自由原则"作为指导方针的普遍方法。必须意识到，社会做出的决定会影响个体的大脑和个体的现象状态空间。除非他人的利益受到直接威胁，否则人们应该可以自由探索自己的心灵，并根据自己的愿望、需求和信念设计自己有意识的实在模型。

发展意识文化与创立宗教或特定的政治议程毫无关系。相反，通过鼓励个人为自己的生活负责，真正的意识文化将永远是颠覆性的。当下对真正的意识文化的缺乏是如下事实的社会表现，即启蒙的哲学

---

[①] Haim Harari, "Democracy May Be on Its Way Out," www.edge.org/q2006/q06_2.html#harari, 2006.

计划已陷入僵局：我们欠缺的不是信仰，而是知识；我们欠缺的不是形而上学，而是批判理性——不是宏大的理论愿景，而是我们使用大脑的方式的新的可行性。关键问题是，如何利用实证心智科学的进步来**提高**个人的自主性，并保护其免受越来越多的操纵的可能性的侵扰。我们能驾驭老虎吗？如果祛除了意识的魅惑，我们是否同时自动失去了人类的团结？

如果理性的神经人类学向我们展示了作为一个人的积极方面，我们就可以系统地培养自己的这些方面。在这里，我只考虑了其中两个应该被培育和陶冶的积极方面，但可能还有很多。如果我们是自然演化而来的认知主体，是思想的理性思考者和理论的创造者，就应该继续培养和优化自己的这一特征。如果神经人类学让我们注意到我们现象学空间的广阔性，就应该把它当作一种力量，并开始在其所有的深度上系统性地探索经验空间。发展一种意识文化将意味着扩展自我隧道，并以所有人都能从中受益的方式探索意识变异状态的空间。虚拟现实技术、新的精神活性物质、古老的心理学技术（如冥想）和未来的神经技术的相互作用，将把我们引入一个今天几乎无法想象的自我探索的宇宙。

我们如何才能实现人类心智两大强项的交融？神经现象学的完善能否帮助我们优化批判的科学理性？如果科学家们见多识广，比如说，他们学会了做清醒梦，能成为更好的科学家吗？严格的、还原论的认知神经科学能否开发出一种强化冥想（turbo-meditation）的形式，帮助僧侣成为更好的僧侣，帮助神秘主义者成为更好的神秘主义者？深度冥想或许也会对独立思考、将自己的生活掌握在自己手中以及成为政治上成熟的公民产生影响？我们能否找到一种方法，在做梦

# 第九章
## 新型的伦理学

阶段有选择地刺激背外侧前额叶皮质，以使每个人都能做清醒梦？如果我们设法在受控环境中安全地产生人工离体经验，这可否帮助舞蹈演员或运动员改进训练？完全瘫痪的病人呢？对年轻人大脑中镜像系统的发育方式进行彻底的唯物论研究，能否帮助我们以无人认为可能的方式培养孩子们的共情和直觉适应力？如果不尝试，就永远也搞不清楚。

许多人担心，经过心灵形象的自然主义转向，我们将失去尊严。"尊严"是个出了名的难以定义的术语——而且通常它的出现恰恰是在它的支持者已经没有论据的时候。然而，有一个明确的意义是与尊重自己和他人有关——对于自我知识、真实性和面对事实的无条件的意愿。尊严是拒绝通过简单地视而不见或逃避到一些形而上学的"迪斯尼乐园"来羞辱自己。如果确实有诸如尊严的东西，我们可以通过面对即将到来的挑战的方式来证明这一事实，其中一些挑战已在本书中勾勒出来了。我们可以创造性地并以清晰的意志来面对自己形象的历史转型。同样清楚的是，我们可能会**失去**尊严：墨守过去，发展一种否认的文化，以及滑向各种形式的非理性主义和宗教激进主义。"意识伦理学"和"意识文化"的工作概念正是为了不失去尊严——在处理意识头脑时将其提升到新的自主水平。我们不能失去自尊，但必须保持现实，不要沉溺于乌托邦式的幻想；至少大范围来看，成功驾驭老虎的概率并不高。但**如果**我们能做到，一种新的意识文化就能填补意识革命以越来越快的速度展开时出现的真空。这里有实践上的挑战，也有理论上的挑战。最大的实践挑战在于实施随后的道德辩论的结果。最大的理论挑战可能在于，在新形势下，智性的诚实和灵性能否调和以及如何调和的问题。但这就是另一个故事了。

第十章

# 灵性与智性诚实

## 序言

我们目前正在经历一个历史转型期的开端,它将对我们自己的形象产生深刻的影响,并同时在许多不同层面上产生影响。这一加速发展给我们带来了莫大的挑战。一个举足轻重的问题是:"世俗化的灵性"(secularized spirituality)是否可能(或哪怕可设想)。一个现代的、灵性的自我构想能否公正地对待我们关于自己形象的这一历史性变化,以及同时对智性诚实的渴望(不仅对职业哲学家来说是重要的)?

在外部世界,气候变化对全人类构成了全新的、史无前例的威胁。在我写下这些文字的时候,这种客观的危险几乎是无法察觉的。但今天已经确知,即使在最好的情况下,它也将持续几个世纪。有些事改变了:关于气候变化,单单作为一个乐观的人不能再算是拥有智性诚实了。如果我们可以以开阔的心胸面对这些物理、心理以及政治领域的事,所有的信息都将指向同一个结论,那就是人类注定在这场挑战中成为输家,虽然我们都知道这个结果,却也只能眼睁睁地看着

它发生。目前最合理的推论是，在接下来的数十年和数世纪间，气候变化将朝无法收拾的致灾等级前进。而我们星球上的居民们将继续生活在混杂着忽视、自欺以及刻意压制事实的生态之中，这种状况发生在很多国家且与政治机构的介入有直接关系。自我引发的全球变暖所带来的日益严重的威胁而对人类的智性挑战，显然超出了我们人类目前的认知和情感能力。这是第一场真正的全球危机，全人类在一个单一的媒介空间里同时经受，随着我们看着它展开，它也将逐渐改变我们关于自己的形象，改变人类对作为一个整体的自身的构想。我预测，在未来几十年里，我们将越来越把自己经验为失败的存在者。我们将经验到自己是集体地、顽固地与更好的知识作对的存在者，即便在巨大的时间压力下出于心理上的原因我们也无法共同有效地行动，无法将必要的政治意志的形成付诸实践。智人这个物种集体的自我形象将越来越成为一个陷入自欺的演化机制中的存在者，以至于成为其自身行动的受害者。这将是一个关于一类自然演化而来的认知系统的形象，由于其自身的认知结构，他们无法对某些挑战作出充分的反应——即使他们能够在理智上把握预期的后果，而且，即使他们有意识地清楚分明地经验到关于自己的这一事实。

我们所理解的尊严通常告诉我们，人应该时时刻刻都尊重整体的人类物种，不仅要这样看待别人，更要这样对待自己。但很快我们就无法再以同样的尊重来看待作为一个整体的人类的行动。全人类在全球变暖议题上将史无前例地满盘皆输，无论是在伦理层面还是智识层面。我们对这颗星球上的那些人类后代以及未来生物的生命一点敬意都没有；我们故意装作没看到有感觉情绪能力的动物的挫败和它们的苦难。我们将越来越难以保持理性，因为我们刻意忽视了相关的事

# 第十章
## 灵性与智性诚实

证,还在政治上组织了一个自欺的体系。自尊维系着个体以及有感受苦难能力的情感动物的群体之间的关系——尤其是对这颗星球上尚未出生的人类和动物。而我们目前的所作所为是相当缺乏自我尊重的,这些行为也给我们的社群造成了严重且持久的伤害,例如,激烈地控制生活质量,限制任何对未来意识生物的行动考虑。只要物种中有任何一个成员刻意做出不合乎伦理且有违其良善知识的事,该成员就无法在心中尊重所有其他的物种了。对于一部分已经意识到这一点的人来说,新的问题又出现了:个体如何能够在全人类都失去自尊时还能保有自我尊重?

与此同时,我们关于自己的科学-哲学形象正在经历一场深远的激变。关于自己的理论,尤其是关于我们自己心灵的理论正在改变。在本书中,我把这第二个同时展开的过程称为"人类形象的自然主义转向":遗传学、认知神经科学、演化心理学和当代心灵哲学相继为我们提供了一个新的自我形象,对认知的深层结构、其神经基础和生物历史有了越来越详尽的理论理解。无论喜欢与否,我们开始将心理能力视为具有自身生物历史的**自然**属性:可以用科学方法解释,原则上还可以从技术上控制,甚至可能在非生物的承载系统上实现。显然,这一发展对于人类整体来说也是一个智识上的挑战。主观上,许多人认为这是一种进一步的威胁,是一种潜在的侮辱和弗洛伊德所说的自恋伤害(narcissistic wound),是对我们内在世界完整性的一种新的危险。这些新的科学洞见是否也带来了一个真正的机遇,它们是否或许可以帮助我们在中途抑制外部世界的客观难题,这尚未明了。但鉴于挑战的全球规模,似乎机会渺茫。同样不清楚的是,人类的两大智识挑战之间是否有内在的联系——也许是在集体行动的层面上寻找

正确答案的单一且一致的策略,或者至少是在个人伦理立场的意义上,即使人类整体失败了,也能在个人层面上提供支持。

上一章结尾,我说在刚刚开始的历史转型中最大的理论挑战可能是"在新形势下,智性诚实和灵性能否调和,以及如何调和的问题"。本书首版出版后,这个想法引起了极大的兴趣。本章收录在本书2014年重新审阅后的稍微增编的德文新版中,可以作为本书的后记,作为一个解释性的后记来读,可能也可以作为一个全新思路的起点,开启新的对话、交流。这也是我首度把我于2010年11月27日在柏林举行的一场以"冥想与科学"为主题的跨领域研讨会所作的闭幕演讲中的一些最重要的想法诉诸文字。这场演讲的文字副本与视频已经在网络上流传有一段时间了。①

在本章的第一部分,我简要探究了"灵性"在今天可能意味着什么。第二部分将读者的注意力引向"智性诚实"这一概念。在这些概念澄清之后,第三部分提出了如下问题:在灵性立场和严格的理性主义科学观之间是否存在内在的概念联系。由于这个问题关系到我们所有人,所以我决定尽可能简单易懂地表述如下的反思。不过我也想在一开始就指出,这种简化是有代价的:以下的反思在历史和系统性上都低于哲学的学术水平。例如,"灵性"这一概念在哲学和神学中有着长达一个世纪的历史,而我对"智性诚实"这一理念的粗略评述不

---

① 我非常感谢詹妮弗·温特博士和迈克尔·马德瑞博士对本文英文版的帮助。乌尔里希·施纳贝尔(Ulrich Schnabel)博士对更早的德文版本的部分内容给了我评论和有帮助的批评,我还要感谢克里丝塔·温克勒(Christa Winkler)、苏菲·布克哈特(Sophie Burkhardt)、雅恩·威尔海姆(Yann Wilhelm)和依乌莉雅·派里乌希(Iuliia Pliushch)在准备这份手稿时提供的技术上和编辑上的帮助。

# 第十章
## 灵性与智性诚实

仅忽略了其深刻的历史维度，在概念上也比当代心灵哲学和认识论所提供的分析水平要粗疏得多。对于那些想更深入地进入技术性论辩的读者，我将在注释中加入一些学术文献的指南，作为第一个起点。但在写作本章时，我希望就算是这里使用的较弱且不太精确的工具也可能足以准确地挑拣出那些可能最终表明切实相关的要点。

如我在一开始所说的那样，在接下来的数十年和数世纪间，人类将经历一连串生态方面的瓶颈，这个理性的物种甚至还可能在自我理解上受到阻碍。在上述过渡期的历史背景下，以下问题似乎具有至关的重要性：某种像是一个完全世俗化形式的灵性的东西是否存在？还是说，这一观念或许就是不融贯的——某种定睛一看虽然无法被一致描述但却不在明显的矛盾中迷失的东西？这个哲学问题——关于世俗化形式的灵性的内在结构和可能性条件的问题——是如此有趣，对许多人来说也是如此重要，应该非常小心地、步步为营地接近它。出于这个理由，我想在以下三个部分提出三个非常简单的问题：什么是"灵性"？"智性诚实"的想法意味着什么？这两种对于世界和我们自己心灵的立场之间是否有内在联系？

## 什么是"灵性"？

尽管这不是一篇技术性的哲学文本，我还是会尝试为以下三个论题辩护。

1. 宗教的对立面不是科学，而是灵性。

2. 智性诚实的伦理原则可以被分析为灵性立场的一个特例。

3. 在其最纯粹的形式中,科学和灵性立场出自同一个基本的规范性想法。

对这三个论题的论证将在本章中逐步发展,对三个起始问题的初步回答亦是如此——以及希望对背景中的更深层的问题有一个新的看法。

现在让我们转向"灵性"的概念。是否有某种像是一个逻辑核心、一个灵性观点的本质的东西?在西方哲学史中,拉丁词 *spiritualitas* 有三个主要含义。① 第一,它有某种类似司法和文化的含义——指涉 *spiritualia* 的全体,与世俗机构(*temporalia*)相反;据此,*spiritualia* 是神职、对圣事的管理、管辖权、礼拜场所和崇拜器物、圣职人员,诸如神职人员和从属于教派的人等。第二种含义是早期的宗教灵性概念,指涉宗教生活的不同方面,与肉体性(*carnalitas*)相对。第三是灵性的哲学含义,几个世纪以来,它指涉非物质的存在和认知方式。在这里,与之相对的是 *corporalitas* 和 *materialitas*。不过,我无意深究历史,而是首先想问,今天在西方世界,众多自诩灵性的那些人可能分享对灵性的何种理解?有趣的事实是,第二次世界大战后,一种灵性反主流文化开始在西方国家发展,这得到了那些远离教会和有组织的宗教而追求灵修的人的支持。如今,最广泛的形式可能是传统佛教

---

① Solignac, A. (1995). „Spiritualität, "in Joachim Ritter/Karlfried Gründer (Hrsg.): *Historisches Wörterbuch der Philosophie* (Bd. 9). Basel: Schwabe; S. 1415–1422 提供了许多关于这个概念的历史参考资料,是一个很好的起点。最近的一部英文基督教灵性简明史是 Sheldrake, P., *A Brief History of Spirituality* (2013, Malden: Blackwell)。

# 第十章
## 灵性与智性诚实

内观（Vipassanā）传统中的正念或"洞察"冥想。这种冥想形式最初在很大程度上是意识形态中立的，但也存在完全世俗化的版本，比如所谓的 MBSR（正念减压）。① 此外，还有无数其他形式的冥想，其中也包含运动，比如源于印度教传统的瑜伽，中国的太虚拳、太极拳等灵性武术，或某些禅宗流派中践行的经行冥想。基督教中也有较新形式的灵性练习，例如圣伊格内修斯（St. Ignatius）的传统。这些实践的特点是，规律和严格的**正式**练习是逐渐改变日常生活的基础。我们现在有了第一个定义性特征：大多数当代活跃的灵性形式主要关注的是实践而非理论，关注一种特殊形式的内在行动而非虔诚或对特定信仰的教条式认可。

那么，"灵性"似乎是一种属性，一种内在行动的特殊性质。但这个属性的载体是什么？例如，我们可以说，灵性是一类意识状态的属性，例如某些冥想的意识状态。然而，灵性经验并不仅仅旨在意识本身，还包括其身体上的锚定以及在现代认知科学哲学中被称为**具身**或**奠基**的主观内在方面。② 目标始终是作为一个整体的人。出于这个理由，我想把灵性概念化为整个人的属性，作为一种特定的认知立场。这是什么意思？认知（ἐπιστήμη）在希腊语中指知识、科学、洞见，认识论是学院哲学中最重要的学科之一，即知识论，获取真信念以及获取洞见的可靠形式（这会是对德文 *Erkenntnistheorie* 的

---

① 正念减压（Mindfulness-based stress reduction）是由美国分子生物学家乔恩·卡巴-金（Jon Kabat-Zinn）发展的，是一个通过有意控制注意力和通过发展、练习和稳定扩展正念来进行压力管理的系统。该计划的一部分也被用于不同的行为治疗和心理治疗方法中。

② 一部不错的入门书，见 *The Routledge Handbook of Embodied Cognition* (London: Routledge, 2014) edited by Lawrence Shapiro and *The Cambridge Handbook of Situated Cognition* (Cambridge: Cambridge University Press, 2009), edited by Philip Robbins and Murat Aydede。

最直接的翻译，其字面意义是洞见理论）。立场是指某种一个人凭借指向某事物而具有的东西，比如渴望实现一个特定的目标。我们可以说，拥有一个认知立场涉及指向一种特殊的目标，即认知的目标，并且它涉及获取知识的欲求。那么，灵性立场则涉及对一种特殊知识的欲求。

灵性的核心是一种认知立场。灵性的人不是想去相信而是想去知道。灵性显然致力于一种基于经验形式的洞见，与内在专注、身体经验以及对某些意识变异状态的系统性培养有关——但下一步已是困难得多。当你与从事灵修的人，例如与来自密宗或禅宗的长期冥想者交谈时，你很快就会发现，知识领域，其相关的目标和认知目标，所追求的洞见形式，都无法以清楚分明的词项来言说。这些目标与那些曾经被宗教和传统形而上学以及尤其是神秘主义者所追求的目标部分重叠。它们通常还涉及像是救赎的理想；有人称之为"解放"，有人称之为"开悟"。通常，所追求的形式的知识被描述为一种非常特殊形式的自我知识，表明它不仅是解放的而且是反身性地针对实践者自身的意识的。粗略地说，目标即是意识本身，通过消解主客体结构和超越个体第一人称视角来实现。① 这一目标通常与系统性地培养特定的意识变异状态有关。如果阅读相关文献，你很快就会发现，不同灵性传统的代表在几个世纪以来一直在争论是否存在像是灵修的可学习的形式、方法或技巧，也就是是否存在一条通往获得相关形式的知识的

---

① 一份简短而出色的分析，见 Fasching, W. "Consciousness, Self-Consciousness, and Meditation," *Phenomenology and the Cognitive Sciences* 7(2008): 463-483. 近期关于现象学上的非主观意识状态主题的哲学文本集，见 E. Thompson, M. Siderits & D. Zahavi (eds.), *Self, No Self?* (Oxford: Oxford University Press, 2011)。

## 第十章
## 灵性与智性诚实

系统化的路径。相同的经典问题时至今日还在被继续追问：冥想是灵修的一个例子、一种方法？还是说，它恰恰要求放下一切方法和目标？它要求的努力还是必然不费吹灰之力？真正的进步在于什么，人们如何发觉它，是否有任何标准来区分错觉、妄想、自欺与真正的洞见？有一个经典的答案在不同的语境下不断脱颖而出：这个标准就是**伦理上的完整性**，是对亲社会的、伦理上融贯的生活方式的真诚追求，这在一个人的行动中可以看到。与此同时，关于相关形式的知识本身几乎无话可说，它无法用语言传达，也无法用论证辩护，对其也没有广为接受的学说。

这还很少。让我们总结一下：灵性是一些人的一种认知立场，对他们来说，所追求的知识形式不是理论性的。这意味着目标不是拥有正确理论意义上的真理，而是某种形式的实践，一种灵修。以经典的冥想实践为例，它是一种形式的系统化的内在行动，定睛一看，它是某种形式的专注的非行动。所追求的知识形式不是命题式的，它不涉及真假语句。由于它也不涉及智识上的洞见，所以所寻求的洞见形式不能通过语言传达，而至多只能暗示或证明。另一方面，它始终清楚地表明，灵性不仅关乎治疗或一种复杂形式的健康，而是在一个非常严格的意义上关乎通过自我知识的伦理完整性，一种通过对自己的洞察的根本存在形式的解放；同样清楚的是，在许多传统中，这涉及某种心灵训练和实践，一种内在形式的德性或自我完善。那么，从一开始，就有一个知识的面向，也有一个规范的面向，这意味着，在一个非常特殊的意义上对世界采取灵性立场，同时也包括洞见和伦理。灵性立场是一种为了自我知识起见的内在行动的伦理学。

吉杜·克里希那穆提（1896—1985）

"我坚持认为，真理是一片无路可循的土地，无论走哪一条路，借助什么宗教、什么教派，都不可能接近它……真理是不受限的，无条件的，无法通过任何途径接近，无法被组织，也就不应该成立任何组织来引导或胁迫人们走任何特定的道路……就像我说的，我只有一个目的：使人自由，敦促他走向自由，帮助他摆脱所有的限制……我希望那些试图理解我的人自由，不要追随我，不要把我变成一门宗教、教派，进而变成他人的牢笼。相反，他们应该从所有的恐惧中解放出来……这是唯一的判断方式：你在哪方面更自由、更伟大，对每个建立在虚假和无关紧要事物上的社会更危险？"

对于启蒙的、世俗化形式的灵性来说，还有一个重要的面向，20世纪最伟大的非学院派哲学家成员吉杜·克里希那穆提（Jiddu Krishnamurti）即是个典型。克里希那穆提不仅从根本上拒绝修行的特定道路或方法的想法，也拒绝任何类型的传统、灵性组织或师生关系的想法。但是，如果有任何称得上是"冥想理论"的学科，那么他无

## 第十章
## 灵性与智性诚实

疑是这门学科经典的来源之一，也是最重要的作者之一。[1] 当他在1929年8月3日解散"明星社"（Order of the Star in the East，该组织为作为被推选为即将到来的"世界导师"的他而建立）时，他说"因为我坚持认为，唯一的灵性是自我的不朽"[2]，而这正是我在此关注的"灵性"的含义中的元素。"不朽"是一个真正**哲学**的灵性概念的语义核心。如果我们的目标是研究一种世俗化的但仍然是实质形式的灵性的可能性，那么我们需要几个不同的方向上的不朽：对于形而上学信仰体系的代表，他们试图将冥想实践与某种类型的理论结合起来，不管它是什么；也对于教条形式的理性主义还原论——力图败坏所有非科学形式的获得知识的纯粹意识形态理由。但更重要的是，我们关注的是发现对于自己的不朽，而且独立于任何理论或意识形态的承诺。

可这种不朽的意义是什么呢？尤其是对于自我而言，成为不朽意味着什么呢？有一种形式的灵性是不自满、不自得、不媚俗，不涉及智性自杀和以或多或少的微妙方式丧失作为批判、理性主体的

---

[1] 以下是1956年2月1日他在马德拉斯（今金奈）的第五次谈话的节选，可以给你一个初步印象："无疑，灵性的东西必定是永恒的。但心灵是时间的结果，是无数的影响、想法、强加的负担的结果，它是过去的产物，也就是时间。这样一个心灵能感知到永恒的东西吗？显然不能。它可以猜测，可以徒劳地摸索或重复一些别人可能有过的经验，但由于是过去的结果，心灵永远无法发现超越时间的东西。因此，心灵所能做的就是完全安静，没有任何思想的运动，只有这样才有可能进入那种永恒的状态，由此，心灵本身就是永恒的。因此，仪式不是灵性的，教条也不是，信仰也不是，练习特定系统的冥想也不是，因为所有这些东西都是一个寻求安全的心灵的结果。灵性的状态只能由一个没有动机的心灵来体验，一个不再追寻的心灵，因为所有的求索都基于动机。能够不问、不求、完全无为的心灵——只有这样的心灵才能理解那永恒的东西。"见 Collected Works, Vol. 9, *1955-1956: Conversation 532*, (Dubuque: Kendall/Hunt, 1991), p. 218。

[2] 摘自J. Krishnamurti "Appendix A: The Dissolution of the Order of the Star," in Luis S.R. Vas (ed.), *The Mind of J. Krishnamurti* (Bombay: Jaico Publishing House, 1971), pp. 293、296f.。

尊严的吗？有某种像是"内在的体面"的东西，一种可以清楚命名的完整性的智性性质吗？还是说我们必须总是得以路德维希·维特根斯坦的经典警告作结："凡可说的，都可说清；凡不可说的，就必须保持沉默。"①

## 智性诚实

智性诚实就意味着不愿意对自己说谎。它与诸如得体、正派和真诚的老派价值以及与某种形式的"内在体面"密切相关。或许可以说，这是一种非常保守的、真正颠覆的方式。但智性诚实可能同时也正是有组织的宗教代表和任何类型的神学家根本不可能拥有的，即使他们想做出相反的声称。智性诚实意味着不假装知道或能够知道未知的事物，同时仍然对真理和知识有无条件的意愿，甚至包括自我知识，即便这些自我知识并不伴随着愉悦的感受或与现行的学说不符。

有些哲学家将智性诚实概念化为一种德性，一种关于自己的思想和内在行动的"智性德性"，一个对于自己的思想和信念的伦理立场。②这又牵涉道德完整性。这意味着，一个人的行动应当尽可能与其采信的价值相符合——而这关乎一个人首先应当相信**什么**的问题。将一个

---

① 文中引文出自 *Tractatus Logico-Philosophicus* Ogden trans. (London: Routledge & Kegan Paul, 1922) 前言。人像配文是 *Tractatus* 的命题 6.52。

② 基础阅读可参阅 Greco, John and Turri, John, "Virtue Epistemology," *The Stanford Encyclopedia of Philosophy* (Winter 2011 Edition), Edward N. Zalta (ed.), Url: http://plato.stanford.edu/archives/win2011/entries/epistemology-virtue/。

# 第十章
## 灵性与智性诚实

路德维希·维特根斯坦（1889—1951）

"我们感到，即便所有**可能的**科学问题都得到了回答，生活的问题仍然压根未曾被触及。当然，这样一来也就没有问题被遗留下来了，而这就是答案。"

信念采纳为自己的，这本身就是一种内在行动而且是一种有可能克制的行动。一个信念的自发出现是一回事，通过坚持这个信念而主动认可这个信念则是另一回事。除了情绪上的自我调节（有意影响自己的情绪状态的能力）和控制注意力焦点的能力之外，内在的自我调节也存在于一个人之所信上。有趣的是，婴儿只是逐渐学会控制他们的情绪状态和注意力的焦点。而将信念采纳为自己的信念所涉及的那种关键的自我调节，即便是许多成年人也不精熟甚至从未完全掌握。有可能通过练习和增强这种特殊类型的自我控制能力来提升一个人的自主性，即一个人的内在自由吗？这正是智性诚实所涉及的内容。有趣的是，冥想恰恰旨在提高这种心灵自主性——通过培养一种特定的、毫

不费力的内在觉识形式。① 冥想培养了理性心灵上的可能性条件，包括克制行动的内在能力、对冲动控制的温和而精确的优化，以及在有意识的思想层面逐渐发展对自动识别机制的觉识。思考并不关于愉悦的感受。它关于知识与意见之间尽可能的一致，它关于只拥有基于证据的信念且关于认知不为情感需求服务。你有没有注意到，最后两点表明所有这些也涉及节制，即一种特殊形式的心灵苦行主义？而它揭示了与灵性立场的第一个接触点。然而，核心的洞见是，对**智性**完整性的真诚追求是对**道德**完整性追求的一个重要特例。关于这些我们很快就会说到更多。

无论谁想通过逐步解决他们的行动和价值之间的所有冲突而成为一个**完整的**人，都必须同时在他们的内在行动中追求这一原则。这一要求对于他们的"认知行动"，即缘知识之故而采取的行动来说尤为

---

① 关于"M-自主性"或心灵自主性的概念，对近期实验结果的哲学讨论并为读者提供了许多相关的参考资料，见 Metzinger, T. The Myth of Cognitive Agency: Subpersonal Thinking as a Cyclically Recurring Loss of Mental Autonomy, *Frontiers in Psychology*, 4 (2013): 931. 近期的研究表明，经典的正念冥想与心灵游荡刚好相反，它也让我们更清楚地看到正式冥想练习的目标到底是什么：即持续增加 M-自主性。这一点也为在所有学校和学习机构中引入系统的、不过是世俗的冥想技术培训提供了核心论据：它关乎提高文明的标准。M-自主性是指控制自己的心灵行动的能力且不仅在身体上，而且还有心灵层面上自主行动。每当我们的认知自我模型的某个部分暂时崩溃时，我们就会丧失心灵自主性——最新研究表明，这种情况每天在我们每个人身上发生几百次。或许，西方社会最缺乏的是系统化和制度化的形式，自由国家的公民可以通过这些形式提高自己的心灵自主性。我们仍然缺乏对这样一个事实的深入理解：正是公民个人的心灵自主性，对于提高文明标准做出了不可或缺的决定性贡献。关于心灵游荡的科学研究正以一种令人惊讶的方式清楚表明，我们大多数人在他们有意识的一生中的三分之二的时间里都不是 M-自主的心灵主体。它还提供证据说明这一事实是如何在整体生活质量的下降中得到体现的。这就是为什么在社会文化层面上，我们必须考虑采取具体措施来提高我们自己的心灵自主性。在这种情况下，在所有学校和高等教育机构引入系统的冥想课程显然是最重要的，也是最迫切的政治要求。

# 第十章
## 灵性与智性诚实

真确。每当我们奋力争取洞见、知识或真信念、真诚和真切的自我知识时，我们就会"认知"地去行动。正如所有冥想者所知，内在知识的形式不止一种，内在的认知行动不能简单地还原为智识或思想。这似乎是灵修和合理的理性思考的理想之间的第一座桥梁：二者都涉及为了知识的内在行动的伦理学。此外，在这两种情况下，目标都是系统地提升心灵自主性。注意到这一点很有趣，灵修在亚洲比在西方更深入、更精致、更发达。西方文化本着启蒙的精神，越来越多地发展和关注智性诚实的理想。让我们看看西方思想史上的四个阶段，以便更清楚地看到这种内在联系。

对于英国哲学家约翰·洛克（John Locke）来说，对知识的渴求本身就是对上帝的一种宗教责任："信者，若无任何相信的理由，可能会爱上自己的幻想；但既没有如其应为地去寻求真理，也没有向让其使用赐予他的那些辨别能力、让他远离错与误的造物主报以应有的服从……"[①] 如果上帝真的是一个人，一个具有像"意图"这样明显是人类属性的人的话，那么他不可能希望我们只是**相信他**的存在。**他必定**想让我们试着**知道他**的存在。这很好地说明了一个哲学上的想法，即在最初智性诚实和力求知识本身仍然是对上帝的宗教义务。另一方面，对洛克而言，这也总是涉及承认对我们知识之限度的清楚觉识——试图超越这些限度（例如试图回答关于灵魂不朽的问题）就超越了上帝赋予我们的智识能力。起初，哲学上的诚实涉及

---

① 见 John Locke, *An Essay Concerning Human Understanding*, Book IV, chapter XVII, §24, edited by K. Winkler, (Indianapolis: Hackett Publishing, 1996)。初版发行于 1690 年。

约翰·洛克（1632—1704）

谦虚，这就是伊曼努尔·康德对于诚实所说的：诚实行为的严格义务是"转化为社会实践的理性"，因为它首先为社会成员之间的相互信任创造了先决条件，从而构成了公共秩序的基础。我想，对于内心的舞台，对于我内心生活的主人公来说，亦是如此（我们都知道，这往往像是一场内战，有时甚至是一种完全不文明的自然状态，一场各自为战的战争）。如何以和平的方式结束自己意识中的这种野蛮行径？要达到心灵上的文明，即"内在的文明状态"究竟需要什么？也许我们可以说，它涉及"对自己的承诺"——为自己的心灵建立内在秩序。1793 年，在《单纯理性限度内的宗教》（*Religion within the Boundaries of Mere Reason*）一书中，伊曼努尔·康德以一种全然不同但格外优美的方式提出了这一点。他说，需要的是**对自己诚实**

# 第十章
# 灵性与智性诚实

伊曼努尔·康德（1724—1804）

**的真诚意图**。① 我想，对自己诚实的欲求的"真诚性"或"纯粹性"是核心要点。这一点也提供了通往灵性的第二座桥梁：现在，在这最后，你应该开始感觉到一种严格的、完全老派形式的理性主义可能与灵性大有关系。

康德甚至告诉我们，这种形式的智性诚实是一般意义上的道德的

---

① 康德通过反面的说法，通过谈论"人心的不纯粹性 (*impuritas, improbitas*)"来摆明论点。(cf. *Die Religion innerhalb der Grenzen der bloßen Vernunft* [Band II, 1793, 1. Stück: 30]; 英译文参见 6:30 in *Religion Within the Boundaries of Mere Reason: And Other Writings*, eds. Allen Wood and George Di Giovanni; Cambridge University Press, 1998, p. 53)。正文中讨论的那种特殊的"真诚"可以帮助我们实现"绝对纯洁的道德善的理念"，并对抗"存在于所有人身上的腐化堕落"，这一概念可以在 6:83（第 98 页）找到。第二个思想——每个人都对自己负有真诚的义务——见 *Metaphysik der Sitten* (II. Metaphysische Anfangsgründe der Tugendlehre, Zweites Hauptstück, 1797, § 9: *Die Pflicht des Menschen gegen sich selbst, bloß als einem moralischen Wesen*; cf. 英译本：*The Metaphysics of Morals*, Part 2, Chapter II, §9: *Man's Duty to Himself Merely as a Moral Being*; ed. Mary Gregor; Cambridge University Press, 1991, p. 225)。这也是人们发现"内在谎言"概念的地方。

最内在核心。可以说，它是对道德完整性的欲求的本质。1793年，人们如是说：它是"绝对纯粹的道德善的观念"。在《道德形上学探本》(*Metaphysics of Morals*, 1797) 一书中，他简洁明了地提出这一点："人对于视为道德存在者的其自身的义务……就是……诚实。"在这一点上，康德也可以解释什么是智性上的不诚实，即一种"内在的谎言"。在康德看来，不诚实就是一种良知的缺乏。在内在行动的伦理意义上缺乏良知无非是一种形式的无意识，一种形式的缺乏觉识——这不仅与灵性立场有进一步的有趣的联系，也与西方传统中"意识"概念的历史有关。①

---

① 由于冥想和灵修显然旨在正确形式的意识，由于智性诚实显然旨在特殊形式的良知，所以我想提请读者注意两点，它们在当代学院哲学中甚至也几乎被完全遗忘。英文词"conscience"源自拉丁文"*conscientia*"，原意为共同认知、一起认知或共同意识，但也指意识和良心。第一点值得注意的是，在整个哲学史的大部分时间里，意识与良知大有关系（笛卡尔是第一个将良知与意识分开的人，并在17世纪构成了现代的意识的概念）。在现代之前，无意识也意味着缺乏良知。拉丁语的"*conscientia*"又是希腊语"*syneidesis*"的翻译，指的是"道德良知""对自己不良行为的共同觉识""内在意识""伴随意识"或"共同知识""令人不安的内在意识"——早期的思想家也总是关注意识的纯粹性，关注采取规范性的立场，尤其关注内在见证者的存在。德谟克利特（Democritus）和伊壁鸠鲁（Epicurus）已经对坏的良心进行了哲学思考，而西塞罗则铸造了"*morderi conscientiae*"这个无与伦比的词——"良知的痛苦"——或我们在德语中所说的"良知的撕咬"（*Gewissensbisse*）。甚至在基督教哲学之前，就有这样的想法：良知是一种内在的暴力，是一种持续伤害自己的方式。我发现一个有趣的现象，所有这些来自早期哲学的概念，如果不是从后来加入的基督教罪的形而上学的角度来解读，而是从世俗化的灵性或亚洲传统的正式正念练习的角度以一种新鲜和不偏不倚的方式来解读，听起来则完全不同。例如："见证意识"（*Witness consciousness*）的含义也可能与作为一种通过基督教教育学到的内心自我惩罚机制的内心的指责、不满和自我谴责完全不同。它甚至可能与利他主义有关，与温柔和精确有关，与对自己的非评判形式的同情有关，而非与内心冲突的产生有关。在许多早期哲学家那里发现的另一个有趣的想法是，能动者与一个理想的观察者共享其知识。然而，从来没有一个令人信服的论证说这种理想的观察必然是由一个人或一种自我或他者做出的。总之，从西方哲学的许多早期著作中可以提炼出以下内容："意识，*conscientia*，是作为内在空间的有意识的人的一部分，感官知觉无法进入；它是一个内在的圣殿，人在死前可以与上帝在此相聚，它包含关于自己行动的隐秘知识和关于自己心灵内容的私密知识；它也是理想之人和现实之人之间的接触点，在基督教哲学中，这种接触是通过为自己的（转下页）

# 第十章
## 灵性与智性诚实

对于弗里德里希·尼采（Friedrich Nietzsche）而言，智性诚实是"良知之后的良知"。1838 年，他在《查拉图斯特拉如是说》一书中这么写道："在我的诚实停止之处，我是盲目的，也想成为盲目的。但在我欲知之处，我也想成为诚实的，亦即毒辣的、严谨的、有力的、残酷的和势不可挡的。"尼采是第一批真正写到智性诚实，写到作为一种更狭义地构想为认知行动的伦理学的"心灵的良知"的哲学家之一。①注意到这一点很有趣，这再次涉及某种形式的苦行主义，涉及放手。

---

（接上页）罪孽作证或做见证而建立的。再说一遍，注意到这一点很有趣："见证"（或德文 *Bezeugen*）被理解为一个不是由一个人或一个自我做出的过程并以刚才提到的非评判性的共情的品质为特征，那么它的含义可能完全不同。在这个意义上，意识显然也是我们时常拥有的东西，它总是可以失去。哲学家克里斯蒂安·沃尔夫（Christian Wolff）率先使用了"意识"或德文"*Bewusstsein*"（从拉丁文转译而来）一词，它是一种与思考无关，而与内在的注意力有关的特定能力；它涉及感知"*Veränderungen der Seele*"（灵魂的改变）的能力，以及首先意识到一个人正在思考的事实。1719 年，沃尔夫将这一想法表述如下："我们将使用觉识（意识）这个词来代表我们知道自己正在思考的这个性质。"那么，什么是意识？它正是让你意识到你现在正在思考的东西；而且，有趣的是，当它不仅仅从当代认知科学关于无意识的心灵游荡现象的研究角度来解读时，这听起来又会完全不同。此外，每个冥想者都清楚地知道，在没有意识到自己在思考的情况下思考意味着什么。

在本文的语境下，第二个相关的要点是，即使在西方哲学的传统中，不仅道德良知和意识之间存在着多方面的深刻联系，前反思的正念概念和意识本身之间也有联系。这与其说涉及一种特殊的认知能力，一种高阶思维的形式，一种概念化的冥想形式的元认知，毋宁说是一种更微妙的东西，即 *Achthaben auf die Veränderungen der Seele*（对于灵魂改变的心灵专注）—— 一种内在注意力的形式，也间接地将我们与世界联系起来。沃尔夫已清楚地阐述了这一点："我在前面已经提醒过你们，当我们注意我们的灵魂时，我们感知到的第一件事是什么，即我们意识到许多东西是外在于我们的。"参阅沃尔夫 1720 年于 Halle 出版的作品"*Vernünftige Gedanken von Gott, der Welt und der Seele des Menschen, auch allen Dingen überhaupt*，"第 194—195 页。现代心灵游荡研究（即通过刚才描述的意识丧失而丧失内在自主性的研究）的一部很好的介绍：Jonathan Schooler et al. "Meta-Awareness, Perceptual Decoupling and the Wandering Mind, " *Trends in Cognitive Sciences* 15, No.7 (2012): 319-326。

① 弗里德里希·尼采也写过关于"知性洁净"（*intellektuelle Sauberkeit*）跟关于"知性的良心"（*intellektuelles Gewissen*）。更多请参阅 Grau, G.-G. (1992). „Redlichkeit," in Joachim Ritter/Karlfried Gründer (Hrsg.): *Historisches Wörterbuch der Philosophie* (Bd. 8). Basel: Schwabe, S. 365–369.

弗里德里希·尼采（1844—1900）

对于尼采来说，智性诚实是希腊－基督教思想史的"巅峰"和"最后德性"，因为它引向了对真理意志的宗教－道德解释的自我消亡。这究竟是什么意思呢？在其最高形式中，对真诚的欲求允许人们承认自己没有任何关于上帝存在的经验证据，在四千多年的哲学史中未曾出现过任何关于上帝存在的令人信服的论证。它使我们能够放弃对情感安全和愉快感受的追求，这种追求在演化过程中已深植我们的身心，并承认我们是根本上有寿限的存在者，但这种追求有系统性自欺的倾向。对自己的真诚使我们能够发现对有限性的妄想和系统性的否认在我们自己的意识自我模型中表现出来。关于这一点，下文马上会说更多。

盎格鲁－撒克逊文化中的哲学辩论要深刻得多，分析起来也更加清晰和充实。让我们来看看构成了"智性诚实"概念史的第四个例子。现如今，技术性的辩论是在**"信念的伦理学"**的名头下进行的——而这已然揭示了其最重要的面相之一：从伦理和道德的视角来看，什么

# 第十章
## 灵性与智性诚实

时候相信某个特定的事物或者把某个信念采纳为"某人自己的"是被允许的?

英国哲学家和数学家威廉·金顿·克利福德(William Kingdon Clifford)是最早提出这个问题的思想家之一,并随即成为这场对于宗教和灵性之间的区别来说至关重要的讨论的鼻祖。他的两个主要原则是:

- 在任何地方,任何人在证据不足的情况下相信任何事情都是错误的。
- 在任何时候,任何地方,对每个人来说,忽视或粗心地拒绝自己信仰的相关证据都是错误的。①

在学术哲学中,这一立场被简单地称为"证据主义"(evidentialism)。这意味着只相信那些真正有论据和证据的东西。哲学上的对应物是我们都熟悉的东西,即教条主义和信仰主义。教条主义是这样的论题:**"坚持一个信念是合理的,只因为一个人已经拥有了这个信念。"** 在哲学中,信仰主义是这样的论题:在没有充分的理由或证据支持的情况下,甚至在面临令人信服的反驳时,坚持一个信念也是完全合理的。信仰主义是纯粹信仰的立场。对于信仰主义者来说,坚持那些不仅没有任何正面的论据或证据支持的信念,而且甚至在面对强有力的反驳

---

① Cf. Clifford, W. K. (1999 [1877]), "The Ethics of Belief," in T. Madigan (ed.), *The Ethics of Belief and Other Essays*, (Amherst, MA: Prometheus) pp. 70–96. 更进一步的研究是: Chignell, Andrew, "The Ethics of Belief," *The Stanford Encyclopedia of Philosophy (Fall 2010 Edition)*, Edward N. Zalta (ed.), Url: http://plato.stanford.edu/archives/fall2010/entries/ethics-belief。

和强有力的经验证据时也是合理的。现在，有趣的一点是，信仰主义可以被描述为**拒绝对自己的内在行动采取任何道德立场**。这涉及内在体面的缺乏。而这是有组织的宗教与灵性针锋相对的经典立场。如果从纯粹心理学的视角来解释这两种认识论立场，人们可以说，信仰主义涉及有意的自欺、系统性的一厢情愿，甚至是偏执；而信念伦理学的心理学目标则在于某种形式的心理健康。我将这种形式的心理健康称为"智性完整性"（intellectual integrity）。①

如果允许自己在完全没有任何正面的理论或实践证据的情况下简单地坚持某个信念，那么你就放弃了关于内在行动的伦理学的整个想法。这样做，你便拒斥了智性诚实的计划且在你自己心灵层面，你不仅拒绝了理性，也拒绝了道德。这不仅改变了你自己的看法和信念，而且使你作为一个整体的人失去了你的完整性。而这便是在我一开

---

① 当然，这里也有一场技术性的论辩。作为给感兴趣的读者的入门书，我推荐Cox, Damian, La Caze, Marguerite 和 Levine, Michael, "Integrity", *The Stanford Encyclopedia of Philosophy (Spring 2012 Edition)*, Edward N. Zalta (ed.), at http://plato.stanford.edu/archives/spr2012/entries/integrity/。有趣的是，伯特兰·罗素明确地将智性完整性的理想与有组织的宗教，特别是基督教进行了对比。对罗素来说，所有宗教本质上都是教条主义的；将基督徒与科学家区分开来的不是教义本身，而是对这一教义采取的内在立场，即持有这一教义的方式。根据罗素的说法，宗教的追随者把这一教义当作是无可争议的，是独立于经验证据的。不过，对基督教教义的不加质疑的信守难道不仍然是有用的吗？例如，因为它促进了有德性的行为。对罗素而言，答案是清楚的："我本人并不认为道德对宗教的依赖性几乎像宗教人士认为的那样密切。我甚至认为，一些非常重要的德性在拒绝宗教教条的人中比在接受宗教教条的人中更容易找到。我认为这尤其适用于真诚或智性完整性的德性。我所说的智性完整性是指根据证据来决定棘手问题的习惯，或者在证据并无决定性的情况下任其保持悬而未决。这种德性，虽然几乎被所有教条体系的信徒低估了，但在我看来，它具有非常大的社会重要性，比基督教或任何其他有组织的信仰体系更有可能造福世界。"这段引文来自罗素的"Can Religion Cure our Troubles?"一文，重印于 Robert E. Egner & Lester E. Denonn (eds.), *The Basic Writings of Bertrand Russell*, (London & New York: Routledge, 2010), p. 579f。

# 第十章
## 灵性与智性诚实

威廉·金顿·克利福德（1845—1879）

始，当我说智性诚实是神学家和任何类型的有组织宗教的代表根本无法拥有的时候想说的意思。这句话可能听起来像是廉价的抨击，或为了挑衅而故意为之。但它其实关乎一个简单、明确和客观的观点，即"自尊原则"——关于如何不失去自己的尊严和心灵自主性。重要的是，这句话不仅关涉传统教会，也关涉所谓"另类灵性文化"中的很大一部分。近几十年来在欧洲和美国发展起来的许多运动早已失去了其进步的推动力。今天，它们只是稳定或维护现状，其特点是幼稚的自满和形式露骨的智性不诚实。任何对我们关于世俗化灵性的可能性问题感兴趣的人，都必须考虑到所有相关的经验数据和所有可能的反驳。1877年，哲学家威廉·克利福德称那些任何"刻意避免阅读书籍、避免与其他质疑或讨论其预设的人作伴"的人："这人的一生就是一场反人类的大罪。"

# 三个具体例子：上帝、死后生命和开悟

### 上帝存在吗？

为了尽可能清楚地看到灵性和智性诚实之间的联系，我们现在必须更加具体。让我们来看三个例子，看看在21世纪初，不愿对自己说谎意味着什么。让我们从追问上帝的存在开始。从概念上讲，在两千五百年的西方哲学史上，没有一个关于上帝存在的令人信服的论证。① 所有已知的关于上帝存在的证明都失败了。而退回到不可知论——就像我们许多人喜欢做的那样——说"我对此就什么也不说，我不做判断！"并不像它乍看起来那么容易。这一立场是有问题的，因为整个举证责任都在有神论者，在那些提出正面主张而无法用经验证据或理性论证来支持它的人一方。例如，假如我们最好的理论和所有可用的证据都表明复活节兔子不存在，那么说"我是一个复活节兔子不可知论者，我自己会认为这是一个开放的问题！"也不是智性上诚实的。在这种语境下，一个经典的谬误是 *argumentum ad ignorantiam*，即诉诸无知，这在几个世纪前就已为人所知。逻辑上的

---

① 当然，宗教哲学与分析的形而上学中的技术性辩论仍在继续；当然也有一流的哲学家会持完全不同的观点。然而，不存在的是该领域的专家们的共识，这种共识将指出许多人仍然希望的方向。最近，一项非代表性的民意调查强烈地偏向于分析的或盎格鲁流派的哲学，调查了1972位专业哲学家的立场，他们都是99个主要哲学系的正式教员，发现72.8%的人认为自己是无神论者（见 Bourget & Chalmers, "What Do Philosophers Believe?" *Philosophical Studies* 170, No.3 (2014): 465-500）。对于那些想深入了解这一主题的专业、学术研究的读者来说，一个好的起点是 M. Michael (ed.), *The Cambridge Companion to Atheism* (Cambridge: Cambridge University Press, 2007) 以及 J. H. Sobel, *Logic and Theism. Arguments for and against Beliefs in God* (Cambridge: Cambridge University Press, 2004)。一份优秀的精选书目，见 J. Bromand 和 G. Kreis (eds.), *Gottesbeweise von Anselm bis Gödel* (Berlin: Suhrkamp, 2014, p. 671)。

# 第十章
## 灵性与智性诚实

错误在于它假设没有被证明为假的东西就自动是真的。回到我们的例子，经典的推理错误如下："只要复活节兔子的存在还没有被推翻，就可以假定它是一个普遍接受的事实！"出于心理上的原因，我们都很容易犯这种谬误，因为它让我们屈从于文化传统，并受到隐秘动机的驱使；尽管如此，还是想从无知中得出一个强有力的结论。然而，几乎没有什么真正有趣的东西是从一个人所不知道的某事的事实中得出的。

从理性论证的视角看，不可知论很可能根本就不是一个真正的选项，因为举证责任分配得很不公平，而且根本就没有令人信服的正面论据来证明上帝的存在。然而，有许多不同形式的不可知论。采取上述灵性立场的人可能对其中两种感兴趣。第一种是清晰的**理论**洞见，即只要对"上帝"的概念没有融贯的定义，所有关于上帝存在与否的问题都是没有意义的——碰巧的是，这一点也关系到所有那些喜欢把自己当作无神论者并喜欢对这个问题给出不容置喙的否定答案的人。一个有意义的、内部融贯的、不矛盾的上帝概念是否存在？一个灵性类型的Ⅰ类不可知论者可以说："我甚至不知道你说的'上帝'这个概念是什么意思，所以不能对他的存在与否提出任何主张。参与这种讨论本身就是智性不诚实的。"Ⅱ类不可知论者可以简单地指出，关于上帝的存在与否的问题是**无趣的**，从这个意义上说是无足轻重的，因为它们对灵修没有作用。毕竟，这种实践不是为了拥有正确的理论，而是为了通过在更深层次上理解这种探索的内在、潜在的结构来结束我们对情感安全和确定性的永久追索。

概念上，似乎没有令人信服的论据来证明上帝的存在。这似乎也相当容易滑入推理错误或迷失在无关的讨论中。但是经验性的证据呢？经验上，这是一个微不足道的问题，因为没有证据证明上帝的存

在。显然，神秘体验或意识变异状态本身不能提供任何严格意义上的经验证据。然而，目前的新情况是，关于宗教信仰的演进，有越来越多令人信服的理论。① 演化心理学正在为形而上学信仰体系的发展提供第一个模型，科学也开始研究宗教现象最初是如何在人类历史中逐渐发展起来的。② 这些研究计划是一个可谓旨在使宗教"自然化"的运动的一部分，它们是我在一开始谈到的人类形象的自然主义转向的一个重要面向。

---

① 近期的选集：E. Voland &, W. Schiefenhövel (eds.), *The Biological Evolution of Religious Mind and Behaviour*, (Berlin: Springer, 2009). 重要的英语文献有：McKay, R & Dennett, D. C. The evolution of misbelief. *Behavioral and Brain Sciences* 32 (2009): 493–561. Atran, S. *In Gods We Trust: The Evolutionary Landscape of Religion*. (New York: Oxford University Press, 2002). Boyer, P. *Religion Explained: The Evolutionary Origins of Religious Thought*. (New York: Basic Books, 2001). Dawkins, Richard : *The God Delusion*. (New York: Bantam Press, 2007). Dennett, D. C. *Breaking the Spell*. (New York: Viking, 2006)。

② 例如，一个经典的假设是，有组织的文化信仰系统提高了人类的自我控制能力，这反过来又促进了某些个人行为和行为倾向，有利于大型社会的演化。在规模越来越大的早期人类社会中，这种行为可能会大大改善彼此没有生物关系的个体之间的合作。下面是一个最近的实证研究的例子，证明了宗教信仰和反复补充自我控制能力的能力之间的因果关系：Rounding, K., Lee, A. Jacobson,J.A. & Ji, L.-J. "Religion replenishes self-control" *Psychological Science* 23, No.6 (2012): 635-642。

我自己在该语境下的理论是，我们今天所说的"虔诚"导致了早期人类自我模型的几个决定性变化。当几组人竞争稀缺的资源时，群体规模加上群体一致性和可感知的群体内/群体外特征的强度对于繁衍成功是决定性的。这就产生了一个问题：如何在这些越来越大的群体中有效地识别"搭便车者"和其他不合作的规则违反者，即使群体成员不再或很少能从感官上感知到对方。什么是最有效和最不"昂贵"的解决方案，即使对于大群体来说？我认为解决方案可以是安置一个"理想观察者"，不过是在心理表征的层面上。这意味着有一个监督规范的内化机构，它与每一个群体成员的自我模型有着密切的功能联系；理想情况下，这将是一个极其强大的、无处不在、但"看到一切"的不可见者的模型。如果这个心理上表征的法官充分代表了群体的生物利益，这将改善合作和团结，并有助于群体的整体成功，因为每个人都"在自己的大脑中"携带着这个功能上的权威，如果你愿意这么叫的话，因此无从逃避。经验研究表明，对惩罚性神灵的信仰随着群体规模和群体内社会合作的复杂性而增加。Cf. Johnson, D.D.P. The Error of God: Error Management Theory, Religion, and the Evolution of Cooperation, in S.A. Levin (ed.), *Games, Groups, and the Global Good*, Springer Series in Game Theory (Berlin: Springer, S 2009, pp. 169-180) or the discussion following Jeffrey P. Schloss & Michael J. Murray: Evolutionary Accounts of Belief in Supernatural Punishment: a Critical Review. *Religion, Brain & Behavior* 1, No.1 (2011): 46-99。

# 第十章
## 灵性与智性诚实

根据最近研究中慢慢开始出现的观点，信仰的演化与有用形式的自欺的演化大有关系。[1] 意识的演化不仅导致了形式越来越好的感知、思考和智力的发展，还导致了虚假但却有用的信念、积极的错觉和整个妄想系统的出现，它们之所以存留下来，可能是因为它们提高了认可它们的人的繁衍成功率，从而使之能够更成功地将自己的基因传递给后代。所有的父母都直接感知到孩子在长相和智力上都高于平均水平。他们为自己的孩子感到骄傲，并声称为人父母的身份提高了他们的情感生活质量、整体满意度和个人意义感。相比之下，心理学研究表明，父母的情感生活质量比没有孩子的人低，父母更少体验到积极的情感，而消极的情感和抑郁期更频繁，他们对婚姻和伴侣的满意度也更低。[2] 一般而言，大多数人都声称自己有比一般人更多的积极体验和更少的消极体验。自欺让我们忘记过去的失败，它提升了动力和自信。传统观点认为，自然选择有利于我们自己和现实的日益准确的形象，这种观点已经过时了。最近的研究表明，在许多情况下，演化产生了对实在的系统性错误表征。自欺也在演化。同时，积极的错觉、压抑的机制和实在的妄想模型不仅具有加强人类自我模型的内

---

[1] 一篇优秀的心理文献简介：Paulhus, D. & Buckels, E., "Classic Self-Deception Revisited," in S. Vazire & T. Wilson (eds.), *Handbook of Self-Knowledge*, (New York: Guilford Publications, 2012) pp. 363–378。对于内部哲学争论的初步认识：Bach, K. Self-Deception. In B. P. McLaughlin, A. Beckermann, & S. Walter (Eds.), *The Oxford Handbook of Philosophy of Mind*. (Oxford: Oxford University Press, 2009)。Vol. 1, pp. 781–796 对这新兴的争论有兴趣的人，我推荐：Von Hippel, B. & Trivers, R. The Evolution and Psychology of Self-Deception. *Behavioral and Brain Sciences*, 34 (2011): 1–56。

[2] 一些资料可以在这里找到：Eichbach, R.P. & Mock, S.E., "Idealizing Parenthood to Rationalize Parental Investments." *Psychological Science* 22 (2011): 203-208。此外，他们写道："与没有孩子的人相比，有孩子的情感幸福感较低（McLanahan & Adams, 1989），积极情绪较少（Simon & Nath, 2004），消极情绪较多（Ross & Van Willigen, 1996），婚姻满意度较低（Somers, 1993），以及抑郁症较重（Evenson & Simon, 2005）。"

在凝聚力的纯粹防御功能，还将其从某些消极信息中解放出来。① 在社会心理学层次上，它们似乎也是一种行之有效的策略，可以准确地控制那些可供他人使用的信息，从而更有效地欺骗他们——例如，通过说服他人相信自己比实际情况更道德、更强大、更聪明或更有吸引力。自欺不仅可以达到自我保护的目的，还可以达到侵略的目的，例如在试图提高自己的社会地位时。② 某些形式的自欺只有在群体中才真正有效。通过稳定内部的等级制度和现有的剥削结构，它们增强了大群体的内部凝聚力（例如在面对其他部落、民族或宗教团体时）。所有这些功能也均由宗教来实现。而这一点对于世俗化形式的灵性是否可能的问题来说是最重要的：对确定性的主观经验与对确定性的实际拥

---

① Alicke, M. D. & Sedikides, C., "Self-Enhancement and Self-Protection: What They Are and What They Do," *European Review of Social Psychology* 20 (2009): 1–48. 非现实的乐观主义发展的经典文本是 N. D. Weinstein. "Unrealistic Optimism about Future Life Events," *Journal of Personality and Social Psychology*, 39 (1980): 806-820；更新近的神经科学研究的例子是 Sharot, T., Korn, C. W. & Dolan, R. J. "How Unrealistic Optimism is Maintained in the Face of Reality," *Nature Neuroscience* 14, No.11 (2011): 1475–1479。

② 一般的想法是，在演化过程中，动物交流涉及欺骗和检测机制之间的频率依赖的"共同演化的军备竞赛"，导致了一种新的、更有效的欺骗——自欺。自欺的一个核心功能是在没有通常与欺骗相关的线索（例如，潜意识的身体信号）的情况下欺骗他人 (von Hippel & Trivers 2011, pp. 2-4)。因此，自欺受到自然选择的青睐，增强了自欺者的广义适合度 (inclusive fitness)。这一重要观点见于 Von Hippel, B. & Trivers, R. The Evolution and Psychology of Self-Deception. *Behavioral and Brain Sciences*, 34 (2011): 1–56。因此，人类自我模型（见 Metzinger 2007）将演化为一个功能平台，通过将知识分配到不同的有意识和无意识层或自我表征模块中，来调控什么信息何时、对谁是可用的，从而使种种形式的自欺越来越有效。如同特里弗斯（Trivers）在他 1985 年的《社会演化》(*Social Evolution* [Menlo Park: Benjamin/Cummings; p. 416]) 一书中写道："当然，在某个地方认识到真相一定是有利的，所以自欺的机制可望与正确理解现实的机制并存。心灵必须以一种非常复杂的方式构造，反复分成公共和私密的部分，各部分之间有复杂的相互作用。"首部广为人知的专著为 Robert Trivers, *The Folly of Fools: The Logic of Deceit and Self-Deception in Human Life* (New York: Basic Books, 2011)。

## 第十章
## 灵性与智性诚实

有并不相同。当代研究提供了大量的证据表明在任何时候我们都可能成为关于我们自己意识内容的不被察觉的欺骗的受害者。直觉有着漫长的生物学历史。① 那些认真对待自我知识的哲学课题的人必须考虑这样一种可能性，即直觉的确定性可能是系统性的误导，甚至"对自己意识的直接观察"也可能总是产生内省的错觉。②

我们这个物种的新的主要问题，是我们对自己的死亡的明确和有意识的经验洞察。所谓的恐怖管理理论说，意识到自己死亡的过程会与我们自我保护的本能产生直接冲突，因此有可能产生一种麻痹的、存在论上的恐惧。③ 我们试图通过在一种意识形态中寻求安全和稳定来克服这种恐惧，把这种意识形态当作一种"焦虑缓冲器"。一个稳定的意识

---

① 我简要介绍了说某物主观上看起来是"直觉上可信的"可能意味着什么：T. Metzinger, *The No-Self-Alternative* (Chapter 11), in S. Gallagher (ed.), *The Oxford Handbook of the Self* (Oxford, UK: Oxford University Press, pp. 287)。民俗心理学的直觉概念不可与技术性的哲学概念相混淆。在当代哲学中，一个名为"实验哲学"的新运动几年来一直在揭开直觉在学术哲学中扮演的成问题的角色。一个很好的介绍，见 Pust, Joel, "Intuition," *The Stanford Encyclopedia of Philosophy* (Winter 2012 Edition), Edward N. Zalta (ed.), Url: http://plato.stanford.edu/archives/win2012/entries/intuition/。

② 经典文本：Nisbett, R. E., & Wilson, T. D. "Telling More than We Can Know: Verbal Reports on Mental Processes," *Psychological Review* 84 (1977b): 231–259。简介详见 Pronin, E. The Introspection Illusion. In M. P. Zanna (Ed.), *Advances in Experimental Social Psychology* 41, pp. 1-67. (Burlington: Academic Press, 2009)。

③ 只要有可能通过认同意识形态的妄想系统并从内部稳定自我价值感来连续抵御可能的恐惧体验，低层次的存在论上的冲突就不必被有意识地感知到。关于恐怖管理理论的一个很好的介绍，现在已经被实证研究很好地证实了，见 Solomon, S., Greenberg, J, & Pyszczynski, T. "The Cultural Animal. Twenty Years of Terror Management Theory and Research" in J. Greenberg, S. L. Koole & T. Pyszczynski (Eds.), *Handbook of Experimental Existential Psychology*. (New York: Guilford Press 2004), pp. 13-34。同样见于：Solomon, S., Greenberg, J., & Pyszczynski, T. "A Terror Management Theory of Social Behavior: the Psychological Functions of Self-Esteem and Cultural Worldviews," *Advances in Experimental Social Psychology* 24 (1991): 93-159. Greenberg, J., Solomon, S., Pyszczynski, T. "Why do People Need Self-Esteem? Converging Evidence that Self-Esteem Serves an Anxiety-Buffering Function," *Journal of Personality and Social Psychology*, 63, No.6 (1992): 9, 913-922。

形态框架使我们也能在情感层面上稳定我们的自尊感，例如通过宗教信仰、对某些价值观的共同承诺、接受某种仪式以及基于或多或少的严格规则并与其他信徒共享的生活方式。[①] 经验研究表明：越不压抑有关我们死亡的信息，我们就越是强烈地认同我们所选择的意识形态系统。

在这一语境下，我想引入"适应性妄想系统"（adaptive delusional system）的概念。这可能听起来又像是蓄意挑衅，但我对论战不感兴趣，而是要清楚地、实事求是地陈述一个重要的观点。从精神病学的视角出发，"妄想"是一种明显错误的信念，伴随着强烈的主观确定感，无法通过理性论证或经验证据来纠正。妄想系统是一个由相互关联的信念组成的整个网络，也可以由许多人同时共享。在精神病学中，妄想是一种削弱病人生活行为的东西，通常是心理压力的一个原因——对于宗教信仰体系而言，这种与有害影响的联系在传统上是被否认的（或被巧妙地忽略）。但仔细观察就会发现这种否认当然是不正确的。这正是问题的关键所在：智性诚实的削弱会导致自主性和灵活性的丧失。历史上，这一再导致政治和军事灾难，导致独裁和战争。诚然，短期内这种信念系统可以有效减少个体人类的主观痛苦。它们是安慰的源泉，在一个不安全的世界里它们能使人获得强烈的集体经验和安全感。在某种意义上，它们是形而上的安慰剂，是用于存在论上的治标医学。然而，对于人类整体来说，这种策略**客观上**是不

---

① 可以说，被有组织的宗教的实在模型系统性地强化的自我价值感是上述恐惧缓冲器的第二层：与我们认同的外部意识形态一样，我们的自我价值感最终也是一种对我们自我保护本能的表征，是一个我们对存在的欲求的新符号，如果你愿意这么说的话。我们用一切可用的手段保护、加强和稳定它，因为它帮助我们抵御对我们自己的脆弱性和死亡的洞察。还有什么能比这样的假设更好地稳定我们的自我价值感：我们自己的心灵存在超越了身体，我们不断地、无条件地被一个全能的存在者所爱？

# 第十章
## 灵性与智性诚实

可持续的。明确易懂的一点是：局部、短期的个人自尊感的稳定却一次又一次地在全球范围内造成了难以置信的痛苦。

我为什么要谈"适应性的"妄想系统？把妄想系统称为"适应性的"意味着它是一个渐进的成就，并且实现了某种积极的适应功能。适应性妄想系统是为了适应一个意外的挑战，适应个人内部或外部世界的新危险。这种危险可以是，例如，突然的、明确的且有意识地经验到对自己死亡的洞悉。从历史上看，宗教起源于葬礼仪式、陪葬物和祖先崇拜，也就是说，起源于否认我们自己死亡的系统形式——与我们自己的有限性相适应的策略。在谈到适应性妄想系统时，人们也间接谈到了心理健康和疾病。因此，一个有趣的新洞见可能是，尤其是在心理和社会文化层面，演化显然产生了成功形式的精神疾病。

这很有趣，因为它直接关系到对完整性的追求；或许我们身上具有的，大都是无意识的机制，即前面在克里希那穆提的引文中所讨论的腐蚀自我的内部过程。这些内部过程可以通过从出生起就把康德所说的"内在谎言"植入我们中来腐蚀自我。当前的许多研究都指向这一方向。这会意味着，首先，我们在伦理上对这一事实并不负有责任，因为这些过程是通过演化设定进大脑的功能体系，从而设定进心灵的，它是自下而上的，也是一个没有方向和目标的盲目过程，因此，我们从一开始就无法改变。因此，从道德的意义上讲，我们不应受到责备。演化心理学中没有所谓"原罪"这样的东西。第二，然而，每当我们得到对这些事实的**洞察**时，这种洞察就会产生一种直接的道德责任，即尽可能彻底地理解自欺的不同机制，运用所有对其研究的可能性并利用为我们所用的所有形式的认知行动。在这样做的时候，我们必须明白，并非所有形式的自欺都是纯粹生物性的自下而上

的过程:社会和文化的动力——我们作为个人有共同的责任——也可以"自上而下"奴役人类的心灵,例如通过不同的世界观或意识形态。注意到这一点很重要,智性诚实的目标本身总是存在着一种微妙的危险,即变成意识形态或变成一种新的宗教。那些致力于本文所讨论的自我知识的扩展哲学理想的人,将努力尽可能直接面对威胁其内在完整性的机制——而且他们必须以全新的方式一次又一次地反复这样做。这可以从内部或从外部来完成。

**有死后生命吗?**

那死后生命又如何呢?难道心灵和身体不可能真的是两个本体论上的独立实体?它们也可以彼此独立存在吗?关于自欺和宗教演化的现代理论与上帝是否存在的问题没有直接关系,因为所有这些都可能是真的,而上帝还是可能存在的:这些理论并没有触及基本的形而上学问题。那么,类似的问题是,在当前的语境下,对关于大脑和意识之间关系的科学数据的正确概念阐释是什么。鉴于现代大脑研究的成果,什么是最合理和最理智的心身关系模型?对所有现有数据的最佳概念阐释是什么?在当前的心灵哲学中,物质二元论是一个在相当长的一段时间里只有极少数支持者的立场。[①]在"二战"结束以来的较新的辩论中,大约有九种解决心身问题的不同模型被提出来,但其中没有一种模型假

---

① 一个概述和许多进一步的参考 T. Metzinger, *Grundkurs Philosophie des Geistes. Band 2: Das Leib-Seele-Problem* (Paderborn: mentis, 2007)。我曾为一个推测性的假设辩护,即在所有文化和历史时期都报告过的离体经验(OBE)可能是哲学上物质二元论以及在梦中、无意识和死后可以离开身体的不朽灵魂的信念的最重要根源之一。我认为,这类意识状态,特别是它们的自我现象学描述,往往是由宗教神话所形成的,是"灵魂"概念和早期"心灵"哲学原型理论的第一个历史先导。见本书第三章。

# 第十章
## 灵性与智性诚实

设人死后的遗存是可能的。在现代心灵哲学中,即便是反还原论者、反自然主义者和属性二元论者也只有极少数主张人死后的遗存的可能性。

那么,现代意识的神经科学的情况如何呢?今天,只有极少数参与当代经验性的意识研究的研究人员相信死后生命。[①] 在人类身上,一个在功能上运转的大脑是意识出现的一个必要条件。即使在概念上不可能将我们的内在经验所约束的主观内在视角还原为一种复杂的信息处理形式,[②] 但仍然非常清楚的是,我们意识经验的内容是"自下而上"的,是由大脑层次上发生的局部和同期的事件决定的。严肃的当代研究正在寻找"意识的神经相关物",[③] 也就是寻找大脑中对于带来主观经验而言充分的最小属性集。科学正试图尽可能精确地分离出这些属性,而且正在取得进展。在这一努力下,几乎没有人相信感官感知、记忆、思想或注意力可以在没有意识的神经相关物的情况下,也就是在身体死亡之后继续存在。最合理的假设是,在人类身上,高级冥想状态也有一个必要的神经相关物,没有它就不能发生。最后,为了洞见而在灵修中培养的意识变异状态,可能直接就与大脑中的物理状态**相同一**。由于大脑是人体的一部分,即便是冥想体验的对象——记忆事件、针对未来的幻想、自发发生的思想和感觉——最终

---

① 一个好的起点是意识科学研究协会(*Association for the Scientific Study of Consciousness*)的网站。关于哲学辩论的概述以及许多进一步的参考文献,见 T. Metzinger, *Grundkurs Philosophie des Geistes. Band 1: Phänomenales Bewusstsein* (Paderborn: mentis, 2009)。较为科学导向的读者可能会发现如下模型很有帮助:Seth, A. Models of Consciousness Helpful, in *Scholarpedia*, 2, No.1 (2007): 1328。

② 我在这本书中尝试做了这件事情:T. Metzinger, *Being No One – The Self-Model Theory of Subjectivity* (Cambridge, MA: MIT Press, 2003)。

③ 见 T. Metzinger (ed.), *Neural Correlates of Consciousness: Empirical and Conceptual Questions.* (Cambridge, MA: MIT Press, 2000) 以及 module B 15 in T. Metzinger, Grundkurs Philosophie des Geistes. *Band 1: Phänomenales Bewusstsein* (22009; Paderborn: mentis), S. 528f。

也是身体上的过程,尽管它们通常不会被主观地经验为如此。

所有这些对我们关于智性诚实和世俗化灵性之可能性的问题意味着什么?首先,没有人**必须**相信所有这些假说或理论都是真的。所有这些理论都可能是假的,事实上,人类历史上曾经存在过的几乎所有理论如今都被证伪了。不过,人们显然不应该滑向"出于无知的论证"而声称:"还没有人确切地证明不存在不朽的灵魂,所以它毕竟可能存在!"智性诚实关于一些更简单和谦虚的东西:它关于对自己诚实,并简单地接受如下事实——目前,这是科学和哲学的现状。事实上,如果想要理性地、带着"内在的体面"行动,我们就永远只有当下的时刻,即现在——这包括经验性意识研究的现状,即科学的现在。然而,在这一点上,我们也可以得出关于世俗化灵性的想法的第二个结论。这与我在开始时讨论的救赎理想有关:目前,解放似乎永远只能是**世俗内的解放**,救赎也永远只能是**世俗内的救赎**。"世俗内"意味着它是某种内在于世俗的东西,某种只能在此世发生的事情。这意味着灵性并不关于来世或未来可能的回报,而是关于正念的生活时刻、慈悲的时刻、现在的时刻。如果任何作为神圣空间的东西仍然存在,那么它总是只涉及有意识经验到的现在。

**开悟**

开悟的想法又怎样呢?对许多从事灵修的人来说,它似乎是最终的目标,最深刻的洞见,所有痛苦的结束。当然,在许多文化和各个时代都有汗牛充栋的关于这种"开悟经历"的报告。但第一点是,当我们仔细观察时会发现这些报告只是在某些特征上彼此相似,但从来没有全部相似:基督教神秘主义者所描述的经验本身已经非常不同,

# 第十章
## 灵性与智性诚实

而超出基督教传统,它们也不简单地与伟大的瑜伽修行者或日本禅僧的描述相同。从哲学的视角看,没有一个完善的论证认为单一的、定义明确且文化上不变又与理论和描述无关的意识状态就是"那个"开悟的存在。例如,在佛教哲学中,在其历史的任何阶段,对于开悟究竟是什么或可能是什么,从未有过任何基本的一致意见。在富裕的西方国家,只有几百万人确切地知道什么是开悟,因为他们在新时代(New Age)的书店利用其他文化的灵性传统满足自己的情感需求。前面讨论的在二十世纪下半叶发展起来的"灵性另类文化"的很大一部分现在已经变得在智性上不诚实且反动。这是个问题,也是我们必须面对的另一个事实。

第二,重要的是要反复地认识到,有一个简单的逻辑问题。如果人们只专注于在许多关于开悟经验的报告中所发现的主要现象学特征——自我的消散,自我意识的完全消失——就没有理由对关于这种状态的报告给予任何信任,因为它们是自相矛盾的。如果不再有自我,那么首先是谁在向我们报告这种经验?如果经验主体真的消失了,对相关片段的自传体记忆怎么可能存在?我怎么能记住一个并不作为有意识的自我存在的状态?这也是为什么关于开悟经验的报告可能不像许多人以为的那样有趣的另一个原因。但也正是这一点,将那些从事严肃的灵修的人与科学世界观联系在一起了。

目前,我们正经历着学术且严格基于经验的冥想研究的复兴。[1] 但迄今为止,这种经验性研究绝不表明存在一种单一的、定义明确的

---

[1] 一个不错的起点是 Chiesa, A. & Serretti, A. A Systematic Review of Neurobiological and Clinical Features of Mindfulness Meditations. *Psychological Medicine*, 40 (2010): 1239–1252; 以及 Lutz, A, Dunne, J. D. & Davidson, R. J., Meditation and the Neuroscience of Consciousness: An Introduction. In Zelazo, Moscovitch et al. (eds.), *The Cambridge Handbook of Consciousness* (Cambridge: Cambridge University Press, 2007, pp. 499-551)。

意识状态,这种状态在所有社会和文化中都是一样的,其客观特征可能就是独立于所有具体的理论或描述系统的"那个"开悟。你可能会认为,随着大脑研究的进展和对神秘体验进行统计－数学建模的科学方法的改进,这种局面将会改变。然而,更进一步的问题是:经验研究到底**能不能**表明这样的事情?至少,语言报告必定是"受理论渐染"的,它们反映了各主体的世界观和描述系统。但更重要的是,存在论上的"解放"的一部分——起初我当作是连接不同灵性传统的救赎理想的东西——无法被操作,也无法变得在科学上可处理,因为它是不可言喻的。在科学上,这一面相始终只能作为一种完全短暂的经验形式来把握,它取决于大脑中的物理过程而非作为一种超越形式的知识。对于我们关于世俗化灵性之可能性的问题,这意味着不仅是传统的救赎理想,而且可能的知识要求也必须被重新阐释和辩护。无论谁想提出任何公开的知识主张,都必须解释他们的灵性"经验"背后的相关沉思"洞见"或知识**究竟**是什么,某些意识变异状态传载了一种不同形式的洞见,它与语言、理论或理性论辩无关,这一切**究竟**意味着什么。最有趣的发现是,这些只对已经陷入僵化组织的宗教信仰体系和传统的追随者构成了问题。一个真正开明和世俗化形式的灵性——这一点现在可以清楚说明——根本不会受到现代哲学和科学发展的威胁,相反,它恰恰具有与之**整合**的潜力。

## 灵性与智性诚实

现在准备回到本章开始时的三个问题。我简要勾勒了灵性可能是

# 第十章
## 灵性与智性诚实

什么,以及人们用"智性诚实"的概念可能意指什么。首先,我们将思想史的一个总体形象浮现出来。历史上,首先存在的显然是宗教:被越来越多的人群所共享的信仰体系,消除了人们对死亡的恐惧,大大增强了这些群体的凝聚力。这些信仰体系不仅外在地而且也内在地加强了凝聚力,通过系统性地否认人终有一死来稳定人的自尊,并有效巩固了现有的等级制度,例如在与其他群体的冲突中。历史上,这些信仰主义－教条主义的实在模型从丧葬仪式、祖先崇拜和萨满教中发展而来。历史上最新的发展是智性诚实的理想、启蒙和自我批判的理性主义。在这个意义上,智性诚实的理想是一种全新的东西,这种东西现在才开始在我们星球上的少数地方和极少数社会中实现,而且只是最初的表现形式。然而,使智性诚实成为**可能**的是最初的宗教理想,即对上帝无条件的诚实和真诚。这些理想导致了一个向内的转向,一个对我们自己、朝向人类个体本身的反身性转向,导致了对我们自己无条件的诚实和真诚、决绝的开放、对知识增长的无条件责任感的伦理理想的发展。然而,有一个核心的洞见,这也一直是灵性立场的基础,那就是知识的形式不止一种,认知进步的形式也不止一种。

让我们首先简要地比较一下宗教和灵性。如今,宗教在于:对一个妄想系统的有意培养、纯粹信仰的立场、对一个内在行动伦理的教条主义或信仰主义式的拒绝。相比之下,灵性则是专注于获取知识的认知立场。宗教使情绪收益最大化——它稳定了自尊感,是慰藉的来源,并为个人提供了作为一个更大共同体的一部分的体验,也提供了安全感和愉快的感受。灵修旨在直接经验。宗教为自我模型的情绪一致性牺牲了个人的理性。灵性则消解了现象自我。宗教,由于其基本结构是教条式的,因而是智性上不诚实的。灵性的人总是对理性论辩

开放，因为他们没有理由封闭自己而与之隔绝。宗教有组织、劝人皈依。灵性则是某种极度个人的东西，通常相当低调。

在这个意义上，现在应该很清楚地明白了说宗教是灵性的反面是什么意思了。你还记得我所说的宗教的两个认识论概念的特点吗？"教条主义"是这样的论题：只因为人们已经有了这种信仰——纯粹出于传统而没有证据或好的理由——便坚持这种信仰便是合理的。"信仰主义"是纯粹信仰的立场。在哲学中，"信仰主义"是这样的论题：不仅在没有任何证据或好的理由的情况下坚持一种信仰是完全合理的，而且在大量证据或好的理由**反对**它的情况下，也是如此。人们立即意识到，今天打着"灵性"幌子出现的许多东西，当然不过是使用这个术语——诚然是过度简化了的——意义上的宗教。同时，人们有时可以看到，即使在尾大不掉的宗教体系中，有时也有非常小的神龛或罕见的案例，在其之中人们可以辨识出谨慎的尝试，去感受自己回到我一直说的宗教的反面——灵性。

作为灵性立场的一个特例，智性诚实的伦理原则又如何呢？灵性是一种认知的立场，是对知识、对超越所有理论和教条的存在论形式的自我知识的无条件渴求。同样，在科学中，理性的方法论系统地将新知识的获取最大化。一方面是对直接经验的探索，例如在系统的冥想实践中。另一方面，我们发现数据收集，即严格的数据驱动程序的原则。在这里，我们有现象自我的消解，在那里，我们又有不断、反复让一个人**自己的**理论通过与现实接触而失败的理想。在灵性的层面上，诚实的理想格外发达，在科学中，有"简约原则"（principle of parsimony）——使解释可观察现象时的本体论背景假设尽可能弱化，并尽量减少结构性假设的持续努力。灵性是极端个人的，并不劝人皈

# 第十章
## 灵性与智性诚实

依,而当今的现代科学是一个全球化的、高度专业地组织起来的事业,而且是一个交流新洞见和研究成果的事业,因此建立在知识的系统传播之上,例如通过大众媒体。尽管如此,所有那些真正了解严肃的、受人尊敬的科学家的读者都能确认,这些人往往是真正的灵性之人,尽管他们绝不会这样描述自己。许多科学家甚至会直截了当地否认这种说法。尽管如此,科学家的严肃和真诚,对批评的彻底开放,以及对形式上的优雅和简单的严格的基于经验的寻求,在其核心上,与灵修的恳切是一样的。

在现代科学哲学中,也有灵性立场的例子。伟大的哲学科学家卡尔·波普尔支持这一想法:我们总是在证伪假设的时刻接触到实在;失败的时刻正是我们触及世界的时刻。这就是他所说的任何意识形态形式的理性主义转变为世界观的基本原则:"不加批判的或绝对的理性主义可以被描述为这样一个人的态度,他说'我不准备接受任何无法通过论证或经验来辩护的东西'……现在不难看出,这种不加批判的理性主义原则是不一致的,因为既然它不能反过来得到论证或经验的支持,就意味着它本身应该被抛弃。"[①] 这是来自 1958 年的批判理性主义(critical rationalism)的想法,当然也是智性诚实的哲学原则的最佳例证。批判理性主义是一种弱化的且形式温和的理性主义,它——尤其是在政治行动层面——宣扬合理论证和严守渐进的、严格的循证程序的优势,但也敏锐地意识到采用理性方法的个人决定缺乏任何最终和决定性的辩护理由。每当科学放弃智性诚实的理想时,它

---

[①] 见 *The Open Society and Its Enemies* (Routledge, Vol II, 1945; Princeton, One-volume edition, 2013, p. 435)。引文在第 270 页。

因此不再是科学而是一种新的宗教。我想简要地提醒读者一个前述观点：一个潜在的危险是，智性诚实的原则**本身**可能会成为意识形态。可以说，对情绪安全感和最终确定性的追求必须在每个层面、每时每刻都重新放弃。放手的过程是不懈的且没有尽头。

这是"智性诚实是灵性的一个特例"的另一重含义。它的形成早于科学，但晚于宗教，它是对不受适应性妄想系统约束的认识行动的一种自我批判的实践。在被指控亵渎神明和腐蚀雅典青年之后，苏格拉底在501个雅典人的法庭上进行了著名的申辩："我既不知道，也不认为自己知道"①怀疑论的哲学德性是不断质疑对真理的安全、可证明的知识的可能性，并以一种富有成效的方式去实现这样做的能力——教条主义的反面。怀疑论者是危险的，因为他们两袖清风，无论是对自己还是对他人。

---

① 图注见柏拉图《申辩篇》(*Apology*) 21b. 在《申辩篇》的 21a-22a，人们可以找到下面的话，苏格拉底在提到一位雅典政治家时说了这句话，这句话经常被误引为"我知道我并不知道"："当我开始同他交谈时，我不禁在想，他并不真正有智慧，尽管许多人认为他有，而他自己尤甚，于是我试图向他解释：他认为自己有智慧，但并不真正有智慧。结果是他恨我，而几个在场听到我的话的人也都有和他一样的敌意。于是我离开了他，一边走一边对自己说：好吧，虽然我不觉得我们之中有人知道任何真正美好的东西，但我比他好——因为他什么都不知道却认为自己知道，我既不知道，也不认为自己知道。"

注意，我关于心灵德性的基本内在统一性的观点何以追溯到西方哲学的源头，这一点很有趣。《美诺篇》(*Meno*) 可能是柏拉图最早的对话录之一，以美诺问苏格拉底德性是否可教来开篇。然而，这很快导致苏格拉底说他不知道什么是德性，并要求美诺给他一个定义。在整篇对话中，美诺提出了许多定义，而苏格拉底则坚持要求说明构成所有不同形式的德性之基础的共同特征，即使它们首先成为德性的内在统一性。因此，对话的重要性不仅在于对德性本身的讨论，而且在于如何找到一个定义，并针对可能的反例为其辩护。在这里，我们看到了哲学方法论本身的开端。而典型的是，对话并没有提供答案，而是以典型的悖论（aporia）状态，以讨论者知道他们不知道什么结束，从而为真正的认知进步扫清障碍。我们现在可以看到的是，对德性定义的追问与哲学本身的认知目标密切相关，而这个过程中遇到的问题所产生的悖反状态可能与德性本身大有关系。

# 第十章
# 灵性与智性诚实

现在，我们也可以清楚地提出灵性与科学之间内在的概念联系。说科学和灵性立场从相同的基本规范性观念，从共同的理想价值观发展而来，这是什么意思？这是我在本章开始时提出的第三个论点。我们现在可以看到，这一共同的基本规范性立场有两个方面：第一，对真理的无条件渴求——为了洞见而非信仰；第二，对自己的绝对真诚的规范性理想。第二点源于宗教，源自对上帝的无条件诚实的理想，然后源自其对内在的反身性转向，其中对真理的渴求被转向其自身，即转向我们自己。还记得"*conscientia*"这个优美的经典概念吗？在西方哲学中，它是高阶的内在知识，是意识和道德良知的起源。① 觉识是洞察的过程本身变得自反的时刻。在这种对知识意愿的内在转向和对洞见本身的寻求中，灵性和灵性立场浮现了出来，而智性诚实从中诞生了——而这就是科学方法和自我批判的理性主义的基本要素。不过，灵性与科学之间不仅有纯粹概念上的联系，还有心理上的联系。有趣的是，它是某种永远无法被伪造、强迫或组织的东西。这就是伊曼努尔·康德在《单纯理性限度内的宗教》中所说的对自己诚实的意图，他也称之为"绝对纯粹的道德善的理念"。

尽管如此：即使所有这些都是真的，而且没有理性的论据，也没有关于上帝或死后生命存在的经验证据，如果我们对自己真正诚实，承认我们中没有人真正知道像"开悟"这样的东西是否真的存在——那么还剩下什么？连接不同灵性传统的救赎理想**真的**能在启蒙的第二阶段被世俗化吗？难道"启蒙 2.0"的项目本身不是一个浪漫的错觉吗？它最终不就是一种新形式的死亡否认吗？我们可以继续冷静地承

---

① 见本书 328 页上的脚注。

卡尔·波普尔爵士（1902—1994）

"我们必须接受教训：智性诚实是我们所珍视的一切的基础。"（1963）

认这一点：鉴于科学和哲学史的现状，尤其是考虑到气候变化的威胁，在神经科学和演化心理学的时代，在情感层面上要面对事实谈何容易。显然，智性诚实是有代价的，并不能轻易达到。在这种情况下，人们还能**做**什么？我想，答案显而易见：就自我知识的项目而言，我们的未来是开放的，这是另一个不应忽视的事实，我们根本不知道获得知识的内在和外在过程会把我们引向何处。一个伦理立场并不严格取决于对自己行动成功的许诺。即便外部世界的发展越来越不受我们控制，我们也应该坚持我所说的"自尊原则"：如果我们不想放弃我们的尊严和对彼此尤其是对自己的尊重，那么对更多知识的渴求便是我们唯一的选择。自尊不仅意味着尊重我们自己是能够承受痛苦、能够作出内在承诺、能够承担道德责任、能够保持理性的脆弱主体。在史上的一个危险的过渡阶段，拒绝放弃自尊原则也意味着珍视

第十章
灵性与智性诚实

苏格拉底（前469 — 前399）

"我知道我并没有智慧——无论是高深的还是浅薄的。"

这一事实，即我们是**创造知识**的存在者，能够对世界和我们自己产生新的洞见。这就是为什么人们必须坚持认知行动，但要在两个层面上同时坚持，而不仅仅是在一个或另一个层面上。

最后，我想问：如果迄今为止，我所勾勒的图景是正确的，那还剩下什么？是否真的会有像是当代灵性的自我理解的东西，它尊重变化了的条件并能与对智性诚实的渴求相协调？没有什么要宣布的，也没有现成的关键信息，更没有最终的答案。但也许我们现在对我们所进入的历史进程有了更好的理解，对人类形象的多重面相的转向所带来的实际的、更深刻的挑战也有了更好的理解。现在很清楚有几座桥梁连接着灵性和科学。大多数桥梁也可以从两个方向穿行。出于这个原因，我当然不想排除在未来我们可能会发现全新的道路，从对人类心灵的科学研究引向更精致、更有效甚至更深入形式的灵修。过去，后者源于前者，因为二者都是认知行动，是为知识而行动的形式。共同的目标是启蒙的项目，是去系统性地提升自己的心灵自主性。认知

行动有两种基本形式：亚符号的和认知的，这两种形式在沉默中也在思想中——涉及一种特定形式的毫不费力的关注（或许最为典型地体现在经典的正念冥想传统中）以及在批判的、理性思考的、科学理性的层面上。可我们真的必须在这两种形式的知识中作出抉择吗？我认为事实恰恰相反，因为它们首先只能一起实现。只有**一种**内在行动的伦理学，**一套**基本的规范性观念，同时构成了世俗化的灵修和智性诚实的科学理想的基础。

我们已经看到，冥想培养出了批判性、理性思考的内在先决条件。格外有趣的是，这两种立场也都旨在提升文明的标准，作为一种由正确形式的内在行动所完善的**社会**实践。今天，这种内在联系可以通过现代认知和神经科学的途径得到详细得多的研究，从而以一种新的面貌、在一个全新的精确水平和细化的概念细节上实现自我知识的哲学理想。不过，它也可以用更传统的说法来表述。有个传统的哲学词汇可以概括这种使人不仅能成功做到且带着内在的喜悦做到他所认可的好事的能力和内在立场。这个传统的概念便是"德性"。因此，人们也可以说：相关意义上的诚实是一种**智性德性**，可以随着时间的推移而培养，就像严谨和温柔的心态或慈悲的内在德性是可以主动取得且不断发展的心理能力。因此，所有这些可能根本就不是关于灵性和智性诚实的新综合。相反，它可能关乎看到已经存在的东西：心灵德性的内在统一。